KB260750

삼·합 三合

정부 / 정치 / 국민
남 / 북 / 민족
너 / 나 / 우리

국민화합이 국가경쟁력이다

삼합—국민화합이 국가경쟁력이다

초판 1쇄 인쇄 | 2011. 10. 10.
초판 1쇄 발행 | 2011. 10. 20.

지은이 | 김정기
발행인 | 황인욱
발행처 | 圖書出版 오래
주　소 | 서울특별시 용산구 한강로2가 156-13
이메일 | orebook@naver. com
전　화 | (02)797-8786~7, 070-4109-9966
팩　스 | (02)797-9911
홈페이지 | www. orebook. com
출판신고번호 | 제302-2010-000029호
ISBN 978-89-94707-46-4

■ 책값은 뒤표지에 있습니다.
■ 잘못 만들어진 책은 구입하신 서점에서 교환해 드립니다.

▲ 국가와 민족의 영광, 김대중 전 대통령의 노벨평화상 수상(2000년)

▲ 조계종 총무원장이신 법장 스님과 함께

▲ 가톨릭 교회에서 운영하는 보육원을 방문

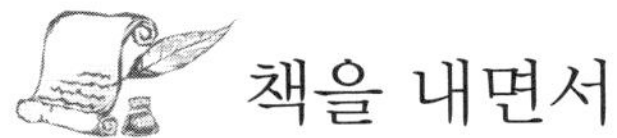 # 책을 내면서

　아무래도 말을 좀 하고 싶었던 것 같습니다. 대부분의 사람들이 가슴속에 많은 말들을 쌓고 삽니다마는, 나는 특별히 말을 아껴야 하는 일을 오랫동안 했던 까닭에 침묵을 가장 친한 벗으로 두었습니다.

　나는 1987년부터 김대중 전 대통령의 수행비서로 지냈습니다. 그분께서 국민의 선택을 받아 대통령으로 청와대에 계실 때는 경호실 수행부장을 맡았습니다. 대한민국 현대사에 큰 획을 그은 큰 정치인, 김대중 전 대통령 곁에서 보냈던 20여 년 동안의 세월은 저에게 영광된 시간이었습니다.

　함께했던 시간 동안 본 것이 많습니다. 배운 것이 참으로 많습니다. 당대 최고의 정치인을 스승이자 동지로 모시면서 내 식견은 넓고 깊어질 수밖에 없었습니다. 누구라도 내 자리에 있었다면 이러할 것입니다. 보고 들은 것이 많은 만큼 제게서도 샘처럼 말이 솟아났습니다. 그러나 묻었습니다.

'최측근'이라고 일컬어질 저의 한 마디나 심지어 무심한 행동조차도 구설수에 오를 수 있기 때문입니다.

2009년 김대중 전 대통령께서 세상을 떠나신 뒤 내 육신은 텅텅 비어버린 느낌이었습니다. 부지불식간 함께했던 순간들이 떠오르면 나도 모르게 눈물이 흘러내렸습니다. 이런 시간들을 보내면서 바라본 현실 정치에서는 그분 같은 큰 정치 지도자를 발견할 수 없었기에 더 암담했습니다.

대한민국에 정치인들은 있으나 정치는 실종된 것 같지 않습니까? 민주화와 'IMF 사태' 극복 이후 정치가 해결해야 할 많은 갈등들이 있는데, 작금의 정치인들은 표 계산이 우선입니다. 이것이 나만의 생각이지는 않을 것 같습니다.

옛말에 지도자는 하늘이 내린다고 했습니다. 하늘은 백성이라고 할 수 있으니, 위대한 지도자는 백성이 만든다고도 할 수 있을 것입니다. 나는 국민의 한 사람으로서, 큰 지도자를 모셨던 영광된 자리에 있었으므로, 내가 보고 배우고 그러면서 영글어간 내 생각들, 샘솟았던 말들을 장차 대한민국을 이끌어 가야 할 지도자들에게 들려주고 싶다는 생각을 감히 했습니다.

물론 망설이기도 했습니다. 나는 정치비서가 아니었습니다. 김대중 전 대통령과 함께 했던 내 최종경력은 경호실 수행부장입니다. 그러나 오랫동안 그분 곁에서 내가 보고 배운

것, 그리하여 갖게 된 작은 지혜라도 보태어 큰 지도자를 만들어야 한다는 생각에서 용기를 냈습니다.

이 책은 김대중 전 대통령에 대한 나의 비망록은 아닙니다. 역사의 증언자로서 그분을 기억하는 글은 이후에 쓸 계획을 갖고 있습니다. 오늘 여러분 앞에 선보이는 이 책에는 역사나 사회를 바라보는 내 생각, 현실 정치에 대한 나의 의견이 적힌 글들이 들어 있습니다. 나는 이런 생각을 가졌으니 공감하는 분이나 다른 의견을 가진 분과 토론을 해 보고 싶었습니다. 이와 같은 소통들이 대한민국 정치를 풍성하게 만들어 줄 것이고, 큰 정치 지도자를 만들어내는 토양이 될 수도 있다는 실낱같은 희망을 품으며 미흡한 책을 세상에 내놓습니다.

2011년 10월
여의도에서 **김정기**

차 례

갈등이 없으면 리더도 없다

아테네와 스파르타

나는 역사를 공부한 사람이 아니다. 철들기도 전에 돈부터 벌어야 했던 나에게 공부란 너무나 먼 것이었다. 그러니, 내가 전문적이고 체계적인 지식을 갖고 있을 리 만무하다. 하지만 역사에 대한 관심만큼은 남에게 뒤지지 않았다. 내게 있어서 역사는 언제나 가슴이 뛰는 배움의 창고였다. '온고이지신(溫故而知新)'이라는 말도 있지 않은가.

사실, 전문적인 지식이 없다고 해서 역사의 교훈까지 배우지 못하란 법은 없다. 역사가들의 노력 덕분에 우리는 과거에 일어났던 일들의 큰 줄거리에 접근할 수 있게 됐다. 이 대목에서 현대사회의 정보통신혁명은 매우 고무적인 역할을 했는데, 그것은 우리에게 역사가들이 정리한 내용을 일목요연하게 전달받을 수 있는 환경을 제공해 주었기 때문이다.

선생님의 가르침 역시 빼놓을 수 없다. 1987년 대통령선거

를 시작으로, 나는 김대중 전 대통령(당시 평민당 대통령후보)을 곁에서 모시게 됐다. 그분께서는 정말 말로 표현할 수 없을 정도의 일정이 많으셨다. 그 바쁜 일정 속에서 어느 날 갑자기 나에게 이렇게 말씀하셨다.

"김 동지, 나랑 다니면 자네가 공부할 시간이 없네. 그러니 신문을 1면부터 광고까지 날마다 다 읽게. 그리고 역사에 관심을 가지게. 그게 습관이 되면 나중에 큰 지식이 될 걸세."

실은 독서를 권하고 싶으셨던 것인데, 수행비서를 하는 내 여건상 시간적 여유가 없으니 책 대신 신문을 읽으라는 말씀이었다.

처음에는 버거웠지만 일단 활자(活字)에 익숙해지자 차츰 독서에 재미를 붙이게 됐고, 이것이 계기가 되어 나는 책을 손에서 놓지 않는 버릇을 들일 수 있었다. 그 덕분에, 비록 '수박겉핥기' 식이지만, "옛날에 무슨 일이 일어났다"더라고 앵무새처럼 따라하는 신세는 면하게 되었으니 나에게는 평생 잊을 수 없는 귀한 가르침의 말씀이 되었다 .

• 만일 아테네와 스파르타가 손을 잡지 않았다면

내가 흥미롭게 읽은 역사책 가운데 아테네와 스파르타 이야기가 있다. 두 나라는 모든 면에서 대조적이었다. 아테네는 자유를 따랐고, 스파르타는 규율을 좇았다. 아테네가 민

주정(民主政)을 채택했다면, 스파르타는 왕정(王政)을 고수했다. 아테네는 해군으로 유명했고, 스파르타는 자타가 공인하는 최강의 육군을 자랑했다. 당연히, 두 나라의 사이가 좋을 리가 없었다. 두 나라의 해묵은 갈등은 그리스 최대의 약점이라고 해도 과언이 아니었다.

한편, 동쪽에는 페르시아가 있었다. 아테네와 스파르타가 아직 도시국가에 불과했던 데 비해 페르시아는 이미 대제국이었다. 그 페르시아가 그리스를 침략했다. 아테네가 마라톤 들판에서 한번 막아내기는 했지만, 페르시아가 전력을 다해 다시 쳐들어오자 도저히 이길 수 없는 싸움이 됐다. 그리스는 분열됐다. 페르시아 군대의 길라잡이를 자청한 나라들이 있었는가 하면, 자존심이 강하기로 이름 높은 스파르타 내부에서도 항복의 목소리가 나왔다.

그러나 전쟁은 그리스 연합군의 승리로 끝났다. 스파르타가 테르모필라이 고개에서 페르시아 군대를 막고, 아테네가 살라미스 해협에서 페르시아 함대를 무찌른 게 결정적이었다. 물론 이 과정에서 두 나라는 엄청난 대가를 치러야 했다. 스파르타는 레오니다스왕을 비롯한 300명의 최정예 병사들이 전멸했고, 아테네는 페르시아 함대를 유인하기 위해 수도를 내주어야 했던 것이다.

말하자면 내 살을 주고 적의 뼈를 취한 셈인데, 그런 만큼 보상은 확실했다. 그도 그럴 것이, 이 전쟁을 끝으로 동방(東方, Orient)은 오스만투르크가 동로마제국의 수도 콘스탄티노플을 함락시킬 때까지 무려 2천 년 동안 단 한 차례도 서방(西方, Occident) 땅을 밟지 못했다.

만일 아테네와 스파르타가 손을 잡지 않았다면 어떻게 되었을까. 그런 가정이 전혀 불가능한 것은 아니다. 손을 잡아야 하는 이유가 있다면 그 이상으로 손을 잡지 말아야 하는 이유도 존재하는 게 현실이기 때문이다. 무엇보다도 아테네와 스파르타 내부의 이견이 걸림돌이었다. 아테네의 여론은 스파르타에게 육군의 주도권을 넘겨주는 것에 반대했다. 수도를 비우고 전 병력을 함대에 집결시키는 작전에 대해서도 회의적이었다.

스파르타 또한 국론이 양분됐다. 어차피 스파르타가 선봉에 설 수밖에 없는 상황인지라 예상되는 피해가 너무 크다는 주장이 나온 것이다. 자칫하면 전쟁이 끝난 뒤 그리스의 주도권이 송두리째 아테네로 넘어갈 수도 있었다. 스파르타는 그리스의 도시국가들 가운데에서도 페르시아 침략군으로부터 가장 멀리 떨어져 있는 후방에 위치해 있었기에 이 주장은 설득력이 있었다.

그럼에도 아테네와 스파르타의 두 지도자, 데미스토클레스와 레오니다스왕은 흔들리지 않았다. 그들은 자신이 맡은

역사적 배역에 충실했다. 그리스의 존망 앞에서 아테네와 스파르타 사이의 갈등이란 그들에게는 부차적인 문제였던 것이다. 이 두 지도자는 자신의 모든 것을 걸고 전쟁을 준비했다. 그들은, 다른 도시국가들을 설득하는 것보다 내부의 반대파를 설득하는 게 먼저라는 사실을 정확히 알고 있었다. 지도자의 역할이란 이런 것이다.

하지만 전쟁이 끝나자 지도자의 역할은 잊혀졌다. 데미스토클레스는 추방됐고, 레오니다스왕은 전사했다. 벼랑 끝에서 살아난 아테네는 전쟁의 교훈을 잊고 연합의 과실(果實)을 독식하려 했다. 아테네의 지도자들은 승전보에 들떠 안하무인으로 치닫는 자국 내의 여론을 돌리려 하지 않았고, 이것이 스파르타의 분노를 샀다.

페르시아를 물리쳐 이제 거칠 게 없어진 아테네는 본격적으로 지중해 세계의 공략에 나섰지만, 바로 이 때문에 아테네, 나아가 그리스의 전성시대는 오래 가지 못했다. 마침내 그리스 전체가 아테네와 스파르타로 갈라져 싸움을 벌였고, 그것의 결말은 공멸이었다. 그 뒤로 그리스는 다시는 세계사의 주인공이 되지 못했다. 아테네와 스파르타는 서방을 구원했지만, 그 자신은 신화로만 남는 것에 만족해야 했다.

대개 역사의 큰 줄거리는 반복된다. 그리스의 역사가 투키디데스의 말처럼 역사란 "영원히 되풀이되는" 것일까. 그리고 역사에서는 좋은 일만 반복되는 게 아니다. 아테네와 스파르타의 이야기가 가리키는 바처럼, 분열과 갈등이라는 주제는 정도의 차이는 있을망정 동서고금의 어느 역사에서도 쉽게 찾아볼 수 있다. 그런데 무슨 까닭인지 온갖 정보가 넘쳐나는 현대사회에 와서도 이런 일은 여전히 되풀이된다. 왜 그럴까. 분명한 것 하나는, 역사에서 실패가 반복되는 이유가 인간에게 과거에 대한 정보가 부족하기 때문은 아니라는 사실이다.

● 역사는 반복된다

굳이 아테네와 스파르타의 이야기가 아니더라도, 우리에게는 잊어서는 안 될 역사의 고비가 많았다. 이른바 당쟁(黨爭)을 보자. 물론, 그것의 당사자들에게는 그럴 만한 이유가 있었을 것이다. 최근에 들어서는 당쟁에 대해 여러 가지 긍정적인 해석들도 나오고 있다. 하지만 이 모든 설명이나 평가에도 불구하고 결코 움직일 수 없는 사실이 있다.

왜란(倭亂) 앞에는 동인(東人)과 서인(西人)의 갈등이 있었다. 호란(胡亂) 앞에는 대북(大北)과 소북(小北), 남인(南人)과 북인(北人) 사이에 벌어진 사생결단의 권력투쟁이 있었다. 당시의 지도자들은 갈등을 돌이킬 수 없는 대립으로 몰았고, 그들이 이렇게 자신의 이해관계에 집착하는 사이 백

성과 사직(社稷)은 뒷전으로 밀려났다. 그 결과가 바로 임진 왜란과 병자호란의 참화(慘禍)였던 것이다.

그럼에도 조선의 지배계급은 여전히 산당(山黨)이니 한당(漢黨)이니, 노론(老論)이니 소론(少論)이니 하면서 탁상공론에 몰두했다. 그것은 탕평책의 무산과 세도정치의 득세를 낳았고, 종국에 가서는 망국(亡國)의 길을 재촉했던 것이다. 최근의 예로는 5·16 쿠데타 직전의 민주당 '구파'와 '신파'의 대립이 있었고, 1987년 대통령선거 때 '양김 분열'이 있었다.

어쩌면 신은 인간으로 하여금 역사의 교훈을 잊도록 '창조'했는지도 모른다. 그래서 나는 망각이야말로 역사의 첫 번째 교훈이 아닐까 생각해 보는 것이다. 망각이란 때로는 숙명과 비슷한 것이기도 하다. 그러나 인간은 과거의 잘못을 되풀이하지 않기 위해 끊임없이 싸워왔다. 그랬기에 좋은 일도 있을 수 있었던 것 아니겠는가.

망각에 맞서려면 무엇보다 애정과 관심이 필요하다. 따라서 애정과 관심만 있다면 전문적인 지식이 없어도 충분히 역사에서 교훈을 얻을 수 있다고 나는 믿는다. 잊지 않는다는 게 바로 배움이 아니겠는가. 이 점에서 보자면, 역사에 애정과 관심을 갖는다는 것 자체가 이미 역사의 교훈을 실천하는 것이라고 할 수 있겠다.

나는 이 책에서 "리더는 갈등을 풀고 다스리는 사람"이라는 주장을 하려고 한다. 다시 말해, 갈등을 치유하지 못한다면 제 아무리 출중한 능력을 갖고 뛰어난 성과를 냈다 하더라도 그 사람은 리더의 자격이 없다는 게 내 주장이다.

지금 우리 사회에는 수많은 갈등이 있다. 지역, 계층, 세대 등과 같은 전통적 대립에, 양극화와 고령화가 더해졌고, 날이 갈수록 더 심각해지는 교육, 실업, 복지 등의 이슈에 이르면, 우리 사회의 갈등은 이루 헤아릴 수 없을 정도다. 여기까지는 그래도 괜찮다. 갈등은 더 나은 미래를 향한 불가피한 과정일 수 있기 때문이다. 우리의 진짜 문제는 이 갈등을 풀고 다스리려는 리더가 없다는 것이다.

갈등을 풀고 대립을 해소하기 위해서는 양보가 필수적이다. 그런데 양보란 본질적으로 남이 하는 게 아니라 내가 하는 것이다. 그럴 때에만 양보는 힘을 얻을 수 있고, 비로소 대화와 타협이 가능해진다. 이것은, 남을 설득하기에 앞서 자신부터 먼저 설득해야 한다는 사실을 의미한다. 그것이 결단이다.

하지만 우리는 정반대다. 정치인들은 이제 더 이상 자신의 지지자를 설득하려 하지 않는다. 설득은커녕 오히려 부추기고 뒤따라가기 바쁘다. 그러면서 자신을 지지하지 않는 유권자들더러 이렇게 하자, 저렇게 하자고 요구한다. 난센스도 이런 난센스가 없다. 이래서야 갈등이 치유될 리가 없다.

복지 문제만 보더라도 그렇다. 요구는 늘어나는데 예산은 부족한 게 현실이다. 그렇다면 요구를 하는 쪽은 요구를 줄이고, 돈을 대는 쪽은 부담을 늘리겠다는 자세를 가져야 한다. 그래야 일이 된다. 전자가 야당의 일이라면 후자는 여당의 일이다. 이런 과정을 거쳐 바람직한 법과 제도가 마련되는 것이다.

그런데 현실은 거꾸로다. 요구를 하는 쪽은 돈을 내는 쪽더러 돈부터 더 내라고 하고, 돈을 내는 쪽은 요구를 하는 쪽더러 요구부터 줄이라고 한다. 이렇게 되면 어느 한쪽이 항복하기 전에는 갈등의 문제는 끝나지 않는데, 실제 현실에서는 어느 한쪽이 항복하는 일이란 있을 수 없으니 결국 사회만 피곤해질 뿐이다.

내가 이 책에서 하고 싶은 이야기는 이런 것이다. 지도자는 자신의 지지자들을 설득할 수 있어야 한다. 경우에 따라서는 '노'라고 말할 수 있어야 한다. 그것이 용기다. 이와 함께 갈등의 전체 국면을 조화롭게 살필 수 있어야 한다. 이것이 지혜다. 요컨대, 지도자에게 이런 용기와 지혜가 없다면 국가와 민족은 나락에 떨어질 수밖에 없다. 이게 바로 역사가 우리에게 주는 교훈이 아니겠는가.

정치인이
존경받지 못하는 이유

내가 역사에 관심이 많았던 이유는 무엇이었을까. 아마도 정치 때문이었던 것 같다. 나는 젊었을 적부터 이상하리만치 정치에 열심이었다. 다음 장에서 자세하게 설명하겠지만, 누명을 쓰고 옥살이를 했기 때문이다. 억울하기가 이루 말할 수 없었다. 억울함을 호소할 길이 없다는 게 더 억울했다. 아무도 내 말을 들어주지 않았다. 경찰, 검찰, 법원 모두가, 마치 국가기관 전체가 '담합'이라도 한 듯이, 아무 죄도 없는 나를 죄인으로 만들었다.

● 갈등을 해결하는 게 정의다

그때까지만 해도 나는 가난하고 배우지 못한 게 그저 운명이려니 생각하고 있었다. 그러나 그런 게 아니었다. 교도소에 가보니 나 말고도 억울한 사람들이 꽤 있었다. 이게 다 돈이 없고, '빽'이 없어 당하는 일들이었다. 이런 사연을 가진 사람들과 좁은 감방 안에서 서로 부대끼고 생활하면서 나는 내 억울함의 실체와 배경에 대해 조금씩 눈을 뜨게 됐다. 그것이 정의롭지 못한 사회에 분노를 갖게 된 계기였다.

세상에는 수많은 갈등이 있다. 개인적인 것도 있고, 집단적인 것도 있다. 개중에는 불가피하거나 불가항력적인 것도 있는 게 사실이다. 그러나 대부분의 갈등은 해결할 수 있는 것들이고, 또 해결돼야 하는 것들이다. 사회가 정의롭지 못하다는 것은 결국 이 갈등을 해결하는 과정이 공정하지 않고 공평하지 못하다는 것이다. 이렇게 되면 갈등은 또 다른 갈등을 부른다.

어떤 사람들은 법이 있지 않느냐고 묻는다. 법이 정의 아니냐는 이야기다. 그러나 법은 갈등을 조정하는 최소한의 장치에 불과하다. 더구나 법은 사람이 만든다. 갈등의 당사자인 인간이 만드는 것이기에 법의 유용함이 있는 것이겠지만, 바로 그렇기에 언제든 편파적으로 흐를 위험도 함께 존재하는 것이다. 만일 법이 잘못됐다면, 검사나 판사가 아무리 사심이 없이 법을 다룬다고 해도 그것은 '사후약방문(死後藥方文)'이나 다름이 없다.

지난 세월 우리의 법이 바로 이런 식이었다. 법만 공평하지 않은 게 아니었다. 그 법의 집행마저 공정하지 못하다는 게 대다수 서민들이 느끼는 바였다. 내 경우에도 그랬다. 이런 일들이 쌓이다 보면, 사람들의 마음에는 성실과 근면, 양보와 희생 대신 '요령'과 '무임승차' 같은 어두운 생각이 뿌리를 틀게 된다.

그래도 사회는 굴러갈 것이다. 인간이란 어차피 적응하게 되어 있고, 사람들 모두가 어두운 생각에 빠지게 되는 것도 아니다. 그러나 시간이 지날수록 사회는 활력을 잃게 된다. 한편에서는 행여나 욕심이 모자라지나 않을까 하여 더 이악스럽게 다툼에 나서게 되고, 다른 한편에서는 그 다툼에서 뒤처지거나 또는 질려서 스스로 건강한 노동에 대한 동기 부여를 포기하게 되는 것이다.

• 잊혀진 민주화의 교훈

고도성장의 시기에는 이런 문제들이 크게 부각되지 않았다. 크든 작든 보상이 눈앞에 보였던 시대였고, 실제로도 그랬다. 하지만 지금은 달라졌다. 보상보다는 격차가 더 눈에 들어오는 시대다. 과거에는 노동자가 월급을 모아 내 집을 장만한다는 게 꿈이 아니었다. 그러나 이제는 진짜 꿈이 됐다. 희망이 사라진 것이다. 이게 다 갈등이 치유되지 않음으로 해서 우리 사회가 입은 깊은 내상(內傷)의 흔적들이다.

고도성장의 시기에 우리 사회가 생기(生氣)를 잃지 않을 수 있었던 또 하나의 이유가 있다. 그것이 바로 민주화다. 사람들은 갈등을 안은 채 속만 끓이고 있지 않았다. 오히려 적극적으로 분출시켰다. 그 당시 우리 사회를 멍들게 했던 개인, 집단, 계층 사이 이해관계의 충돌은 지금보다 훨씬 더 예리했다. 자칫하면 파국을 불러올 수도 있는 상황이었다. 그러나 민주화가 그것을 막았다. 다시 말해, 갈등이 민주주의라는 대의(大義) 아래 통합됨으로써 우리는 '공존공영(共存共榮)'의 비전을 갖게 된 것이다.

이 과정을 주도적으로 이끈 게 정치였다. 정치는 혁명을 방불케 하는 격변의 시기에서 우리 사회가 급진화의 유혹에 빠지는 상황을 막고, 다양한 요구들을 수렴하는 데 주력했다. 법과 제도, 예산 운용과 행정이 국민의 눈높이에 맞춰 정비되기 시작한 것도 이때부터였다. 이게 다 정치가 제 역할을 했기에 가능했던 일이었으니, 내가 이런 사정을 처음부터 끝까지 완벽하게 알고서 정치에 열중한 것은 아니었지만, 이로써 정치에 대한 내 관심은 객관적으로도 충분히 타당성을 얻게 됐다고 할 수 있지 않을까.

적어도 1987년 6월 전후, 정치는 사람들의 마음을 설레게 했다. 비록 정치인은 존경을 받지 못했을지라도, 국민들은 정치에 기대를 거는 마음까지 접지는 않았다. 정치는 대의 그 자체였고, 우리 사회의 고질적인 갈등과 억울함을 풀 수 있을 것으로 여겨졌다. 만일 우리 정치가 이 자세를 지켰다면, 정치인에 대한 대접도 달라졌을 것이다. 그러나 현실은 그렇지 않았다. 정치인들은 그 뜨거웠던 여름에 자신이 국민의 이름을 받들어 수행했던 역할을 불과 몇 년도 지나지 않아 잊어버리고 말았다.

민주화의 학습 효과가 엉뚱한 방향으로 나타난 것이다. 민주화 과정에서 모두가 함께 배우고 익혔던, 자신의 요구를 내세우더라도 공동의 가치를 훼손시키지 않기 위해 남을 배려하는 정신이 위협을 받게 됐다. 민주주의라는 대의는 사라지고, 이른바 '떼법'과 집단이기주의가 판을 치게 됐다. 이것을 막는 게 정치가 해야 할 일이었는데, 우리 정치는 이를 막기는커녕 한 술 더 떴다.

독재정권 시절, 여당과 야당은 정치의 수요공급 양상부터 판이하게 달랐다. 여당은 수요도 많았지만 공급 또한 넘쳤다. 그럴 수밖에 없는 게, 정권이 권력은 물론, 차관, 대출, 예산 등 '돈줄'까지 꽉 쥐고 있었으니 무슨 사업이라도 할라치면 여당에 선을 대는 것은 기본이었다. '떡고물'이라는 말도 그래서 나왔을 것이다.

반면, 야당은 수요는 많았어도 항상 만성적인 공급 부족에 시달렸다. '금배지'가 아무리 좋다지만 야당 국회의원은 가시밭길이요, '좌불안석(坐不安席)'의 신세나 마찬가지였다.

신념이나 명분이 없다면 쉽게 선택할 수 있는 길이 아니었다
는 뜻이다.

● 상인(商人)이 된 정치가들

민주화가 되자 상황은 바뀌었다. 야당도 권력과 '돈줄'에
접근하는 게 가능해졌다. 이것은 그 자체로는 나쁜 게 아니
다. 권력과 부의 편중이야말로 사회를 좀먹는 가장 고질적인
병폐라는 점에서 볼 때 이러한 변화는 오히려 바람직하다고
할 수도 있다. 한번 불기 시작한 바람은 쉽게 그치지 않는다.
일단 권력과 '돈줄'이 열리자, 이번에는 여당 야당 할 것 없
이 정치의 공급 과잉 현상이 나타났다.

그런데 정치가 공급 과잉이 된다고 해서 유권자의 수가 늘
어나는 것은 아니다. 쉽게 말해서, 한 자리 해보겠다는 사람
은 늘어났는데 표의 숫자는 그대로라는 이야기다. 없는 표를
어디 가서 새로 만들어올 수도 없는 노릇이니 결과적으로 경
쟁이 도를 넘게 된다.

정치인들은 표를 찾아 눈이 새빨개졌다. 몇백 표든 몇십
표든, 표를 얻기 위해서라면 물불을 가리지 않게 됐다. 설령
그것이 대의를 저버리는 것이더라도, 명분을 깔아뭉개는 것
이더라도 개의치 않게 됐다. 예산 낭비나 '선심 공약' 같은
비판에도 눈 한번 깜짝 하지 않게 됐다. 선거 때만 되면, 무

슨 '단지'니 무슨 '벨트'니 무슨 '특구'니 하는 말들을 아예 입에 달고 다니게 됐다. 이 점에 관한 한 여당과 야당은 똑같았다. 정치가 '흥청망청'의 본산이 된 것이다.

이리하여 정치는 아주 노골적으로 이해관계를 쫓게 됐다. 땅값 올려주는 게, 건설업자 건수 올려주는 게, 전망도 불투명한 사업에 국민의 혈세를 퍼주는 게 정치의 일이 됐다. 이러는 동안 평화, 국방, 통일, 성장동력, 일자리, 교육, 복지, 의료, 주거 등 국리민복(國利民福)의 시급한 이슈들은 점점 더 뒷전으로 밀렸다.

예전에는 정직하고 성실하게 살면 언젠가는 정치가 보답할 것이라는 믿음이 있었는데, 이 믿음이 깨어진 것이다. 정치는 위엄을 잃었고, 그것의 표현이 낮은 투표율이다. 이렇듯 정치의 과잉이 정치의 부족으로 이어지는 데에는 그리 오랜 시간이 필요하지 않았다.

갈등은 일종의 도전이다. 오늘날 인류가 이룩한 문명은 인간과 자연의 갈등, 그리고 인간과 인간의 갈등을 끊임없이 극복하면서 성취한 결실이라고 할 수 있다. 따라서 갈등이 없다면 성장과 발전도 없다. 이런 점에서 우리의 미래는 아직 어둡지 않다. 하지만 세상 모든 일에는 타이밍이라는 게 있다. 우리가 반세기에 걸쳐 쌓아올린 경제성장과 민주주의라는 신화가 양극화와 집단이기주의로 빛이 바래는 데 걸린

시간은 고작 십년이었다.

갈등은 리더를 요구한다. 국가적 차원의 갈등은 더 그렇다. 대화와 토론을 조직하고, 양보와 타협을 이끌어내야 하기 때문이다. 그것이 정치가가 존경받아야 하는 이유다. 그러나 민주화 이후 우리의 정치인들은 그러지 못했다. 그들은 정치인으로서 자신의 역할과 선거에 출마한 후보자로서 자신의 이해관계를 구분하지 않았다. '제 논에 물대기'와 '소경 제 닭 잡아먹기'에 골몰했을 뿐이다.

상인(商人)은 이문을 남기기 위해 산다. 따라서 자신의 이해관계에 충실하면 된다. 최소한의 상도의만 어기지 않는다면, 누구도 상인의 욕심을 비난하지 않는다. 정치인은 다르다. 정치인의 욕심은 비난의 대상이다. 상인은 망하면 끝이기에 이문에 집착하지만, 정치인은 낙선이나 심지어는 실각(失脚)의 위험을 무릅쓰고서라도 지켜야 할 대의가 있다.

누가 뭐라고 하더라도, 민주주의, 경제성장, 복지와 분배 그리고 민족통일은 우리 국민이 더 나은 미래를 기약하기 위해 필수적인 전제들이다. 이 전제들이 살아남고 힘을 얻어야 국민은 희생을 납득하고 고통을 이겨낼 수 있다. 이것이 갈등이라는 터널을 빠져나올 수 있는 유일한 길이라는 게 지난 수십 년 우리 역사가 보여준 교훈이고, 이것이 바로 우리 정치가 해야 할 일이다.

지금 이 순간 우리 정치인들은 존경을 받지 못하고 있다. 자업자득이다. 여기까지는 그래도 괜찮다. 더 심각한 것은, 우리 정치인들이 자신이 존경받지 못하는 현실을 부끄럽거나 불편하게 여기지 않는다는 사실이다. 정치인이 상인이 됐다. 이것이 갈등을 해결할 리더십의 부재와 관련하여 우리 사회가 안고 있는 가장 큰 문제다.

억울한 옥살이에서
얻은 배움

나는 1955년생이다. 공교롭게도, 내 이십대는 낡은 독재정권이 물러가고 새로운 독재정권이 들어서는 시대에 걸쳐 있었다. 그 당시 각성한 대학생이나 지식인들은 반독재 투쟁을 하느라 고생을 많이 했는데, 나는 많이 배우지도 못했고, 워낙 가난한 집안에서 태어났던 탓에 먹고 사는 데 매달릴 수밖에 없었다. 그런데도 감옥살이를 했다.

● 군인이 되고 싶었던 애국청년

또래들이 중학교, 고등학교 다닐 때 나는 일을 배워야 했다. 고향에는 먹을 게 없었다. 농사를 지어먹을 땅 한 평도, 품을 팔아먹고 살 수 있는 일거리도 없는 삶…. 고향이란 고통만이 대물림되는 곳이었다. 그래서 나는 고향을 떠났다. 지금에 와서는 돌이켜보기도 싫은 순간들이지만, 어쨌든 나는 그렇게 서울로 왔다.

배운 것도 없고, 아는 사람은 더더군다나 없는 시골 소년이 서울에서 할 수 있는 일이래야 그리 많지 않았다. 솔직히 말해, 변두리에서 흔히 볼 수 있는 양아치 무리에 끼지 않은 게 다행이라면 다행인, 그런 생활이었다.

그런데 나는 그런 뜨내기 신세였음에도 국가관이 투철했다. 지금 생각해도 참으로 이해가 되지 않는 일이었지만, 국가를 위해서 무엇을 할 것인가가 먹고 사는 문제 다음으로 나를 사로잡았던 고민이었다. 내 의식은 깨어 있었다.

박정희 정권이 나라의 운명을 걸고 중화학공업에 뛰어들고, '오일쇼크'로 어수선하던 무렵이라, 지금처럼 4대보험이니 기초생활보장제도니 하는 것들은 꿈도 꾸지 못할 때다. 국가의 보살핌을 받지는 못했지만, 정신은 똑바르고 체격은 건장한 청년이 된 나는 직업군인을 지망했다. 국가를 위해서 멸사봉공(滅私奉公)하는 데 군인만큼 확실하고 직접적인 일도 없을 것 같았다.

그러나 나는 직업군인은 고사하고 병역의 의무마저도 질 수가 없었다. 두 번을 지원했는데, 한 번은 학교를 제대로 다니지 못했던 이유로, 또 한 번은 결핵에 걸려서 그만 떨어지고 말았다.

실망이 이만저만 되는 게 아니었지만 할 수 없는 노릇이었

다. 나라의 녹을 먹는 것이 어렵다면 일찌감치 사업을 하는
게 나을 성 싶었다. 작은 트럭을 한 대 마련해서 전국을 다니
며 장사를 해 볼 요량을 했다. 운전면허증은 있었지만 도로
에서 차를 몰아 본 적은 없어서 택시를 빌려 운전연습에 들
어갔다. 그때는 도로주행 테스트 없이 운전면허증이 나왔다.
지금으로 치면 '나 홀로' 운전연수를 한 셈인데, 얄궂게도 교
통사고를 내고 말았다.

그때만 하더라도 택시운전하는 데 자격요건이 까다롭지
않아서, 내가 택시를 빌려 운전한 것이 법적으로 문제가 되
지는 않았다. 피해자 측은 '장파열'이라는 진단서를 떼 와서
는 합의금을 요구했다. 당장 그 큰돈을 마련할 길이 있을 리
만무했다.

나는 덜컥 구속부터 됐다. 지금이야 무면허나 음주운전 같
은 특별한 경우가 아니라면 사망사고를 내더라도 종합보험
에 가입이 되어 있으면 구속까지 되지는 않는다. 하지만 그
당시에는 법이며 제도가 운전자의 과실과 범죄 행위를 명확
하게 구분하지 않았고, 종합보험제도도 불충분했다.

아무리 실수로 사고를 냈다고 하지만 피해자 측의 지나친
요구로 합의를 이루지 못했다고 해서 감옥살이까지 해야 될
일은 아닌 것 같았다. 아니할 말로 피해자 측의 태도가 꺼림
칙한 구석이 있었다. 그러나 이랬든 저랬든 내가 가해자이니

대놓고 말은 하지 못하고 사법부에서 공정하고 정확한 판단을 해 줄 것이라고 한 가닥 희망을 걸었다.

하지만, 이것은 참으로 순진무구한 생각이었다. 수사 과정에서 사건의 경위조차 제대로 진술할 수 없었다. 특히 검사는 대단했다. 무조건 검사가 원하는 답을 해야 했다. 원하는 답이 나오지 않으면 무릎을 꿇으라고 윽박질렀다. 나는 사실을 진술했는 데 말이다. 내 눈에는 검사가 자기 앞에 '끌려온' 사람은 이유 여하를 막론하고 불문곡직(不問曲直), 기소를 해야 한다는 사명감에 불타 있는 것으로 보였다.

● 사회정의에 눈을 뜨다

답답하고 억울했지만 도리가 없었다. 과실로 교통사고를 낸 나 자신을 애꿎게 책망하는 것 말고는 더 이상 할 수 있는 게 없었다. 1년 실형을 선고받고 서울구치소에서 감옥살이를 하게 됐다. 이 감옥이라는 곳에서 나는 뜻밖에 새로운 세계를 알게 된다.

교도소 당국은 과실로 인한 교통사고로 수감된 사람들을 긴급조치나 반공법 위반 등으로 들어온 학생들과 같은 방을 쓰도록 했는데, 나는 배기선 씨와 한 방에서 지내게 됐다. 김대중 전 대통령을 오래 모셨고, 훗날 국회의원까지 한 분이다. 그분은 나보다 다섯 살 위로 나를 동생처럼 여기면서 살

뜰하게 대해 주었다.

배기선 씨는 세상이 말하는 '양심수'였다. 그들과 대화를 해보니 내 가슴이 뻥 뚫리는 것만 같았다. 무조건 기소를 성사시키려던 검사의 억지, 수사과정에서 받았던 인격 침해나 인권 유린 등에서 막연하게 느꼈던 사회의 부조리를 분명하게 깨닫게 됐다.

감옥에는 비참한 사람들이 너무나 많았다. 이것이 사회정의에 눈을 뜨게 된 또 하나의 이유였다. 감옥에 안 가본 사람은 모르겠지만, 가족이나 지인의 도움 없이 옥살이를 한다는 것은 불가능에 가깝다. 감옥 안에서도 돈이 절대적으로 필요하기 때문이다.

지금은 '콩밥'이 없어졌지만, 그때는 관식만 먹으면 십중팔구 영양실조에 걸렸다. 사식이 없으면 버틸 수가 없는 것이다. 겨울이면 필요한 모자나 장갑, 양말 같은 것도 모두 사야 했다. 그게 있어도 동상에 걸리기 일쑤인데, 굶주림으로 퀭한 눈동자에 달랑 푸른 수의 하나로 겨울을 나야 하는 수인(囚人)들을 보면 안타깝다 못해 가슴이 아플 지경이었다. 감옥살이 하는 사람치고 무죄 아닌 사람이 없다고들 하지만, 돈은 없고 배가 고파서 어쩔 수 없이 무전취식한 사람도 갇혀 있었다. 대한민국에서 법은 진실이나 정의가 아니었던 것이다.

나는 구치소에서 깨달은 바를 마음 한 구석에 여미는 한편, 옥살이에도 적응을 해 나갔다. 세상에 죽으라는 법은 없다고, 한마디로 나는 '체질'이었다. 나는 불의나 부조리에 맞서 대드는 것을 겁내지 않지만, 규칙과 규율은 존중하고 잘 따르는 성격이었다. 그랬으니 군인이 되려고 했던 게 아닌가. 비록 구치소이지만 절도 있게 생활을 하게 되니 마음은 오히려 편했다. 얼마나 모범적으로 생활을 했던지 구치소에서는 내게 '지도'라는 교도관 보조 역할까지 맡겼다.

나는 교도관 눈치를 보며 재소자들을 감시하기보다는 나 역시 같은 신세이므로 딱한 처지의 동료들을 성심성의껏 도우는 데 애를 썼다. 기결수가 되어 빈손으로 교도소로 떠나는 재소자들에게는 속옷이며 모자나 장갑, 양말 등 옥살이에 필요한 물품들을 꼭꼭 챙겨 주었다.

감옥에도 '빈익빈 부익부'가 있다. 오히려 더 적나라하다고나 할까. 부족할 게 없는 '범털'들에게 남아도는 물품들을 넘겨받아 불쌍한 '개털'들에게 건네는 것쯤이야 교도관 보조인 나로서는 마음만 먹으면 언제든지 가능한 일이었다. 좌우간 '체질'이었던 나는 서울구치소장에게 표창장도 받았고, 석 달 정도 감형을 받아서 가석방으로 출소했다.

• 형사는 예술가?

내 평생에 옥살이는 이것으로 끝인 줄 알았는데, 진짜 억

울한 일이 나를 기다리고 있었다. 서울구치소에서 나온 지 얼마 되지 않아서다. 택시기사로 일하는 친구의 집에 가기 위해 버스를 탔다. 친구의 집은 의정부였고, 내 집에서 버스 정류장으로 치면 다섯 정거장쯤 되는 거리였다. 버스에서 신문을 봤는데, 그날 1면 톱뉴스는 공무원들의 부정부패에 대한 것이었다. 서울시내 9개 연탄업체들이 연탄의 열량을 속여 부당폭리를 취했고, 이것과 관련해 공무원들의 수뢰 혐의가 드러났다는 내용이었다.

버스에서 내리기 위해 뒷문 쪽에 섰는데 60대로 보이는 남자 한 분이 나를 쳐다보며 말을 걸었다. "나 알겠소?" 낯이 설었다. 기억을 더듬어 보려는데 버스가 섰다. 내릴 차례를 기다리며 낯선 이의 얼굴을 살피던 찰나, 경찰들이 우르르 몰려와 버스 안팎을 둘러쌌다. 무슨 일인가 싶어 주변을 둘러보고 있는데, 형사들이 나를 덮쳤다.

그들은 놀라 말도 못하는 나를 전기충격기로 쏘고, 경찰봉으로 때리며, 수갑까지 채워 지프차에 실었다. 입술이 터졌지만 아픔을 느낄 겨를도 없었다. 형사 하나가 서울 성북경찰서로 간다면서 내게 이렇게 말했다. "이봐, 우리는 예술가야!" 그러자 다른 형사가 맞장구를 쳤다. "우리는 공사 한번 하면 크게 해! 피라미는 상대 안하고 월척만 상대한다."

● 피라미도 우리는 언제든지 월척을 만들 수 있다

성북경찰서의 형사들은, 나를 버스 안에서 내게 말을 걸었던 그 사람의 공범으로 몰았다. 그 사람은 절도죄 전과가 있다고 했다. 나는 형사들에게 그 사람을 알지도 못한다고 내 결백을 주장했으나, 소용이 없었다. 증거가 없으니 구속영장이 떨어지지 않자, 형사들은 내게 자백을 강요했다. 밤이 되자 형사 세 명이 경찰서 지하 보일러실로 나를 포승줄에 묶어서 끌고 갔다. 나무의자에 나를 묶고는 얼굴에 수건을 덮었다. 주전자의 물을 얼굴에 주르륵 붓기 시작했다.

물고문이었다. 거의 익사 직전의 상태가 됐다. 곧 숨이 끊어질 것 같은 극한 고통 속에서 죽음이 저만치 보였다. 공포감이 밀어닥쳤다. 나는 살고자 버둥거리며 안간힘을 썼고 형사들은 내게 "자기네가 시키는 대로 하고 시인을 하려면 손가락을 움직여라"고 했다. 나는 그들이 시키는 대로 손가락을 움직였고, 지하실을 벗어났다. 죽음의 공포에서 벗어나자 내 마음은 달라졌다. 이름도 알지 못하는 사람의 공범이라는 자백을 할 수는 없었다.

영장이 떨어지지 않자 옆 부서의 폭력계 형사가 나섰다. 내가 운전사고 전과가 있으니 폭력계로 넘기면 자기네가 "요리를 하겠다"는 것이었다. 지금 생각해보면 아마 당시에 '건

수 올리는' 경쟁이 심했던 것 같았다. 내가 계속 시인을 하지 않자 다시 지하실로 끌려가 물고문을 당하고, 자백을 하겠다고 나와서는 번복을 하는 게 수차례 거듭됐다.

그 사람들은 꼭 심야에만 고문을 가했다. 이러기를 사흘째, 나는 차라리 죽어버리는 것이 행복하겠다는 생각마저 들었다. 모든 걸 자포자기하는 정신적 공황 상태가 되었다. 죄가 있고 없고, 얼마나 무서운 처벌을 받고 하는 문제는 나에게 이제 중요하지 않게 됐다. 빨리 그들을 벗어나고 싶은 생각뿐이었다. 그래서 나는 형사들이 옆에서 불러 주는 대로 보기 좋게 자술서를 써주고 '자백'을 해 주었다.

형사들은 과연 자기들 말대로 '예술가'였다. 없는 사실을 창조했으니 말이다. 검사가 작성한 공소장에서, 나는 앞서 말한 절도 전과자의 공범이 되어 망을 본 것으로 돼 있다. 증거물은 신문이었다. 들고 있던 신문으로 피해자를 가리켰다나? 그러니까 절도를 할 대상을 내가 찍어줬다는 것인데, 만일 내가 신문을 들고 있지 않았다면 어떻게 증거를 조작하려 했는지 궁금할 따름이다. 어쨌든 간에, 나는 "피라미는 상대하지 않는다"는 형사들에게 걸려 절도범이 됐는데, 이 사건의 기소금액은 5천 원이었고, 그나마 미수였으며, 피해자는 전직 형사였다.

나중에 알게 된 바에 따르면, 형사들은 성북경찰서 관할

오토바이 절도사건의 범인을 통해서 나를 공범으로 지목한 절도 전과자의 소재를 파악하고는 함정수사를 했다는 것이었다. 친구의 집에 가기 위해 탄 버스가 함정수사가 진행된 현장이었으니…. 그랬거나 말거나 그 전과자가 버스에서 나를 아는 체하지만 않았더라면…. 아무리 골똘히 생각을 해봐도 그 얼굴이 낯설기만 했지 어디서라도 본 기억이 없었다. 전과자라고 하니 서울구치소에서 '지도' 완장을 차고 다니던 내 모습을 본 것일까? 설사 그랬다 하더라도 공범이 아니라고 사실대로만 말했더라면….

그런데 여기에도 사연이 있었다. 절도죄로 전과가 있었던 그 사람은 전두환 정권이 만든 감호제도에 걸려 교도소에서 10년을 더 살아야 하는 판이었다. 공범을 지목하면 감호는 빼주겠다는 형사들의 말에 나를 물고 늘어졌다는 게 그 사람의 변명 아닌 변명이었다. 위에서는 많이 잡아넣으라고 성화인데, 한 명보다 두 명이 구속돼야 검거율도 높아질 것 아닌가.

● 이대로 당하고 살 수는 없다

나는 서울구치소에 다시 갇혔다. 무슨 수라도 내야 했다. 변호사를 구해 누명을 벗어 보려고 했다. 그런데 고문에 못 이겨 강제로 한 것이라도 자백을 했기 때문에 방법이 없다는 것이다. 당시에는 억울한 죄인이 정의를 지키고 진실을 구하

는 변호사를 만나 누명을 벗는 것은 할리우드 영화에서나 가능한 것이지, 대한민국의 현실에서는 가당치 않은 일인 것 같았다.

두 번째 옥살이는 첫 번째와 전혀 달랐다. 나는 아주 심각했다. 생각도 많이 하게 됐다. 나랑 비슷한 처지의 재소자들의 사연에도 더 귀를 기울였다. 그러던 와중에, 하필이면 내가 잡힐 때 들고 있던 신문에 톱뉴스로 나왔던, 연탄업체로부터 뇌물을 받았다는 서울시 공무원을 감옥에서 만나게 됐다.

그때 신문을 보면서 이런 사람들 참 나쁜사람들이구나 생각했던 기억이 떠올라 씁쓸해진 나에게, 그 공무원은 너무나 태연하고 당당한 얼굴로 "자신은 희생양"이라고 말했다. 자신은 자발적으로 뇌물을 받은 게 아니라는 것이었다. 자신은 위의 눈치 때문에 튀지 않으려고 그랬을 뿐인데, 그만 다 뒤집어쓰게 됐다는 말도 덧붙였다. 이야기를 듣다보니 한숨만 나왔다.

혼란한 시절이라 서울구치소에는 사회적으로 유명한 '손님'들이 많았다. 그 사람들은 구치소 안에서도 유명세만큼이나 '지체'가 높았다. 그 사람들은 판사보다 더 정확히 자기 재판의 판결을 점치고 있었다. 바깥에서 누가 일을 봐주는 모양인지 몰라도, 그들의 말은 다 사실이 됐다. 결국, 그들은 다 나갔다. 나에게는 재판이 그들에게 면죄부를 주는 하나의 요식행위처럼 느껴졌다.

그래도 구치소 생활을 하는 동안 나에게 희망을 주는 이들도 있었다. 민주화운동을 하다 잡혀 온 사람들은 씩씩했다. 그이들은 '통방'(교도관 몰래 다른 방과 연락을 하는 행위를 일컫는 교도소 은어)으로 약속을 잡아 일시에 "전두환은 물러가라"고 외쳐댔다.

내가 있던 옆방에는 '광주사태'(지금은 광주민주화운동이라고 부르지만 당시에는 '사태' 외에 다른 말을 쓰면 빨갱이로 오해받기 십상이었다)에 관련되어 지명수배되었다가 잡혀온 황일봉 씨가 있었다. 그는 뒤에 민주당 소속으로 광주 남구청장도 했는데, 나는 그로부터 '광주사태는 불순분자에 의한 폭동이 아니라 민주화운동이며 수많은 시민이 계엄군 총칼 앞에 쓰러지고 죽었다'는 생생한 증언을 들었다. 물론, '통방'을 통해서다.

이름은 기억나지 않는데, 목사님도 한 분 계셨다. 구치소에서 이런 식으로 저항을 하면 옥살이가 아주 괴로워지는 데도 아랑곳하지 않고 꿋꿋하게 투쟁을 해 나갔다. 이 분들이 고생하는 게 안타까워 나도 옆에서 함께 구호를 외쳐 주었다.

솔직히 나는 소리라도 지르고 싶었다. 두 번째 옥살이는 하늘이 무너지는 것 같았다. 억울하다는 감정조차 느끼지 못했다. 내가 참으로 미약한 존재라는 생각이 끝없이 몰려왔다. 세상 그 어떤 것보다 내가 못난 존재 같았다. 짐승은 맞으면 울부짖기라도 하는데, 길가에 굴러다니는 깡통은 밟히면 찌그러지는 소리라도 내는데, 나는 지하실로 끌려가면서 아무런 소리도 못 냈다.

내 얼굴에 수건이 덮어지고 물이 부어지면 나는 아무런 저항도 하지 못했다. 고통 속에 죽음의 공포가 닥치고 나서야 손가락을 까닥여 시키는 대로 하겠다는 신호를 하는 내 자신을 생각하면 너무나 비참했다. 두려움에 떨면서 당하고만 있을 게 아니라 비명이라도 질러보아야 했다. 지금도 그때 나 자신의 나약한 행동을 후회하고 있다.

독재정권은 대학생이나 민주인사들만의 문제가 아니었다. 먹고 살기 위해 발버둥치는 시민까지도 불행하게 만들었다. 독재라는 게 얼마나 무서운 것인지 몸서리가 쳐졌다. 나는 독재정권을 이대로 내버려 둘 수는 없다는 생각을 자꾸 곱씹게 됐다. 독재를 막기 위해서 무엇인가 해야 했다. 이대로 당하고 살 수는 없다. 나는 감옥에서 세상의 도리와 이치를 배웠다.

● 민주헌정연구회의 열혈청년

1984년으로 기억된다. 일간지 한 귀퉁이에 민주헌정연구회가 성명서를 발표했다는 소식이 조그맣게 나왔다. 뜻하지 않은 옥살이로 세상일에 눈을 뜬 나는, 민주헌정연구회라고 하는 곳이 야당지도자인 김대중 씨를 지지하면서 민주화운동을 하는 단체라는 것쯤은 알고 있었다.

고달픈 서울살이를 하던 십대 소년 시절, 라디오에서 나오는 그분의 연설 내용 가운데 '평화'라는 단어가 유난히 내 가슴에 와 닿았던 기억이 났다. 우리나라가 분단이 돼 있어서 평화롭게 통일을 해야 된다는 내용이었는데, 나는 그 대목이 좋았다. 그리고 그분도 독재정권으로부터 사형선고를 받고 미국으로 추방되다시피 했으니, 나처럼 약자라는 생각이 들었다. 야당지도자로 김영삼 씨가 계셨지만 그분보다 김대중 씨가 더 핍박을 받는 것 같았다. 물론, 내 고향이 전라도라는 점도 작용했다.

나는 독재정권에 저항하기로 마음을 먹었지만 그 통로를 찾지 못하고 있었다. 그러던 차에 민주헌정연구회의 성명서에 접하게 되었으니 망설일 필요가 없었다. 나는 득달같이 을지로 수표교 다리 근처에 있다는 민주헌정연구회 사무실로 달려갔다.

호기롭게 사무실로 들어가서 회원가입 신청을 했는데, 입회원서를 받는 분이 보증인을 세우라고 했다. 아마 당시에 프락치가 많아서 그랬던 것 같다. 난감한 표정으로 있는데, 사무실에 있던 다른 분께서 자신이 보증인이 되어 주시겠다

고 했다. 뒤에 들은 이야기로는 "청년의 용기가 대단하다"고 생각해서 보증인이 되어 주셨다고 했다.

민주헌정연구회에 가입하고는 날마다 출근을 하다시피 했다. 이때 나는 의정부에 사무실을 차려 놓고 전화채권 사고파는 일을 하고 있었는데, 일은 뒷전이 되어 버렸다. 그래도 생계에 관해서는 내가 민주화운동만 하는 어르신들에 비하면 형편이 나은 것 같았다.

그때는 점심시간이 되면 '벤또 아줌마'라고 불리는 분들이 도시락을 팔러 다녔는데, 김대중 전 대통령과 인제나 목포에서부터 함께 활동했던 '역전의 용사들'은 도시락 값이 없어 점심시간이면 슬며시 자리를 비우곤 했다. 나는 장사가 잘된다고 너스레를 떨면서 어르신들 식사를 챙겼다. 점심 때면 말석에 끼어 앉아 어르신들로부터 얘기를 듣는 게 좋았다.

1985년 새해가 밝으면서 민주헌정연구회 사무실은 분주해졌다. 2월 12일 총선을 앞두고 김대중 선생님께서 귀국을 하신다는 것이었다. 당시 김대중 전 대통령의 호칭은 '선생님'이었다. 총재님도, 의원님도 아닌, 선생님이었다. 그리고 보면 우리 정치사에서 '선생님'이라고 불린 정치인이 또 누가 있을까. 그때는 그저 존경하는 마음에 '선생님'이라고 따라 불렀지만, 요즘 우리나라 정치가 돌아가는 꼴을 보고 있노라면 '선생님'이라는 호칭이 더 그립고 절실하기만 하다.

● 나 태어난 이 강산에 투사가 되어

　민주헌정연구회는 김대중 선생님의 신변 안전을 요구하는 성명서를 발표하는 등 선생님을 맞을 준비를 착착 해 나갔다. 두 해 전에, 필리핀의 아키노 상원의원이 미국에서 귀국해 공항에 도착하자마자 암살을 당한 사건이 있던 터라, 우리 모두는 경각심을 늦출 수 없는 상황이었다.

　드디어 2월 8일이 됐다. 민주헌정연구회 식구들이 '총출동'했음은 물론이고, 학생들이며 각계각층에서 몰려 온 사람들로 김포공항은 인산인해를 이루었다. 내가 태어나서 그렇게 많은 사람들을 보기는 처음이었다. 수많은 사람들 속에서 나 역시 목을 빼고 기다렸는데, 시간이 흘러도 선생님의 모습은 보이지 않았다. 나는 혹시나 하는 마음에 동교동 김대중 선생님 댁으로 전화를 걸어 보았다. 벌써 도착해서 댁에 계시다고 했다. 안기부가 입국수속도 거치지 않고 선생님을 수십만 명의 환영 인파 몰래 빼돌린 것이다.

　나는 사람들에게 김대중 선생님이 댁에 계시니 동교동으로 가자고 외쳤다. 그러자 누군가 나더러 거짓말을 한다고 손가락질을 했다. 사람들을 해산시키기 위해 나타난 프락치라고도 했다. 그러자 사람들이 나를 둘러싸고는 험악한 분위기를 냈다. 이러다 맞아 죽는 것 아닌가 하는 생각마저 들었는데, 민주헌정연구회의 어르신 한 분이 나를 보고는 "우리 사람"이라고 감싸주어서 위기를 모면했다. 얼마 지나지 않아 내 말이 거짓이 아니라는 게 확인됐는지, 사람들은 김포가도를 달려 동교동으로 향했다.

이 정도 규모의 인파가 거리를 메웠는데, 공권력이 내버려둘 리가 없었다. 김포가도 곳곳에 바리케이드를 치고 최루탄을 쏴댔다. 나는 엉겁결에 논으로 피했다. 겨울이라 논바닥이 갈라져 있었는데 사람의 발자국이 난 곳에 물이 조금 고여 있었다. 얼른 물로 눈을 씻었는데 면도칼로 도려내는 아픔은 눈이 찢어지는 것만 같았다. 엉금엉금 기어 나와 눈도 제대로 뜨지 못하고 걷고 걸어서 겨우 동교동 고개에 이르렀는데, 경찰들이 달려들어 나를 포함해 모인 사람들 전부를 여러 대의 버스에 나누어 싣고는 어디론가 달리더니, 서울 근교 허허벌판에 떨어뜨려 놓았다.

이날은 전초전에 불과했다. 민주헌정연구회 회원들과 나는 김대중 선생님의 사면복권을 요구하며 거의 날마다 동교동 앞으로 나갔다. 학생들이 가세하거나 사람들이 좀 모인다 싶으면 경찰은 우리를 잡아다가 마포경찰서에 수용했다. 또는 버스에 태워 일산이나 분당으로 싣고 가서 농로를 타고 들어가 밭이나 논 가운데 버스를 세워 그 자리에서 발로 밀어냈다. 우리는 이에 질세라 동교동으로 다시 모이고 했다.

하루에도 두세 번씩 이런 일이 반복됐지만 고달픈 줄 몰랐고, 오히려 내 의지는 더 굳어지고 열정은 더 깊어져만 갔다.

6월항쟁 때 나는 물을 만난 고기처럼 민주헌정연구회 동지들과 뛰어다녔다. 그때 우리 회원들은 학생들만 데모를 하는 게 아니라 시민들도 한다는 것을 보여주기 위해서 양복을 입고 거리를 뛰어다녔다. 서른셋이던 나도 거리에서 깨진 보도블록을 던졌다. 최루탄에는 면역이 돼 있어서 어지간해서는 뒤로 물러서지 않았다.

그런데 신기했던 것은 데모대를 막는 전경들을 신세계 백화점 앞 분수대에 몰아넣은 사건도 있다. 명동성당에 우리 헌정회 회원과 학생들이 제일 먼저 들어가 농성을 시작했다.

그런데 웬걸 누가 적이고 아군인지 알 수 없는 상황이 아닌가.

우리 회원은 학생들이 먹을 물과 빵을 구해다 주고 나왔다.

당시 검거조 백골단이나 진압전경들의 사기가 많이 떨어졌다는 것을 느끼고. 민주주의가 승리할 것 같다는 예감이 들었다. 독재의 본색은 강한 자에게 약하고, 약한 자에게는 강한 비겁함이다. 민주주의를 외치는 사람들의 목소리가 강력해지니까 독재는 슬며시 후퇴했다. 저항이야말로 독재를 무너뜨리는 최고의 처방이었다.

자신감으로 가득 찬 나는 1987년 대통령선거 역시 민주화

투쟁의 연장선상으로 여기고 김대중 후보의 당선을 위해 당시 의정부 양주 지구당 문희상 위원장과 나는 조직부장으로 열심히 뛰었다. 당시 한수 이북 민통련의장으로 장영달 씨도 적극적으로 열심히 했다. 대통령선거가 끝난 뒤 동교동 당직 비서로 시작해서 대통령이 되어 청와대에 계실 때까지 김대중 전 대통령을 20년 동안 모시게 됐지만, 이때만 해도 선생님과 나 사이에 이렇게 길고 긴 인연이 시작될 줄은 생각지도 못한 채 먼발치에서 지원하는 것만으로도 가슴이 벅찼다.

전직 대통령 기념관을 추진한
최초의 현직 대통령

갈등은 현재 시제(時制)로서만 성립하는 것은 아니다. 갈등 역시 맥락이 있다. 그것은 우리가 살아온 궤적을 반영하는 것이기 때문이다. 그러므로 갈등은 오늘을 사는 동시대인(同時代人)들 사이에서만 벌어지는 게 아니다. 모든 갈등은 과거와 현재 사이의 갈등이기도 하다.

● '죽은 자'까지 불러내는 어리석음

노무현 전 대통령의 자살은 커다란 충격이었다. 그 사건은 우리에게 많은 것을 생각하게 했다. 나는 여기에서 시시비비를 가릴 마음은 없다. 그것은 내 몫도 아니고, 또 그럴 수단도 없다. 다만, 나는 노무현 전 대통령을 자살로 내몬 우리 사회의 풍토에 대해 말하고 싶은 것이다. 이른바 '정치보복'에 대한 것이다.

노태우 대통령은 전두환 전 대통령을 백담사에 '귀양' 보냈다. 김영삼 대통령은 전두환 전 대통령과 노태우 전 대통령을 '감옥'에 보냈다. 노무현 대통령은 대북송금특검에 '사인'을 함으로써 김대중 전 대통령을 곤경에 빠뜨렸다. 이명박 대통령이 집권한 뒤 검찰은 노무현 전 대통령을 '정치자금 의혹'으로 수사했다. 아마도 다음 차례는 이명박 대통령일 것이라며 입방아를 찧는 사람들까지 있으니, 이것만 보더라도 역사란 정말 되풀이되는 것인가 보다.

우리나라는 민주주의를 국가의 기본이념으로 채택하고 있다. 현대의 민주주의는 대의제도와 법치주의를 근간으로 한다. 그러니 잘못을 저질렀다면 전직 대통령 아니라 그 누구라도 벌을 받아야 하는 게 마땅할 것이다. 하지만 전직 대통령을 꼭 형사처벌해야 할 정도로 우리 사회의 법치주의가 엄정한가 하는 데에는 이론의 여지가 있다. 전직 대통령의 형사처벌은 법질서를 바로잡는 과정이라고 말하는 사람도 있지만, 그런 주장을 액면대로 받아들이기에는 왠지 개운치 않은 구석이 있는 게 사실이다.

그렇다면 전두환, 노태우 두 전 대통령을 법정에 세우지 말았어야 하는가. 이것은 또 다른 문제다. 만일 이게 순전히 검찰의 결단에 따른 일이었다면 나머지는 법원에 맡기면 된다. 법원 역시 법에 따라 재판을 할 것이기 때문이다.

그런데 실제로는 전혀 그렇지 않았다. 국회가 특별법을 만들고 세상을 떠들썩하게 만들고 나서야 재판은 시작됐다. 군사반란의 주모자들은 자신이 영웅이라도 된 것마냥 법정에서 꼿꼿하게 고개를 들고 있었다. 그러더니 겨우 2년도 못 되어 감옥에서 풀려나와서는 아주 홀가분한 표정으로 골프장에서 어울렸다.

호랑이를 그리려다 고양이를 그렸다는 말이 있다. 이 재판이 꼭 그랬다. 이쯤 되면 이 재판이 군사반란의 주모자들을 단죄한 것인지 아니면 면죄부를 준 것인지 구분이 되지 않는다. 이게 다 지도자들이 조급하고 미숙했던 탓이다. 10년이 걸리든 20년이 걸리든 차근차근 국민적 합의를 이끌어내야 할 일을 총선을 앞두고 번갯불에 콩 구어 먹듯 처리하는 바람에, 역사적 평가를 가로막고 정치권은 검찰과 법원에 빚만 지게 된 꼴이 됐다.

노무현 대통령이 집권하자마자 시작된 대북송금특검도 그랬다. 백번 양보해 특검의 설치가 어쩔 수 없는 일이었다손 치더라도, 그것이 그렇게 시급한 일이었나. 결국 특검은 역사적인 남북정상회담으로 모처럼만에 활짝 핀 남북화해 무드에 찬물을 끼얹었었고, 노무현 대통령은 임기 내내 그것의 후유증에 시달려야 했다.

노무현 전 대통령에 대한 검찰 수사도 마찬가지였다. 한

때, 자신들이 말했듯이, 노무현 전 대통령의 '직계(直系)'들은 '폐족(廢族)'의 위기에 몰렸다. 그러던 것이 노무현 전 대통령의 자살로 모든 게 뒤집어졌다. 지난 지방선거에서 '친 노'는 화려하게 부활한 것이다.

이게 다 전직 대통령의 영향력을 차단하겠다는 치졸한 발상의 대가였다. 보복은 고사하고 원한만 키운 것이다. 옛말에 '사이부장(死而不葬)'이라고 했다. 죽어도 눈을 감을 수 없다는 뜻이다. 풀지 못한 숙제들이 곳곳에 산더미처럼 쌓여 있는 게 오늘의 현실이다. '산 자'들끼리 머리를 맞대는 것도 힘에 벅찰 지경인데 '죽은 자'까지 불러냈으니 세상에 이렇게 어리석은 일이 또 어디에 있겠는가.

● 현재는 과거와 하나다

1997년 12월, 김대중 대통령이 당선되고 대구·경북지역을 방문하시는 일정이 있었다. 대구에 도착하시기 전에 구미에 있는 고 박정희 대통령 생가를 먼저 방문하셨다. 김 대통령께서는 박 대통령 생가에 도착해 초상화 앞에 헌화를 하시고는 이렇게 말씀하셨다.

"박정희 대통령과 나는 서로 미워해야 할 아무런 이유가 없다. 다만 정치적 경쟁자요, 라이벌이었을 뿐이며, 국가를 위하고 생각하는 애국심은 같았고, 단지 방법의 차이가 있었을 뿐이다. 고 박정희 대통령은 인간의 존엄성, 즉 자유와 인권도 중요하지만, 우선 당장은 빵이 더 중요하다는 생각을 했고, 나는 자유와 인권이 보장되지 않고 인간의 존엄성의 가치가 없는 국가와 사회는 영원히 발전할 수 없다고 믿었다. '자유가 먼저냐, 빵이 먼저냐'의 대립이었는데, 자유가 없는 빵과 빵이 없는 자유는 온전한 국가가 아니며, 자유와 빵은 동전의 앞뒷면과 같은 것이었다."

김 대통령께서는 항상 "역사의 생명은 진실"이라고 강조하셨다. 과연, 수십 년에 걸친 모진 박해를 이겨내야 했던 지도자다운 말씀이었다. 이 점은 박정희 대통령에 대한 김 대통령의 평가에도 그대로 적용됐다.

"역사적으로 평가 항목이 열 개가 있다면, 하나만 잘하고 아홉 개는 잘못한 것이라 해도 잘한 하나가 잘못한 아홉 개 속에 가려진다면 그것은 올바른 역사평가가 아니다. 나는 박정희 대통령이 쿠데타를 해서 헌정을 중단시키고, 국가가 안정되면 민정이양을 하겠다고 말해놓고서도 국민에게 약속을 지키지 않고, 급기야는 삼선개헌을 해서 독재하는 것을 반대하고 비판했다. 그러나 통치기간 중에는 새마을운동을 시작해서 우리 국민도 뭉치면 할 수 있다는 자신감을 심어주었고, 협동심과 애국심을 고양시키고, 보릿고개를 극복하고, 산업사회의 기반을 닦아 오늘의 한국경제가 있게 만들었다. 쿠데타와 독재를 했어도 이것은 역사적으로 높이 평가받아야 한다.”

그 자리에 대한민국 모든 국민이 참석하여 그 말씀을 들었다면 얼마나 좋았을까? 그날 오후에는 대구에서 지역의 유지와 명망가들을 모신 가운데 만찬이 있었다. 이 만찬에서 고 박정희 대통령의 기념사업회가 발의된 것이다. 그리고 기념사업회장에는 신현확 전 국무총리, 부회장에는 당신의 분신이라고 할 수 있는 권노갑 전 민주당 최고위원을 선출했다.

김대중 대통령께서는 화해와 용서를 몸소 실천하려 했던 것이다. 탄압의 상처를 그대로 돌려주는 것으로는 역사의 발전은 결코 이루어지지 않는다는 평범한 진리를 나는 김 대통령으로부터 배웠다. 오늘을 사는 우리 역시 현재 한국사회의 가장 큰 문제가 무엇인지 깊은 통찰이 필요할 것으로 믿는다.

우리의 현대사에서, 죽산 조봉암 선생을 제외하고, 김대중 전 대통령만큼 탄압과 박해를 받은 정치인도 없을 것이다. 그러나 김대중 전 대통령에게는 확신이 있었다. 김 전 대통령은 박 전 대통령 기념관 건립을 지난 반세기 우리의 역사를 이끌었던 두 축인 산업화세력과 민주화세력이 손을 잡는 것으로 생각했던 것이다.

김대중 전 대통령이 박 전 대통령 기념관 건립을 화해와 새로운 출발의 상징으로 여겼다는 근거가 있다. 기념관 건립 예산은 정부가 국고로 지원하고 사업은 민간이 주도하도록 유도한 것이다. 사실, 이런 일은 국가가 나서서 하는 게 훨씬 더 빠르다. 그러나, 김 전 대통령은 그래서는 의미가 반감된다고 생각했던 듯하다. 박 전 대통령 기념관 건립에 찬성하는 사람들도 많지만, 그에 못잖게 반대하는 여론도 있었다. 이런 상황에서 국가가 나선다면 진정한 화해란 기대하기 어렵게 된다.

유감스럽게도 박 전 대통령 기념관은 세워지지 못했다. 이것 하나만 보더라도 우리 내부에 존재하는 과거와 현재 사이의 정치적 갈등이 얼마나 큰지 알 수 있다.

'정치보복'의 악순환은 갈등의 후진성을 보여준다. 정치가 검찰이나 법원의 힘을 빌리려 하는 것만큼 위험천만한 일도 없다. 개인 간의 분쟁에서도 법정은 출구가 아니라 '종착역'인데, 하물며 정치가 검사의 공소장과 판사의 판결문에 의지하게 된다면 속된 말로 갈 데까지 간 것이나 다름없다. '눈에는 눈, 이에는 이'라는 논리는 결과만을 놓고 따질 뿐 원인에 대해서는 눈을 돌리지 않는다. 이런 식으로 해서는 우리가 안고 있는 문제들을 풀 수가 없는 것이다.

마침 앞 장에서 아테네와 스파르타 이야기를 했으니, 이 대목에서 아테네의 황금기를 이끌었던 지도자, 페리클레스의 유명한 국장(國葬) 연설을 인용해 보겠다.

"먼저 나는 우리 선조(先祖)들에 대한 것부터 시작하고 싶습니다. 그것은 이런 기회에 조상을 생각하고 그분들께 경의를 표하는 것이 올바르고 또 적합하기 때문입니다. 즉 그분들은 이 나라에 대대로 변함없이 상주하고, 그 덕행을 통해서 자유를 현세대에까지 전했습니다. 그렇지만 그분들이 이런 칭송을 받을 만하다면, 더욱 그에 적합한 것은 우리의 선대(先代) 분들입니다. 요컨대 선대 분들은 조상들로부터 전해 받은 것 위에 우리가 유지하고 있는 지배권을 애써 쌓아올려 그것을 물려주었기 때문입니다.”(투키디데스, 〈펠로폰네소스전쟁사〉, 범우사)

페리클레스는 전사한 군인들의 가족을 위로하고 시민들을 격려하는 연설의 서두를 “선대 분들”과 “선조들”에게 바쳤다. 그가 언급한 “선대 분들”과 “선조들”이 곧 아테네의 민주정을 확립하고, 해군을 만들고, 스파르타와 연합하여 페르시아의 침공으로부터 그리스를 지킨 주역들이다.

페리클레스는 스파르타와의 전쟁에 소극적이었다. 그것은 그가 스파르타와 30년 강화조약을 맺었던 것에서도 확인된다. 페리클레스는 국장에 참석한 청중들에게 그들도 언젠가는 “선대 분들”이 되고 “선조들”이 될 것이라는 점을 연설의 첫 주제로 제시함으로써, 나라가 나아가야 할 바를 밝힌 것이었다. 이 연설을 한 뒤 2년이 지나 페리클레스는 사망했고, 그로부터 20년 뒤 아테네는 스파르타에 항복했다.

시간이 지나면 현재는 미래에게 자리를 물려주게 되어 있다. 현재는 과거가 되는 것이다. 누구도 이 섭리를 거스를 수는 없다. 바로 이 때문에 현재는 과거와 대화의 끈을 놓치면 안 된다. 우리는 과거의 잘못과는 결연하게 손을 끊어야 한다. 그러나 이것이 과거와의 단절로 받아들여져서는 곤란하다. 우리는 한 시대를 매듭지을 수는 있어도, 없앨 수는 없다. 그것은 가능하지도 않을뿐더러 현실적이지도 않다.

갈등을 푸는 게 중요한 이유는, 갈등 자체가 급하기 때문이기도 하지만, 그것이 또 다른 갈등이 일어날 소지를 막아주기 때문이다. 그럴 때 현재는 과거와 하나가 된다. 그러려면 용서와 화해가 뒷받침돼야 한다.

언젠가 김대중 전 대통령이 고해성사를 하면서 이렇게 말씀하시는 것을 들은 적이 있다. "하느님께서는 원수를 사랑하라고 하셨습니다. 그러나 저는 아직까지는 원수를 사랑하지는 못합니다. 그러나 용서는 했습니다." 이 말을 하신 김 전 대통령의 두 눈에서 눈물이 하염없이 흘러내리고 있었다.

왜? 죽도록 미운 사람이, 용서할 수 없는 사람이 없었겠는가 그러나 국가와 국민을 위해서 용서와 화해가 필요하다면 당신의 인간적 원한은 다 던져버리고 하나밖에 없는 목숨까지도 국민을 위해서 바치겠다는 고해성사로 하나님께 약속하셨다고 생각한다.

그래서 지지자는 김대중 선생님을 평화의 사도라고 불렀던 것이다.

앞으로 인류의 화두는 복지와 환경

부자에게 '햇볕정책'을!

요즘 여야 간에 '복지논쟁'이 한창이다. 덩달아 복지(福祉, welfare)가 '유행어'가 된 느낌이다. 나쁜 일은 아닐 것이다. '양극화'나 '고령화' 등의 사회현상이 가리키는 것처럼 복지는 지금 우리 사회에서 절실한 문제가 아닐 수 없다. 복지가 필요한 사람들 입장에서는 복지라는 단어가 생경한 것보다야 국민들이 이 단어를 한번이라도 더 입에 담는 게 낫지 않겠는가. 그런데 사태는 그리 단순한 것 같지는 않다.

● 복지는 평화다

앞으로 인류의 화두는 복지와 환경이라고 나는 생각한다. 왜 그런가. 단도직입적으로 말해서, 우리 인간이 건설한 문명이 차고 넘치기 때문이다. 적어도 생산의 측면에서는 그렇다. 모자라서 문제가 아니라 너무 많아서 문제다. 그럼에도 아직 굶주리고, 헐벗고, 아프고, 버려진 사람과 지역과 국가가 남아 있다.

나는 "모든 인간은 평등하다"거나 "누구나 행복할 권리가 있다"고 주장하려는 게 아니다. 그러기에는 상황이 너무 절박하다. 자고로 세상은 어느 한쪽으로 너무 기울게 되면 위태로운 법이다. 서양 속담에 부잣집 자식을 일러 "은수저를 물고 태어났다"고 한다. 물론, 이 말에는 존경의 뜻은 담겨 있지 않다. '나무수저'가 '은수저'를 부러워할지언정 존경할 리가 없지 않는가. 그런 게 인심이다.

그렇지만 가끔은 '나무수저'의 자식이 '은수저'가 되는 일도 생긴다. 만일, 한번 '나무수저'는 영원히 '나무수저', 한번 '은수저'는 영원히 '은수저', 이런 식으로 세상이 돌아간다고 상상해 보라. 어떻게 되겠는가. 그나마 남아 있던 부러움마저 원망과 증오로 바뀌고 말 것이다. 원망과 증오는 사람의 마음을 해친다. 성실하게 일할 의욕과 기운을 빼앗는다.

소비는 소비를 부르게 돼 있다. 오늘날 인류가 주체할 수 없을 정도로 넘쳐나는 문명의 이기(利器)와 산물(産物)들은 "소비가 미덕"인 사회나 집단이 만든 결과이지, 궁핍과는 아무런 관련이 없다. 다시 말해, 생산에는 언제나 그늘이 있다는 이야기이고, 이것이 경제의 비정한 속성 가운데 하나다. 물자가 모자랄 때 이것은 큰 문제가 되지 않는다. 하지만 물자가 넘친다면? 물자는 넘치는데, 음지더러 넌 언제까지나 음지로 남아 있으라고 한다면? 공동체는 깨어지고, 그 끝은 파괴와 테러, 전쟁이다. 무서운 일이다.

나는 경제는 어떤 식으로든 성장할 것이라고 생각한다. 질적으로는 어떻게 될지 모르겠지만, 규모는 커질 게 틀림이 없다. 산업혁명 이래 제 궤도에 올라 가속페달을 밟기 시작한 과학과 기술이 이를 뒷받침하고 있기 때문이다. 그런데 불행하게도, 바로 이 때문에 빈부격차가 늘어난다. 교육 기회의 편중이 국내적으로 '양극화'를 부른다면, 과학과 기술의 독점은 세계적으로 '양극화'를 심화시키는 것이다.

그래서 복지가 화두가 된다. 복지는 도덕의 실천이나 당위의 문제가 아니라 평화의 전제요, 현실의 문제다. 함께 가지 않으면 공멸한다. 부자는 가난한 사람을, 선진국은 후진국을 도와야 한다. 19세기 말 프러시아의 복지가 '국민총동원'을 위한 것이었다면, 20세기 중반 영국의 복지가 '중산층 보호'를 위한 것이었다면, 21세기 우리의 복지는 인류 공동의 생활 터전인 문명을 지키기 위한 것이어야 한다. 이것이 과거의 복지 패러다임과 지금의 그것이 다른 점이다.

● 대한민국, 더 많은 책임을 느껴야

정치권 일각에서 '한국형 복지'라는 캐치프레이즈가 제기

됐다고 알고 있다. 어떤 일을 도모함에 있어서 국민이 우선 순위의 첫 번째가 돼야 한다는 것은 너무나 분명한 이치다. 하지만 우리도 이제 세계 10위의 경제대국이 됐다. 정치 지도자라면 이 점을 고려해야 한다. 그래서 나는 '한국형 복지'에서 한 발 더 나아가 세계적인 차원에서 '복지평화'와 '복지안보' 발상이 나와야 한다고 본다.

우리는 세계 여러 나라들이 모두 부러워할 정도로 고도성장을 이룩했다. 이명박 대통령이 '국격(國格)'이라는 표현을 자주 쓰는 것 같던데, 그 말씀처럼 국제사회에서 우리의 '지위'가 굉장히 높아진 게 사실이다. 그렇게 되기까지 많은 선진국들의 도움이 있었다. 그렇다면 우리는 높아진 '지위'에 합당한, 과거 선진국들이 우리에게 해주었던 역할을 국제사회에서 하고 있을까. 그렇지 않다. 많이 부족하다. 심지어는 인색하다는 평가를 듣기도 한다. '지위'는 올랐지만 그만큼 '국격'이 따라가지 못하고 있다는 게 정확한 진단일 것이다.

김대중 대통령은 클린턴 미국 대통령과 서로 일종의 '동지적' 유대감을 갖고 있었다. 두 분이 대화를 나누던 모습을 기억해 보건대, 클린턴 대통령은 김대중 대통령의 노선이나 정책에 깊이 공감하는 눈치였다. 두 분 사이에는 세계의 빈곤퇴치와 복지, 그리고 환경을 주제로 한 심도 있는 대화가 있었다.

‘저개발국가에 관심을 가져야 한다. 이들이 안고 있는 상대적 열등감, 절대적 빈곤 등의 상황이 세계평화에 위협으로 이어질 가능성을 주시해야 한다. 사람은 극단적인 생각을 갖게 되면 극단적인 행동을 할 수 있다. 테러가 그 대표적인 사례다. 우리는 항상 원인을 파악하려는 자세를 잃지 말아야 한다. 선진국은 물론 중진국들도 이들 나라들에 대한 원조를 확대해야 한다. 단순한 시혜의 개념이 아니라 세계평화라는 보편적 가치를 전제로 함께 손을 잡고 나아가야 한다.’ 이런 내용이었던 것으로 기억한다. 이 주제를 설명할 때 클린턴 대통령의 표정은 매우 열정적이었다.

불행하게도 김대중 대통령은 저개발국 원조에 관한 한 대한민국의 역할을 획기적으로 늘리지 못했다. ‘IMF 사태’ 때문이다. 사실 그때는 나라 안의 사정이 말이 아니었다. 사회안전망을 짜는 데에도 버거울 정도였으니까. 그러나 이제는 다르다. 국제사회는 국민의 정부가 ‘국가부도’ 위기를 훌륭하게 극복해내는 과정을 목격했다. 대한민국이 좀 더 많은 책임감을 갖고 국제사회에서 역할을 해주었으면 하는 게 그들의 바람이다.

그래서 나는, 차제에 ‘복지평화’라는 개념의 도입을 제안한다. ‘복지정책’ 대신 ‘복지평화정책’! 얼마나 근사하고 미래지향적인가. 복지는 세입보다 세출에 속한다. 따라서 복지

를 확대하기 위해서는 돈을 더 걷어야 한다. 이 개념이 도입
된다면, 상대적으로 부담을 더 많이 짊어져야 하는 계층에서
도 환영의 목소리가 나오게 만들어야 한다. 우리나라의 '국
부(國富)'는 무역에서 나오는데, '복지평화'의 개념은 '수출입
국(輸出立國)'의 진취적 정신과도 맞아떨어지기 때문이다.

● '논쟁'은 제발 그만!

이런 점에서 볼 때 최근의 '복지논쟁'은 실망스럽다. 무상이
냐 유상이냐, 성장이냐 분배냐 하는 따위의 쟁점들은 전혀 불
필요한 것은 아니지만, 이것이 자꾸 부각되면 상황이 악화될
수도 있다. 복지란 소박하게 표현한다면, 약자를 위해 강자가
사회적으로 부담을 갖자는 말이다. 그런데 예산이나 정책의
기술적 측면을 반영하는 쟁점들이 전면에 부각되는 바람에,
복지를 둘러싼 갈등을 치유하고 해소할 지혜가 모아지기는커
녕 오히려 분열과 대립이 조장되고 있다. 아쉬운 일이다.

우리나라에 복지정책이 본격적으로 도입된 것은 김대중
대통령 때의 일이다. 건강보험, 고용보험, 산재보험, 국민연
금 등 이른바 '4대 보험'과 기초생활보장법 등의 제도적 정비
가 이루어졌다. 그때도 비판적으로 이야기하는 사람들이 있
었다.

하지만 김대중 대통령은 기술적인 문제를 놓고 다투기보

다는 "약자들로 하여금 국가가 우리를 돌보고 있다는 생각을 갖게 하는 것만큼 큰 역할을 하는 복지는 없다"라는 대전제 아래 타협을 이끌어냈다. "최고의 복지정책은 모든 국민이 똑같은 마음으로 약자에 대한 배려와 사랑의 마음을 갖는 것"이라는 믿음을, 당신의 노선보다 우위에 놓았던 것이다.

'생산적 복지'라는 개념이 나올 수 있었던 배경도 마찬가지다. 복지를 시혜로 여기게 되면 복지는 '주자니 아깝고 안 주자니 곤란한' 것쯤으로 취급받게 된다. 이것은 돈을 내는 쪽과 받는 쪽 모두에게 흔쾌한 일이 아니다. 이래서야 갈등이 풀릴 리 만무하다. 비단 복지가 아니더라도, 정책을 집행함에 있어서 어느 계층도 소외시키지 않고 국민 모두를 떳떳하고 자랑스러운 주인공으로 만들겠다는 자세가 중요하다. 이 일을 하라고 정치가 있는 게 아닌가.

기술적으로 볼 때에는 '생산적 복지'에도 분명히 '무상'과 '분배'의 측면이 존재한다. 그러나 이 측면들이 사회적으로 논쟁을 불러일으켰나? 첫째, 일자리 창출, 둘째, 자활능력 배양, 마지막으로 중증장애인 같은 절대적 약자에 대한 배려의 3단계로 구성되는 '생산적 복지'에는 모난 곳이 없다. 굳이 논쟁을 끌어내고야 말겠다는 오만도, 그 결과 본말이 전도되는 상황을 초래하는 만용도 없다. 한쪽에서는 일자리를 만들고 한쪽에서는 자활을 이뤄내, 이 양자가 합심해 새로운 가

치를 창출하자는데, 여기에 '무상'이니 '분배'니 하는 말들이
끼어들 여지가 있겠는가.

복지정책을 다루는 데 있어서 가장 쉽고 편한 길이 세입을
늘리는 것이다. 그것만큼 확실한 방법은 없다는 주장도 있
다. 세입이 부족하면 세출 항목에서 복지가 차지하는 비중이
나 절대액수 역시 줄어들 수밖에 없다는 점에서, 이 주장은
일면의 진실을 포함하고 있다. 그러나 복지정책과 조세정책
을 연결시키는 것, 특히 목적세 등을 통해 복지 문제를 해결
하려는 것은 대단히 위험천만한 발상이다.

● 부자가 명예를 누려야 복지도 가능하다

누구나 세금은 내기 싫어한다. 있는 사람이든 없는 사람이
든 마찬가지다. 그런데 문제는 있는 사람에게는 세금을 피할
능력이 있다는 사실이다. 이것은 조세정책을 수립할 때 필수
적으로 고려해야 할 사항이다. 세금보다 세금을 걷는 비용이
더 많이 든다면, 즉 배보다 배꼽이 더 크다면, 그 정책은 사
용할 수 없다. 게다가 이 비용에 납세자들의 적극적인 사보
타주로 인한 사회경제적 손실까지 포함된다면, 시쳇말로 빈
대 잡으려다 초가삼간 태우게 된다면, 그 정책은 고려의 여
지가 별로 없다.

우리의 과거를 돌아보면 확실히 정당하지 못한 돈이 많다.

개개의 사안으로 들어가면 국가가 엄정한 법집행을 통해 환
수해야 할 성질의 돈도 없지는 않을 것이다. 그러나 전체적
으로는 역사가 평가할 사안이다. 수십 년 전에 차관을 특혜
로 분양받은 기업에게 이제 와서 '세금폭탄'을 터뜨린들 순
순히 돈을 내는 바보가 어디에 있겠는가. 실랑이 끝에 나라
꼴만 구겨지고, 평지풍파 속에 애꿎은 복지만 '업둥이' 신세
가 될 뿐이다.

복지는 복지로 밀고 가야 한다. 정치는 복지야말로 최선의
사회적 투자라는 국민적 공감대를 조성하는 데 주력해야 한
다. 그게 정치가 할 일이다. 구태여 각론으로 들어가 서로 꼬
집고 할퀼 이유가 없다. 한편, 조세정책은 조세정책대로 개
선해야 한다. 현행법과 제도, 그리고 인력만으로도 얼마든지
세수를 늘릴 수 있다. 이것은 정부가 할 일이다.

이와 함께 예산 낭비를 줄여야 한다. 쌀독에서 인심이 나
온다고 했는데, 독이 샌다면 인정도 메마를 것이 아니겠는
가. 이 점에 관해서는 국회가 애쓸 일이 많다. 이렇게 되면
지금과 같이 소모적이고 당파적인 '복지논쟁'도 제 자리를
찾게 될 것이라고 믿는다. 복지의 확대라는 이상과 재원의
마련이라는 현실을 '박치기'시키는 데 혈안이 된 사람들은
설 자리를 잃을 것이기 때문이다.

좋은 일은 웃는 낯으로 진행돼야 한다. 우리 식으로 말하

면 신바람을 키우고 체면을 세워줘야 한다. 그게 일하는 지혜다. 가장 좋은 방법은 부자들이 스스로 지갑을 열게끔 만드는 것이다. 나는 이것을 복지의 '햇볕정책'이라 부르고 싶다. 그러려면 부자들에게 명예를 선물해야 한다. 요컨대 부자에게 명예를 주고 사회는 복지를 얻자는 것이다.

이상하게도 우리나라는 정치의 영역에서 '헐뜯기'가 더 판을 친다. 무조건 반대부터 하고 본다. 원래대로라면 사회 모든 구석에서 그게 일반적이더라도 정치만은 끝까지 금도(襟度)를 지켜야 함에도 말이다. 오죽하면, 김대중 대통령이 '햇볕정책'을 추진할 때 '북한 퍼주기'라는 밑도 끝도 없는 비방이 나왔을까. 그렇다면 복지의 '햇볕정책'에도 '부자 퍼주기'라는 비방이 나올까. 이 질문의 답은 누구보다 정치인들이 잘 알고 있다. 그래서 정치가 중요한 것이다.

집값,
'세금폭탄'으로는 못 잡아

우리가 수십 년째 씨름을 하고 있는 문제 가운데 하나가 부동산이다. 한쪽에서는 불로소득을 얻는 데 여념이 없고, 다른 한쪽에서는 그로 인해 시름에 겨워 이삿짐 보따리를 싼다. 정부는 정부대로 좋은 방안을 마련하려고 애를 쓰는 것 같지만 딱히 효과는 없다. 말 그대로 씨름인 셈이다.

● 부동산 문제의 핵심은 투기가 아니다

엉뚱한 이야기인지 모르겠으나, 우리의 '부동산 사랑(?)'은 거의 민족적 차원의 전통인 듯하다. 옛날에는 논과 밭이 유일한 생산수단이었다. 국토는 작은 데다 그나마 산이 대부분인 지리적 조건에서, 상업이 발달한 것도 아니고, 자급자족의 농경사회가 오래 지속되었으니, 땅에 대한 집착을 이해 못할 바는 아니겠다. 재산 가운데 으뜸으로 쳐주는 것이 땅이었다. 땅은 가장 확실한 소득원이었고, 가장 안전한 투자처였다. 땅이 대물림되면서 신분도 이어졌다. 이런 과정을 거치면서 혹시 우리 민족 내부에 부동산에 매달리는 유전자가 형성된 게 아닐까.

해방 후 토지개혁이 실시됐지만, 그것의 혜택을 본 농민들은 많지 않았다. 자영농의 규모가 워낙 영세하다 보니 농업 생산성이 낮았고, 농산물까지 제값을 받지 못했기 때문에 농촌은 빈곤의 상징이었다. 그래서 농민의 자식들은 대도시로 밀려들었다. 농촌의 땅값은 그런 대로 과거의 수준을 유지했지만, 도시 인구가 폭증하면서 대도시의 땅값은 하루가 다르게 올랐다. 여기에 생필품의 공급 부족은 인플레이션을 유발했고, 이것이 다시 지가(地價) 상승으로 이어졌다.

대도시의 '지붕 밑'은 삭막하기 이를 데 없었지만, 그래도 이곳에는 일자리가 있었다. 농촌에서는 땅이 없으면 먹고살기가 막막했지만, 대도시에서는 땅이 없어도 몸만 튼튼하고 부지런하면 살림을 꾸려나갈 수 있었다.

다만, 집이 문제였다. 판잣집과 사글세는 이 시대 서민들이 겪었던 고통의 상징이었다. 해방 전 농민들의 소원이 땅이었다면, 해방 후 서민들의 소원은 집이었다. 그렇지만 우리 사회는 이 소원을 들어줄 형편이 못 됐다. 소득은 불안정한데 집값은 천방지축으로 뛰니 도리가 없었던 것이다. 이 당시 주거 문제를 둘러싼 갈등이 얼마나 심각했는지는 '내 집 마련'이라는 네 글자에 서린 서민들의 원념(怨念)을 돌아보는 것만으로도 충분하다.

경제개발의 나팔이 울리면서 '마이 홈' 시대가 열렸다. 좋은 일자리가 만들어지면서 소득이 차츰 안정되고, 비록 투자가 늘어나고 인플레이션이 더 기승을 부렸다고는 하지만, 주택의 보급도 함께 늘어난 덕분이다. 아직 방 전체가 뜨뜻해진 것은 아니었다고 하더라도, 아랫목에 가까운 쪽부터 온기가 전해지는 게 느껴지기 시작했다. 중산층이 등장한 것이다.

그러나 여전히 부동산 문제는 갈등의 온상이었다. 중산층이 허리띠를 졸라매고 십년이 넘게 피땀을 흘려 '내 집 마련'에 성공했던 것에 비해, 재벌과 관료 그리고 자산가들은 부동산투기로 하룻밤 사이에 몇십 채의 집을 살 수 있는 돈을 벌었다. 불편하겠지만 이것이 진실이다. 지금에야 대기업들이 반도체다, 자동차, 조선이다 해서 떼돈을 벌고 있지만, 과거에 대기업들의 자산을 불려준 효자는 차관과 대출로 산 부동산이었다. 이것이 이른바 '개발지상주의 시대'의 단면이다.

나는 그 잘못을 꾸짖으려는 게 아니다. 이제 와서 옳고 그른 것을 따지는 행위는 누구에게도 도움이 되지 않는다. 경제개발의 주역들은 어떤 식으로든 서로 연관이 되어 있다. 대기업, 관료, 중산층, 노동자 모두가 개발에 참여했고, 성과를 나눴다. 어느 한쪽이 자신의 몫을 더 많이 챙긴 것은 분명하지만, 그로 인해 갈등이 벌어진 것도 확실하지만, 그것이 당시의 경제구조였다. 그 구조 아래에서 성장이 진행됐다.

그렇기에 정부 역시 부동산 문제를 무 자르듯이 단칼에 해결할 수 없었던 것이다. 정부는 부동산투기의 해악을 인식하고 불로소득의 원천을 차단하기 위해 노력해야 한다. 그런데 부동산 문제는 수십 년에 걸쳐 누적돼 왔고, 지금도 현재진행형이다. 부동산투기가 이 문제의 핵심이 아니라는 말이다. 이를 단시간 내에 해결하려면 어느 한쪽의 경제주체를 제거하는 수밖에 없다. 그러자면 부작용이 필연적이다. 주택의 수요공급이 왜곡될 수도 있고, 금융경색이나 조세저항이 일어날 수도 있다.

● 중산층만 울린 참여정부의 부동산정책

경제개발의 시대가 끝나고 성장이 둔화되면서, 특히 'IMF' 사태 이후 우리 경제의 취약점들이 급격히 드러나면서, 부동산 문제의 성격도 바뀌었다. 우선 과도한 부동산 비용으로 말미암아 경제가 위축되고 있다. 무슨 사업을 하나 하려고 해도 땅값이 너무 비싸 엄두가 나지 않는 것이다. 하지만 이것은 부동산만의 문제는 아니다. 개발이익이나 이윤이 토지수용비용을 상회한다면 하지 말라고 막아도 사업에 뛰어드는 게 자본주의다. 그러므로 이 문제는 경제외적인 강제와 같은 '극약 처방'보다는 우리 경제의 전반적인 체질 개선이라는 관점에서 접근하고 대책을 마련해야 한다.

주택 문제도 더 복잡해졌다. 예전처럼 공급을 늘리는 것으로는 이 문제를 풀 수 없게 됐다. 이미 주택보급률은 100%를 넘은 지 오래인데, 집이 없는 서민이 아직도 전체 가구의 절대다수이며 이것이 현재의 실정이다. 집값을 인위적으로 떨어뜨리는 것 역시 만만치 않다. 집값이 떨어져도 웬만큼 떨어져서는 서민에게는 '그림의 떡'이다. 그 정도로 일자리와 소득이 불안해졌다. 게다가 집값이 떨어지면, 집이 가계 자산에서 차지하는 비중이 절대적인 중산층부터 골탕을 먹게 된다. 집값을 떨어뜨리더라도 분배의 효과를 쉽게 기대할 수 없게 된 것이다.

노무현 대통령과 참여정부의 지지기반이 무너진 게 바로 이것 때문이다. 서민을 위한다고 강력한 부동산정책을 추진했는데, 그것이 부메랑이 되어 자기 발등을 찍은 것이다. 참여정부는 '1가구 2주택' 이상에 대해서만 '징벌적인' 조세정책을 도입했다. 이렇게 하면 '1가구 1주택', 말하자면 선의의 '생계형' 주택보유자들은 보호할 수 있다고 믿었던 것 같다. 이것이 착각이었다. 주택시장은 연쇄반응을 일으켰고, 그 결과는 그들이 바랐던 것과 너무나 달랐다.

앞에서 썼듯이, 서민들 입장에서는 집이 먼저다. 자신이 갖고 있는 모든 현금 자산을 털고 대출까지 받아 집부터 산다. 거기에는 심리적 이유도 있겠지만, 집을 사면 집값 상승에 따른 기대이익이 이자부담을 상쇄하고도 남기 때문이다. 이것도 투자라면 투자인데, 이렇게 부동산 문제는 우리 사회 구석구석에 진입해 있다.

만일 이 어렵게 장만한 집값이 떨어지면 어떻게 되겠는가. 재산이라고는 달랑 2억 원짜리 아파트 한 채가 전부인데 이게 1억 8천만 원으로 떨어졌다면 재산의 1/10이 날아간 게 된다. 그렇다고 정부가 이자부담을 경감해주는 것도 아니다. 이게 중산층이 참여정부에 등을 돌린 이유 가운데 하나다.

지금 우리 사회에는 집을 가진 사람보다 못 가진 사람이 더 많다. 이 점에서 노무현 대통령과 참여정부의 부동산정책은 도덕적 타당성을 갖는다. 하지만 정치는 도덕이 아니다. 현실이다. 참여정부의 부동산정책으로 집을 가진 사람이 늘어났는가. 그랬다면, 참여정부 말기가 그토록 비참했을 리가 없다. 참여정부의 부동산정책은 혼란과 혼선만 야기했다.

어떤 특정 계층의 이익을 위해 정책을 사용할 때 반드시 고려해야 할 게 있다. 그 정책의 수혜를 받을 계층이 똘똘 뭉쳐 앞장을 서고, 그 정책의 정신과 명분에 공감하는 지지자들이 우군이 되어, 그 정책에 반대하는 여론을 효과적으로 잠재워야 하는 것이다. 참여정부의 부동산정책에는 이것이 빠져 있었다. 그 결과, 정책으로서도 실패하고 정치적 프로파간다로서도 낙제를 면치 못하게 된 것이다. 굳이 남은 게 있다면, 자신들은 도덕적으로 우월하다는 오만 정도일까.

집값은 잡아야 한다. 이것은 더 이상 미룰 수 없는 사회적 과제다. 그 옛날 판잣집 시절로 돌아갈 수는 없다. '내 집 마련'의 소원이 결코 허황된 꿈이 아님을 우리 사회는 보여줘야 한다. 그러나 서두르는 게 능사가 아니다. 충분한 고려 없이 시장에 개입한다면 생각지도 못한 결과가 나올 수도 있다. 집값은 떨어졌는데 물가는 그대로라면 피해는 고스란히 중산층에게 전가된다. 집값을 떨어뜨리더라도 그들이 대피할 시간을 줘야 하는 것이다. 'house poor'라는 말도 있지 않나. 한편으로는 주택을 재산증식의 수단으로 여기는 국민의 의식을 바꾸는 정책도 병행해야 한다.

갈등은 분노를 수반한다. 갈등이 깊을수록 이 경향은 짙어진다. 당하다 보면 화를 안 낼 수가 없는 것이다. 이때가 리더가 필요할 때다. 분노로 말하면 리더의 것이 가장 클 것이다. 그만큼 애정과 관심이 많기 때문이다. 그러나 리더는 갈등을 '징벌'로 풀려 하지 않는다. 그만한 힘이 있다면 또 모를까, 리더는 갈등을 순리대로 풀어야 한다는 것을 알고 있다.

참여정부는 '세금폭탄'을 터트려 집값을 잡으려 했다가,

집값도 못 잡고 정권만 빼앗겼다. 이명박 정부는 우리 사회가 애써 가꾸어왔던 부동산 문제에 대한 사회적 합의를 한 순간에 원점으로 되돌렸다. 분노와 오만이 만들어낸 정책의 대가는 이렇게 컸다. '강부자'의 나라 5년 동안 더 깊어질 이 갈등을 치유하려면 얼마나 많은 시간이 필요할 것인가.

환경이 경제다

얼마 전 우리나라는 구제역 파동으로 한바탕 홍역을 치렀다. 난리도 그런 난리가 없었다. 그런데 조용하다. 언제 그런 일이 있었나 하는 분위기다. 매사가 이렇다. 예방은 찾아보기 힘들고, 사태가 터지고 나서야 언론은 참새떼 짖어대듯 떠든다. 국가의 위기관리능력을 총체적으로 의심하지 않을 수 없다.

• 환경에는 국경이 없다

인간은 물질적인 동물이기에 끊임없이 새로운 물질(物質)을 원한다. 인간의 소비 욕망은 끝이 없고, 이 욕망은 자연 그대로의 상태에서는 결코 충족되지 못한다. 인간의 이 욕망은 문명을 탄생시킨 원동력이기도 했지만, 다른 한편으로는 자연과 충돌을 빚을 수밖에 없는 것이다.

인간과 인간 사이의 충돌도 위기를 낳는데, 하물며 인간과 자연의 충돌이 무사할 리가 없다. 문명의 위력이 보잘것없었을 때 이 충돌은 그리 큰 문제가 되지 않았다. 하지만, 과학 기술의 발전, 자본의 축적과 함께 문명의 발달이 가속화되기 시작하면서 인간과 자연의 충돌은 본격적으로 인류를 위협한다. 인류에게 풍요로운 삶을 선사한 문명의 이기(利器)들이 이제는 인류의 삶 자체를 송두리째 앗아갈 수 있는 괴물로 등장하게 된 것이다. 그것이 환경의 위기다.

모든 일에는 전조(前兆)가 있다. 위기는 예고 없이 닥치는 게 아니다. 자연은 자신이 상처입고 파괴되는 만큼 인간에게 경보를 울렸다. 하지만 생산과 소비의 메커니즘에 포위된 이기적인 인간들은 그것을 몰랐거나, 애써 무시했다.

과거에 국가는 외교(外交)와 내치(內治)에만 주의를 기울여 왔다. 그것을 잘 푸는 게 국가의 위기관리능력이었다. 인간이 상처를 받으면 곧바로 반발하는 것과는 달리, 자연은 자신이 견딜 수 있을 때까지는 쉽사리 분노를 표출하지 않는다. 이러한 인간과 자연의 차이가 국가로 하여금 인간에게만 신경을 쓰도록 만들었다. 이 과정에서 자연의 파괴가 더 빠른 속도로 진행됐다는 것은 두말할 필요도 없다. 인간은 자연을 착취하는 것으로 자신들의 문제를 해결했던 것이다.

오늘날 환경의 문제는 단순히 생태계 보호나 보전의 문제로 그치지 않는다. 환경은 생명의 문제요, 생존의 문제가 됐다. 의식주의 근간이 경제라면, 경제활동의 목표를 최우선적으로 환경, 다시 말해 생명과 생존에 놓아야 할 때가 된 것이다.

우리가 21세기의 경제를 말할 때 환경산업이라는 분야를 흔히 강조하곤 하는데, 그 정도 인식으로는 사태의 심각성을 설명하지 못한다. 환경산업이라는 분야가 따로 있는 게 아니다. 환경이 곧 경제이고, 경제가 곧 환경인 시대에는 모든 산업이 환경산업이고, 생명산업이다. 인식의 대전환이 필요한 것이다. 이 점에서 국가의 위기관리능력 역시 재구축돼야 한다.

환경에는 국경이 없다. 국경은 인간과 물자(物資)의 이동은 구속할 수 있어도, 공기와 물의 흐름은 막지 못한다. 어느 한 나라에 오염과 공해가 심각하다면 이것은 비단 그 나라의 문제로 끝나지 않는다. 일본 원자력발전소 사고가 잘 보여주었듯이, 이제 세계는 환경이라는 단일한 이슈로 연결되어 있다. 한 나라의 환경 이슈가 옆에 있는 나라들의 불만을 낳고, 이것이 국가 간의 갈등과 긴장을 유발시킬 수도 있다. 그래서 환경은 평화의 문제로 이어진다.

물질이 워낙 부족했을 때에는 환경을 거론하는 것이 사치였을지 모른다. 지금은 그렇지 않다. 물론, 여전히 물질이 부족한 곳들이 있다. 빈곤한 곳에서 환경은 아직도 사치다. 저개발 국가들은 의식주를 해결하는 데 있어서 자연에 의존하는 도리 외에는 없다. 중진국들의 문제는 더 심각하다. 경제성장의 압박이 무자비한 난개발과 환경파괴를 서슴지 않게 만든다.

이렇듯, 한쪽에서 생태계 복원을 위해 아무리 애쓴들, 다른 한쪽에서 파괴가 계속되면 인류는 공멸하는 수밖에 없다. 이 현실은 환경을 살리기 위해서는 세계적 차원의 대책이 필요하다는 것을 암시한다.

빈곤이 남아 있는 것은 물질의 절대량(絕對量)이 부족하기 때문이 아니다. 먹고살기 위한 '아귀다툼'의 시대는 막을 내렸다. 물질만으로는 행복할 수 없는 시대가 됐다. 이제는 더 많은 생산과 더 많은 소비를 고집하기보다는 인간과 인간, 인간과 자연 사이의 공존과 공생을 모색해야 할 때다.

자연을 살리려면 자연의 규범을 지켜야 하고, 자연의 규범을 지키려면 인간의 규범 또한 한 차원 더 높은 것으로 승화되지 않으면 안 된다. "모두가 동등하게! 모두를 소중하게!" 이것이 바로 환경의 시대에 인간이 갖추어야 할 새로운 규범인 것이다.

평화에 이어, 환경이 던지는 두 번째의 화두가 빈곤이다. 그런데 빈곤의 퇴치라고 하면, 그 어감이 마치 한 나라에 국한된 것으로 이해될 소지가 있다. 내가 '세계복지안보'라는 개념을 도입하자고 앞에서 쓴 이유는 그 때문이다.

빈곤퇴치기금 마련도 중요하지만, 원조(援助)는 어차피 한계가 있다. 당장에 도움은 되겠지만, 미봉책에 불과하다. 빈부의 격차는 한마디로 말해서 과학의 격차다. 발상을 더 크게 해서, UN 차원의, 세계 모든 나라들이 참여하는 지구적 차원의 과학기술공유정책이 나와야 한다. 이럴 때에만 '환경-경제-빈곤-안보'의 선순환을 이룰 수 있다.

● 법과 제도 이전에 국민적 공감대부터

이 선순환은 국내적으로도 매우 중요하다. 사회 갈등의 많은 부분들이 여기에서 출발한다. 개발과 보호의 충돌은 성장과 복지의 대립과 떼려야 뗄 수 없는 관계이기 때문이다. 그렇다면 이것을 어떻게 해결할 것인가. 무엇보다도 국민의 공감대를 넓히는 게 관건이다.

우리 사회가 개발과 보호라는 상호 모순된 숙제를 풀려면 법과 제도에 의존하는 풍토를 바꿔야 한다. 개발은 정부가 법으로 밀어붙이면 안 된다. 보호 또한 제도를 만든다고 무조건 지켜지는 게 아니다. 우선 개발이 필요한지 아닌지, 시급한지 아닌지, 충분한 시간과 절차를 두고 검토해야 한다. 이 과정에서 이해당사자들이 참여해야 함은 물론이다. 이 전제 위에서 법과 제도가 마련돼야 하고, 일단 법과 제도가 만들어지면 무슨 일이 있더라도 이것을 준수해야 한다. 그래야 신뢰가 생긴다.

공공(公共)의 필요성이 확인된다면 그것은 개발이지만, 그렇지 않다면 그것은 파괴다. 이 기준이 우리 사회에 명확히 세워지면, 그 다음부터는 기술적인 문제만 남는다. 지금처럼 개발론자와 환경보호론자 사이의 갈등이 들어설 여지가 없어지는 것이다. 이렇게 해야 국가적 낭비나 손실을 막을 수 있다. 시간이 걸리더라도 절차에 따라 국민의 공감대를 확보하는 것이 분열이나 갈등으로 지출하는 비용을 줄일 수 있는 길이다.

지도자라면, 국민의 공감대를 넓히는 것과 아울러 장기적인 안목을 가져야 한다. 결단을 내릴 때는 내려야 하는 것이다. '중이 제 머리 못 깎는다'고, 이해당사자들에게만 맡겨놓으면 일을 그르칠 수도, 시기를 놓칠 수도 있다.

김대중 대통령 때 새만금사업이 2년 동안 중단됐다. 시민단체들이 하도 반대를 하고, 당초 권위주의 정권 시절에 시작한 것이라 무리한 점도 있었기에, 사업이 일시적으로 중단된 것은 경제적으로는 손실이지만, 미래의 교훈을 위해서는 불가피한 측면이 많았다. 그러나 언제까지 이를 방치해 둘 수는 없는 노릇이었다.

이 문제로 얼마나 시끄러웠던지, 한광옥 당시 대통령 비서
실장께서 나를 불러 의견을 듣기까지 했다. 백지화 여부를 놓
고 말들이 많았는데, 사업을 재개하는 것으로 결론이 났다.

새만금사업은 전라북도로서는 새로운 역사를 쓰는 계기였
다. 알다시피 호남에는 항만시설이 열악하다. 서해의 수심이
얕고, 조수 간만의 폭이 커서 큰 배들이 접안할 형편이 못 된
다. 게다가 한강, 금강, 영산강 등에서 흘러내려오는 퇴적물
들이 계속 쌓여서 준설작업을 하지 않으면 그나마 작은 배들
도 이용하기가 쉽지 않다. 그런데 새만금사업이 완료되면 수
심이 깊은 곳은 30미터까지 나온다. 물류-산업-관광의 3박자
를 갖출 기반이 만들어지는 것이다.

내가 한광옥 실장에게 설명한 요지는 이런 것이었다. 내
설명 덕분은 아니었겠지만, 충분한 검토 끝에 대통령께서는
사업 재개 결단을 내리셨다. 그것으로 새만금사업은 햇빛을
볼 수 있었던 것이다. 단지, 'IMF 사태'의 여파로 방조제 공
사를 끝내는 것으로 일단락되었는데, 그것은 김대중 대통령
으로서도 예상할 수 없었던 일이었다.

비슷한 사례가 노무현 대통령 때도 있었다. 스님 한 분의
단식으로 KTX 완공이 지연됐다. 불심(佛心)은 사바세계의
속인(俗人)으로서는 감히 측량할 수 없는 것이라, 스님의 행
동을 평가할 자격은 내게는 없다. 하지만, KTX 사업은 이미

국가적으로 공감대가 확보되어 완공을 눈앞에 두고 있던 국책사업이었다. 도롱뇽을 보호하는 문제는 그 문제대로 현실적인 방법을 찾고, KTX는 예정대로 완공을 시키는 게 정부가 해야 할 일이다. 그렇다면 어느 선에서 마무리가 됐어야 한다.

이것은 좋지 않은 선례다. 시간만 질질 끌다가 막판에는 경제논리에 쫓겨 공사를 재개했다. 도롱뇽도 살리지 못하고, 경제적 손실만 키운 꼴이 된 것이다. 결단의 때를 놓침으로써 환경 문제에서 경제논리가 득세할 빌미만 주고 말았다. 위기는 관리되지도, 해결되지도 않았다.

이 교훈을 악용하는 사람들이 이명박 정부다. 집권하자마자 강부터 파헤쳤다. 파헤쳐놓으면 그때 가서 반대해도 소용이 없다는 주의다. 일부터 저지르고 보는 사람들에게 위기관리능력이 있을 리 만무하다. 이명박 정부가 구제역 파동을 미증유의 인재(人災)로 키운 것은 우연이 아니다. 환경은 일방통행을 가장 싫어하는 것이다.

국책사업은
국민의 공감대가 필수

운하(運河)를 만든다고 했다. 그랬다가 반대 여론이 거세어지자 이번에는 치수(治水)를 한단다. 운하와 치수는 본질적으로 전혀 다른 일이다. 국책사업이라는 게 무슨 '꿩 대신 닭'도 아닐 터인데, 도무지 일관성도 없고 책임성도 없는 태도다. 차라리 처음부터 신나게 공사판을 벌이겠다고 했다면, 솔직하다는 소리는 들었을 것이다.

● 우주선이 날아다니는 시대에 운하라니?

사람들은 운하라고 하면 지협(地峽)을 파서 바닷길을 뚫은 수에즈나 파나마를 연상하겠지만, 예전에는 운하라면 내륙의 물길이었다. 운하가 필요했던 이유는 교통수단이 발전하지 않았기 때문이다. 근세(近世) 전까지만 해도 가장 빠르고 편리한 운송수단은 배였다. 지금에 비하면 배 역시 조잡하기

이를 데 없었으나, 인간에게 바다가 미지(未知)의 세계였던 것과는 달리 강은 친숙했다.

큰 강이 있는 곳에서는 예외 없이 선박운송이 발달한 데에는 이런 사정이 있었다. 내륙 수로(水路)가 중요해짐에 따라 강과 강을 연결하는 인공수로 건설에 대한 사회적 필요성이 대두됐다. 이것을 해결한 게 운하다.

중국이나 독일의 운하는 이렇게 만들어진 것이다. 운하는 연안에서 내륙으로 물자를 수송하는 중요한 통로였다. 이 거리가 길수록 운하의 효용가치도 높아졌다. 이 점에서 볼 때, 운하는 기본적으로 대륙에 적합한 토목공사라고 할 수 있겠다.

우리나라도 한때 경강수로(京江水路)니 해서 내륙 물길이 상당한 비중을 차지했다. 하지만, 누구도 낙동강과 한강을 연결하는 운하를 만들겠다는 생각은 하지 않았다. 조선시대라고 이명박 대통령 같은 사람이 없었을까마는, 그런 발상을 하기에는 공사의 규모가 워낙 천문학적이었던 것이다. 고작 경복궁 중건(重建)에 정권이 흔들린 나라가 조선이었다. 그렇다면 세계10위권의 무역대국으로 발돋움한 대한민국은 이런 발상을 해도 되는가.

물길을 이으면 확실히 효과는 있을 것이다. 그러나 비용이 문제다. 환경의 문제는 차치하더라도, 비용이 효과를 초과한

다면 어리석은 짓이 된다. 현대는 물류의 시대다. 왜 물류의 시대인가. 모든 경쟁이 시간과의 싸움이 되었기 때문이다. 누가 더 빨리 소비자에게 공급하느냐가 승패의 갈림길이 된다. 자본, 기술, 시장에 물류가 더해져야 비로소 경쟁력은 완성되는 것이다. 그런데 비행기도 아니고 배로 상품을 실어 나른다? 이렇게 해서 과연 경쟁력이 확보되겠느냐는 이야기다.

우리나라는 수출로 먹고사는 나라다. 운하를 이용해 수출을 하려면, 일단 상품을 자동차나 기차로 내륙에서 운하까지 실어낸 다음, 배에 선적해 부산항이나 인천항까지 가서 배를 또 갈아타야 한다. 운하를 항행하는 배로 바다를 건넌다는 것은 수지타산이 맞지 않기 때문이다. 자동차나 기차보다 운송 단계도 복잡하고 시간은 더 걸린다.

우리는 이미 노동집약적 산업의 단계에서 기술집약적 산업, 지식산업의 단계로 접어든 지 오래이고, 주력산업은 내륙보다는 임해공업단지에 집중돼 있다. 5대 수출산업만 봐도 그렇다. 반도체를 제외한 나머지 자동차, 조선, 철강, 석유화학이 모두 바닷가에 자리를 잡고 있다. 대체 운하를 파고 배를 띄워 무엇을 실어 나르겠다는 것인가. 우주선이 날아다니는 시대에 운하라니. 한마디로 웃기는 소리가 아닐 수 없다.

● 예산을 쓰려면 국민의 공감대부터 얻어라

결국 운하를 판다고 해도, 기껏해야 유람선밖에는 띄울 수 없다는 결론이다. 그것을 이용하는 관광객이 얼마나 될까. '한강 르네상스'가 답이다. 운하 하나 만들었다고 관광객을 끌 수 있는 게 아니다. 관광상품은 아주 한국적이지 않으면 세계적이어야 하는 것이다. 같은 값이라면 관광객들이 한강에 오겠는가, 베니스에 가겠는가.

겉으로 보기에는 좋겠지만, 그것도 강변의 고급아파트에 사는 사람들 차지이고, 대다수 서민들에게는 '그림의 떡'이다. 생산유발효과가 있는 것도 아니고, 국제경쟁력과는 아무런 상관도 없다.

우리나라가 경제적으로 여유가 아주 많다면, 막말로 인플레이션이 걱정될 정도로 돈이 남아돈다면 이런 사업에 돈을 쓸 수도 있겠으나, 우리의 사정은 그렇게 녹록하지 않다. 국가채무가 400조 원에 육박하고, 가계대출은 500조 원을 향해 달려가고 있다. 이것이 세계10위권의 무역대국, 대한민국의 실상이다. 아직까지는 돈을 가려 써야 할 시점인 것이다.

세계는 지식기반시대로 진입했다. 조그만 땅덩어리에 지하자원 하나 없는 나라, 그러나 교육열만큼은 세계 어느 곳에 내놓아도 뒤떨어지지 않는 나라가 선택해야 할 길은 무엇이겠는가. 그것은 교육이다. 단순한 경제논리로 따져도 교육이 운하나 '4대강 정비'보다 훨씬 더 효율적인 투자다. '4대강'에 쓸 24조 원을 교육과 과학기술투자에 돌렸다면 국론(國論)이 이렇게까지 분열되지는 않았을 것이란 점에서도, 이명박 대통령의 처신은 안타깝기만 하다.

운하 건설이 막히자 이명박 대통령은 치수를 내세워 '4대강 정비'로 돌아섰다. 여기에는 긍정적인 측면이 있다. 물의 문제는 앞으로 핵심적인 이슈 가운데 하나가 될 것이 틀림없기 때문이다. 지도자라면 미래를 예측할 줄 알아야 한다. 국가백년대계를 위해 사전준비를 게을리 말아야 한다.

그러나, 이것은 서두를 일이 아니다. 운하와는 출발점이 애초부터 다르다. 물류는 시기를 놓치면 손해가 기하급수적으로 늘어난다. 그러니까 현재의 문제인 것이다. 그러나 물은 미래의 문제다. 그렇기 때문에 공감대가 더 절실하게 요구된다.

우리 국민들은 앞으로 물이 부족하게 될 것이라는 사실을 이미 알고 있다. 앞으로는 물이 에너지이고, 물 때문에 국제적인 분쟁이 일어날 수도 있다는 사실을 알 만한 사람들은 다 알고 있다. 하지만 지금 이 순간 물이 없어서 목이 마른 국민은 없다. 아마 우리 국민들처럼 물을 풍족하게 쓰는 사람들도 없을 것이다. 이것은 무엇을 의미하는가. 앞으로 물이 부족하게 될 것이라는 점은 분명하지만, 이것이 예산집행의 우선순위를 조정해야 할 만큼 국민들 사이에 공감대를 형성하고 있지는 않다는 것이다.

따라서 삽을 뜨는 것보다 국민의 공감대를 만드는 게 먼저다. 자연에 손을 댄다는 것은 몸에 칼을 대는 것이나 마찬가지이니만치, 환경영향평가도 세심하게 수행해야 한다. 이렇게 해서 국민들의 동의와 지지를 얻어야 한다. 그런데 이명박 대통령은 자신의 임기 내에 이 일을 하지 않으면 무슨 큰일이나 나는 양 일방적으로 서두르고 있다.

국가백년대계라면 내용과 형식이 공히 일치해야 한다. 내용은 백년 앞을 내다보는 것인데, 형식은 졸속, 부실에, '일방통행'으로 점철된다면 국가백년대계는 없다. 설령 이명박 대통령이 자신의 임기 동안 국민들로부터 공감대를 얻었다고 하더라도 국가재정이 받쳐주지 않는다면 다음 정권에 그 임무를 넘겨주어야 한다. 그것이 순리다. 그래도 업적은 이명박 대통령의 것이 된다. 국가백년대계의 이니셔티브를 행사한 것 하나만으로도 역사에 길이 남는다. 그래서 지도자는 역사 속에 살고 역사 속에 죽는다고 하지 않는가.

● 토목보다 교육에 투자해야

야당도 문제다. '4대강'을 환경 문제로만 접근했다는 것이다. 국민들의 의식이 많이 바뀌었다고 하지만, 아직까지 우리나라는 개발론자의 입김이 더 세다. 게다가 이명박 정부는 태생적으로 개발지상주의를 대표한다. 환경 파괴를 들어 반대를 하게 되면 백전백패, 정권에게 지게 되어 있는 것이다.

이 경우에는 오히려 환경이 아니라 경제논리로 접근했어야 했다. 토건업자의 배를 불려주는 것 말고는 생산유발효과도 없고, 미래의 부가가치 창출에도 도움이 안 되는 사업에 돈을 쓸 상황이 아니라는 점을 파고들었어야 했다는 것이다. 그리고 그 돈을 교육과 과학기술에 투자하자고 제안했어야 한다. 국가적 차원에서도 교육 문제의 해결이 절실하고, 가계(家計)의 측면에서도 가장 큰 부담이 교육이다.

애꿎은 강에 돈을 쏟아 붓지 말고, 사람에게 쓰자고 논의의 물꼬를 돌렸다면, 여당도 감히 '날치기'를 시도하지 못했을 것이다. 국민들의 이해관계가 직접적으로 걸리게 되기 때문이다. 그것이 정치 아닌가. 그런데 생뚱맞게도 환경 파괴를 들고 나옴으로써 국가정책의 우선순위를 둘러싼 이슈를 '진실게임'으로 전락시켰다. '진실게임'은 '네버엔딩스토리'나 마찬가지다. 국민들이 전문가도 아닌데, 이런 싸움에 어떻게 끼어들 수 있겠는가. 야당으로서는 지지자를 조직할 기회를 자기 발로 차버린 격이 됐다.

유권자들은 이명박 대통령을 보면 '현대 신화'를 떠올린다. 하지만, '현대 신화'가 만들어질 때 우리 사회가 어땠는지 알아야 한다. 그 당시 우리 사회는 개발지상주의에 빠져 있었다. 그저 뚫고 깎고 부수고 세우고, 이런 것들이 충분한 사전검토 없이 주먹구구식으로 진행됐다.

청계천을 복개해서 그 위에 고가도로를 세웠는데, 30년 뒤 그것을 뜯어냈지만 서울시내 교통에는 크게 지장이 없다. 자동차수는 수십, 수백 배 늘었음에도 말이다. 그것만 보더라도 당시의 개발 사업들이 얼마나 비효율적이고 비과학적인지 알 수 있다.

그때는 감리제도나 환경평가제도도 없었다. 솔직히 말해서, 그 당시 성공한 사람들은 열심히 일했을지는 모르나, 공정하고 공평한 경쟁으로 기회를 얻은 것은 아니었다. 권력의 줄만 잘 잡으면 됐다. '국가장학생'이라는 말도 있었다. 나라에서 일감 대주고, 돈 대주고, 노무관리까지 해주었다. '신화'가 아니라 '비화(秘話)'라고 하는 게 맞다. 우리는 이 시대의 기억으로부터 빨리 벗어나야 한다.

관광산업도
변해야 산다

나는 국가의 최고지도자를 모신 덕분에 세계에서 최고로 좋다는 곳을 다녀보는 부수적인 행운을 얻게 됐다. 이런 내 경험이 우리나라 관광산업 발전에 도움이 됐으면 하는 마음에서, 비록 전문가는 아니지만 약간의 조언을 해 보고 싶다.

● 오래된 것을 소중하게 생각하는 선진국 사람들

2000년 김대중 대통령께서 노벨평화상을 수상하기 위해 노르웨이를 방문했을 때의 일이다. 노벨연구소에 갔는데 솔직히 나는 적잖이 실망을 했다. 노벨평화상의 본산이라고 할 수 있는 노벨연구소는 5층 건물로 크지도 않고 지은 지 아주 오래돼 보였다.

김대중 대통령께서 노벨연구소에서 일정을 마치고 엘리베이터를 탔다. 엘리베이터도 오래된 건물에 어울리게(?) 낡

고 좁았다. 그런데 엘리베이터가 중간쯤에서 '쿵'하고 소리를 내더니 멈춰버렸다. 이 엘리베이터 안에는 대통령 내외분, 룬데스타드 노벨위원회 사무국장, 나, 이렇게 네 명이 있었다.

나는 정신이 번쩍 들었다. 우선 상황을 파악해야 했다. 이 사고가 누군가 불순한 의도를 가진 사람에 의해 저질러진 것인지, 단순히 기계 결함으로 인한 고장인지 알아야 했다. 무전기로 외부와 접촉해 상황을 파악한 결과, 내가 우려했던 일이 벌어진 것은 아니었다. 그렇다면 다음으로 내가 할 일은, 대통령을 비롯한 경호대상자들의 심리적 불안감을 해소하는 것이다. 무전기를 통해 고립되어 있지 않다는 상황을 파악하고 대통령께 계속 보고했다.

외부에서는 고장 난 엘리베이터를 고치느라 난리가 난 것 같았다. 잠시 후 몇 번 덜커덩 거리는 소리가 나면서 엘리베이터가 움직였다. 이제 상황이 해결되나 싶었는데, 엘리베이터가 절반밖에 올라가지 않는 것이다. 발이 닿아야 할 곳과는 꽤 차이가 있었다. 대통령 내외분과 일행들을 그 좁은 엘리베이터 안에서 오랫동안 기다리게 할 수 없었다. 내가 밑에서 한 분씩 들어 올려서 빠져 나가시도록 했다.

얼마 뒤, 2000년 노벨평화상 수상자를 가둔 낡은 엘리베이터는 없어지고 새 것으로 교체가 됐다는 소식을 들었는데,

나는 피식 웃고 말았다. 워낙 오래된 건물이라 엘리베이터가 새 것이라도 소용이 없을 것 같았기 때문이다.

유럽 사람들은 오래된 것, 그래서 낡은 것을 굉장히 높이 평가한다. 최고급 호텔이라는 곳들 가운데 불편한 곳도 허다하다. 엘리베이터에 벽이 없고 철망만 쳐져 있는 게 부지기수다. 이런 사회문화적인 분위기인지라 관광에 대한 인식도 다르다. 여행이나 관광 그 자체가 목적이고, 오래된 것을 즐겨 찾는다. 미국 사람들이 생각하는 첫 번째 관광지는 유럽이다. 아시아 사람들은 어디를 가든 즐길거리가 있는 관광을 좋아하는 편이다.

● 세계 최고가 꼭 필요하다

우리나라에는 한국적인 미를 간직한 유서 깊은 문화재가 꽤 있다. 일제나 근대화 과정에서 파괴되거나 방치된 문화재들을 88올림픽 즈음해서 제대로 보전하기 위한 작업이 진행됐다. 이어령 전 문화부장관이 "가장 한국적인 것이 세계적인 것이다"라는 구호를 내걸면서, 우리의 전통문화가 갖고 있는 가치를 재인식하고 재발견해야 한다는 사회적 분위기도 조성됐다.

우리나라를 방문하는 외국인 관광객도 꾸준히 늘었다. 외국인 관광객이 1978년에는 100만 명이었는데, 1988년에는

200만 명이 됐다. 이로부터 10년 뒤인 1998년에는 다시 두 배로 늘어나 400만 명이 됐고, 2010년에는 880만 명이었다.

외국인 관광객 숫자만 놓고 보면 우리나라가 크게 뒤지지 않는 편이다. 한 해 1,000만 명 이상의 관광객이 몰리는 세계적인 도시는 생각보다 그리 많지 않다. 유럽의 몇몇 도시를 제외하고는 런던, 뉴욕 등이고 아시아에서는 방콕과 싱가포르가 있다. 일본도 한 해 관광객 1,000만 명을 아직 돌파하지 못했다.

그런데 알다시피 과거에는 우리나라 관광객들 절반 이상이 일본인이었다. 최근에는 중국인 관광객들도 많아졌다. 우리나라 사람들 역시 일본과 중국으로 관광을 많이 가니까, 한중일 관광객은 서로 왔다 갔다 하면서 상호부조를 하는 셈이다.

우리나라가 미국이나 유럽 등 세계 각국의 사람들이 방문하는 세계적인 관광지가 되기에는 부족한 점이 있다. 우리나라는 '가장 한국적인 것이 세계적이다'라고 할 수 있는 관광자원은 많은 반면에, '가장 세계적인 것이 한국적이다'라고 할 수 있는 관광자원이 부족한 것이 현실이다.

나는 중국 상해에 동방명주 탑이 세워졌을 때 은근히 심통이 났다. 세계에서 세 번째로 높고, 동양에서는 최고로 높은 탑을 우리의 기술과 능력으로 만들지 못할 바가 없는데, 우리는 왜 저런 것을 만들지 않나 하는 생각을 했다.

세계적인 관광대국이 되기 위해서는 세계 최고가 꼭 필요
하다. 과거 근대화 이전에는 우리나라가 중국이나 일본 틈새
에서 어려웠지만, 지금이야 우리나라가 세계를 상대로 경쟁
력을 키워가고 있다. 세계 최고의 무엇이든 만들어낼 충분한
능력을 갖고 있다.

지금 당장에 세계 최고로 높은 탑이나 건물을 짓자는 게
아니다. 백년, 천년을 내다보고 세계 최고의 무엇을 만들어
보자는 것이다. 마침 이명박 대통령께서는 '건설'을 좋아하
신다. 어마어마한 나랏돈을 4대강에 퍼부어 애꿎은 강을 어
지럽히지 말고, 세계적으로 기념이 될 만한 무엇인가를 건설
해서 관광산업의 기반을 닦아 주었으면 한다. 4대강 사업에
대한 '비꼼'이 아니라 세계적인 관광 자원을 마련하지 못하
면 우리나라 관광산업의 미래는 밝지 못하다. 현 세대가 할
일 가운데 하나가 다음 세대가 발전시켜 나갈 밑천을 마련해
놓는 것 아닌가.

● 관광지들의 연계가 필요하다

나는 산을 좋아한다. 십대 시절부터 설악산에 오르면서 새
로운 루트 개척에 열을 올렸고, 청와대에 있을 때도 일주일
에 한 번은 새벽이나 밤에 인왕산과 북한산을 올랐다. 암벽

등반까지 할 정도이니 산 '마니아'라고 해도 무방할 것 같다. 김대중 대통령의 경호를 무사히 마치고 퇴직을 한 나는 사업체를 운영하면서 산에 더 자주 다니는데, 한국의 산을 찾아오는 외국인 산 마니아들을 가끔 만나게 된다.

요즘은 특정 분야에 관심을 갖는 마니아 관광객들이 늘어나는 추세인 것 같다. 특히 마라톤, 철인3종경기 등 스포츠 마니아들이 꽤 된다. 이들은 자국 내 대회만이 아니라 타국에서 열리는 대회 참여도 마다하지 않는다. 이들은 대회 참석을 위해 우리나라를 방문하는데, 나는 이들을 관광으로 유인할 방법에 대해서 고민을 꽤 했다. 내가 만난 외국인 산 마니아들은 한국의 대표적인 산이 한라산이라고 해서 제주도에 와서는, 한라산만 오르고는 훌쩍 떠나 버린다.

한라산에 온 외국인을 지리산, 설악산, 속리산 등 한국의 명산으로 갈 수 있도록 유인을 해야 되는데, 한라산 자락에는 한라산이 최고라는 안내판만 수두룩하다. 또 비단 한국의 산만이 아니라 한국이라는 나라에 대해 궁금증을 일으켜 서울이든 안동이든 민속촌이나 다른 관광지로 갈 수 있도록 해야 되는데, 이렇게 되고 있지 못하는 실정이다. 그 이유인즉 우리나라는 관광지 간의 연계가 부족하다는 것이다.

경주에서 석굴암의 석불을 본 관광객은 부여에 가서 정림사지 백제탑을 보고 싶도록 만들어야 한다. 거꾸로 공주에 온 관광객은 경주에 기어코 가보고 싶도록 해야 한다. 그런데 각각의 관광지 안내에 충실할 뿐이지, 다른 관광지에 대한 안내는 턱없이 부족하다. 게다가 동서 간, 지역 간의 대중교통은 불편하기 짝이 없다.

나는 관광지 간의 연계는 국가가 할 일이라고 본다. 지방자치시대가 되면서 각 지역에서는 관광 상품 개발에 엄청난 노력을 기울이고 있다. 이것이 지나쳐 지역 간 갈등을 일으키는 경우도 있을 정도이다. 그런데 정작 국가는 관광대국을 지향한다면서 지방자치단체들이 애써 개발하고 발전시켜 나가고 있는 관광지들 사이의 연계에는 소극적이다.

앞으로 관광산업은 계속 비중이 높아질 것이다. 미국의 미래학자 존 네이스빗은 〈메가트렌드〉에서 21세기 미래 산업은 정보, 환경, 관광산업이 3대 중요산업이 될 것이라고 밝히고 있다. 관광산업이 근대화 시기의 제조업처럼 국가의 부를 창출하는 핵심 산업으로 부상한다는 뜻 아닌가. 나는 이 예측에 동감한다.

지금처럼 관광산업을 들러리 산업으로 여긴다면 관광대국은 어림도 없다. 지방자치단체와 관광업 종사자에게 넌지시 맡겨두어서는 안 된다. 국가 차원의 정교한 계획과 집중된 노력이 필요하다.

비정규직 문제도
못 푼대서야

김대중 대통령의 업적 가운데 하나가 'IMF 사태' 극복이지만, 이후 심화된 양극화 문제를 생각하면 안타깝기 짝이 없다. 오랫동안 김대중 대통령을 모셔왔던 나로서는 양극화 현상으로 'IMF 사태'를 극복한 그분의 업적에 빛이 바래는 것 같다는 느낌이랄까. 물론 이러한 감정 이전에 국민의 한 사람으로서 양극화 문제가 걱정되지 않을 수 없고, 조그만 사업체를 운영하는 나 역시도 고충을 겪고 있다.

● 다시 노사정이 머리를 맞대야

최근 국세청은 종합소득세 신고자 상위 20%가 전체 소득의 70% 이상을 차지하고, 근로소득세를 납부한 상위 20% 소득자 급여액이 전체 급여액의 42%를 차지했다고 밝혔다. 이 정보를 전달한 언론은 부의 양극화가 심화된 것은 'IMF 사태’ 이후 수출 중심 대기업 위주의 경제 성장과 중소기업의 경쟁력 약화 등이 복합적으로 작용한 때문으로 분석했다.

나는 이 분석에 동의한다. 그렇다면 재분배 정책, 양극화 해소는 어떻게 해야 될까. 원인에 따른 처방을 내리면 중소기업을 키우고, 대기업이 이윤을 사회에 환원하는 것이다. 해결책이야 문제 발생과 동시에 튀어 나오지만 현실에 적용키는 어렵다. 누누이 강조하지만 이런 대목에서 정치가 필요한 것이다.

사실 우리나라에서 부를 창출하는 기업은 손가락으로 헤아릴 수 있을 정도다. 이러한 대기업들이 우리 경제에 미치는 영향력이 크다고 해서 굽실거려도 안 되지만, 삐딱하게 바라봐서도 안 된다. 그들은 최선을 다해서 그들의 일을 하고 있을 뿐이다.

하지만 대기업 역시 이 땅에서 살아가는 운명공동체로서 중소기업, 노동자, 사회적 약자를 이해해야 한다. 이해는 참여와 책임으로 이어지기 마련이다. 그러나 이것을 대기업의 의무라고 주장하기보다는 대기업에게 명예를 주어서 자발적으로 참여할 수 있도록 분위기를 조성해야 한다는 게 내 생각이다.

나는 이런 대목에서 무엇보다 안타까운 것이 노사정이 머리를 맞대고 있지 않다는 점이다. 최근 들어서 보면 대기업이 이윤을 사회에 환원하려고 하지 않는 것도 아니다. 노력을 하고 있다. 그런데 이것이 개별 기업 차원에서, 기업들 단체에서만 이루어지고 있다. 이러다 보니 어떤 곳에는 중복현상이 나타나고, 정작 아주 필요한 곳에는 지원의 손길이 뻗치지 못하는 경우도 있다. 노사정이 서로 갖고 있는 정보가 교환돼야 하는 것이다.

'IMF 사태' 때 노사정이 대타협을 이루었다. 노동계는 풍전등화 속의 조국을 구한다는 심정으로 정리해고제와 파견근로제를 받아들였다. 재계와 정부는 노동조합 정치활동 금지 등 대표적인 노동악법 등을 폐지하거나 완화하는 데 동의했다. 당장의 이익과 손실을 떠나서 줄 것 주고, 받을 것 받는 타협을 한 것이다.

노사정이 만나서 대화를 하다 보면 문제 해결의 실마리를 찾을 수 있는 게 생각보다는 많을 것이다. 김대중 대통령 재임 시, 외국자본 유치를 위해 노력을 많이 하셨다. 이런 대통령에게 외국 투자자들이 늘 하는 얘기가 있다. 한국은 최고급 노동력을 지닌 아주 매력 넘치는 시장이지만 강경한 노동조합 활동으로 걱정이 많다는 것이다.

외국 투자자들이 두려워하고 이해하지 못했던 것이 우리나라 노동계의 연대파업이었다. 한 마디로 자기들이 자기네 사업장의 노동자들에게 최고의 대우를 해주더라도 산업별

파업이나 총파업이 벌어지면 소용이 없다는 것이었다. 또 연대 파업에 대한 정부의 대처도 의심스러워했다.

나는 노동계의 총파업을 부정하고 싶은 마음은 없다. 그러나 이런 문제는 'IMF 사태' 때처럼 국익 차원에서 접근할 수 있다고도 생각한다. 글로벌 기업의 입장에서 보면 한국이라는 나라는 지정학적으로 최고의 위치에 있다. 중국이라는 거대 시장에 가는 길목에 있는 곳이기 때문이다.

글로벌 기업들은 대체적으로 중국에 대해서는 리스크를 높게 매긴다. 중국보다 훨씬 안전하면서 최고급 노동력을 보유한 한국이 안성맞춤인데 노동계가 걱정되는 것이다. 나는 이런 문제는 노사정이 속내를 터놓고 충분히 정보를 공유하다 보면 충분히 풀어 나갈 수 있을 것으로 생각한다.

● 얽히고설킨 비정규직 문제

양극화의 한 원인이 되고 있는 비정규직 문제의 경우도 노사정이 대화로 풀 수밖에 없다. 작은 사업체를 운영하면서 '사장' 소리를 듣는 나도, 같은 현장에서 같은 업무를 하면서 임금이나 여러 근로조건에서 차별을 받는 것은 있을 수 없는 일이라고 생각한다.

하지만 이렇게 아주 명백한 잘못이 있다고 해서 단순하게 시정조치하라는 식으로 해결해서는 안 된다. 비정규직 문제

는 산업별로 기업별로 정확한 조사가 선행되어서 케이스별로 또 점차적으로 해결해 나가야 한다는 게 내 생각이다. 이것은 내 경험이 바탕이 됐다.

나는 청와대에서 나온 뒤 경호·경비업체를 운영하고 있다. 이 업계도 난맥상이다. 최근 들어 경호·경비의 중요성이 높아지고 인식도 달라지면서 경호경비학이라는 것이 생기고 여러 대학에서 운영이 되고 있을 정도다. 해마다 4년제 경호경비학과를 나온 학생들이 쏟아져 나오는데 이 젊은이들이 일할 곳이 없다. 퇴직한 어르신들이 비정규직 노동자로 저임금을 받으면서 대부분의 경비업무를 맡고 있기 때문이다.

젊은이들 입장에서는 어르신들이 원망스러울 수 있지만, 현재의 우리 사회를 만들어 온 어르신들에게 쉬라고 해서는 안 된다. 정년퇴직을 한 어르신들도 일이 필요하기 때문에 하는 것이다.

젊은이들은 일자리가 없으니 몇몇이 어울려 사업체를 꾸린다. 경험이 전혀 없는 젊은이들이 만든 업체들이 우후죽순처럼 생겨나고 서로 살아남기 위해 경쟁을 하면서 덤핑을 해버린다. 이렇게 되면 전반적으로 우리나라 경호·경비업계는 최고의 저임금 노동자로 전락하여 양질의 전문 서비스를 제공할 수 없게 되며, 업계 내에서도 심각한 양극화가 생기게 된다. 경호·경비업계만 해도 이렇게 노년층 일자리 문제와

청년실업 문제 등이 얽히고설켜 있는데, 다른 산업이나 분야
들은 오죽하겠는가.

● 국익 차원에서 풀어야 될 비정규직 문제도 있다

우리나라 대기업의 양대 산맥이라고 할 수 있는 삼성과 현
대의 경우를 보면 삼성의 경우 비정규직 문제는 덜 한 것 같
은데, 현대는 자동차나 조선업이 비중을 크게 차지하고 있기
때문인지 비정규직 문제가 심각한 것 같다.

청와대 경호실에 근무한 내 경력과 현재 내가 하고 있는 사
업의 특성상 자동차에 대해 관심을 갖지 않을 수 없다. 현대
자동차는 2004년도까지 1천만 대를 해외로 수출했다. 일본의
도요타에 이어서 세계에서 수출물량이 두 번째로 많은 완성
차 메이커에 올랐다고 한다. 이 같은 사실만 보면 현대자동차
가 세계에서 경쟁력을 갖고 있다고 여겨진다. 그런데 현대자
동차의 비정규직 문제를 보면 이 경쟁력에 의심이 생긴다.

현재의 현대자동차의 경쟁력에는 비정규직 노동자들의 저
임금도 포함이 돼 있을 것이다. 현대자동차에서 일하는 모든
노동자들을 정규직화한다면 현대자동차의 가격은 당연히 지
금보다 높게 책정될 것 아닌가.

이뿐만이 아니다. 현대자동차의 가격은 국내와 국외가 다
르다. 품질도 약간 다른 것으로 알고 있다. 2006년의 경우,

국내 그랜저TG 풀옵션 가격과 국외 수출형 그랜저TG(아제라)의 가격 차이가 1,500만 원이나 차이가 난다는 기사를 본 적이 있다. 같은 자동차가 국내외 가격 차이가 이렇게 난다는 것은 나쁘게 말하면 국내 소비자들이 봉이고, 좋게 말하면 국내 소비자들이 현대자동차가 수출을 많이 할 수 있도록 든든하게 받쳐준다는 것이다.

현대자동차를 많이 수출하기 위해서 비정규직 노동자와 국내 소비자가 손해를 감수하고 있다는 뜻이다. 노사정이 이런 점들에 대해서 철저히 조사를 하고 분석 연구를 해서 현대차의 세계경쟁력을 높이면서 비정규직 노동자와 국내 소비자들이 손해를 덜 보는 방향으로 국익 차원에서 방향을 잡고 점차적으로 해결을 해 나가야 된다고 본다.

우리 내수시장에서 발생하는 비정규직 문제는 대부분이 용역 계약인데, 이런 문제는 노사정이 강력한 의지를 갖고 대화와 타협을 해나간다면 조금 더 빠른 시간 내에 풀어나갈 수 있다고 본다.

비정규직이나 양극화 문제에 있어서 내가 가장 심각하게 느껴지는 것은 희망이 없다는 것이다. 앞서 말했듯이 산업별, 분야별로 철저한 조사와 연구를 바탕으로 큰 방향을 잡고 우선순위를 두어서 점차적으로 해결을 해나가면 노동자들도 국가와 기업을 믿고 희망을 가질 것 아닌가.

최근 현대자동차 노사 단체협약 중 장기근속자녀 채용 가산점 문제가 이슈가 됐다. 많은 사람들이 현대자동차 노조를 비난했다. 나 역시 못마땅하지만 한편으로는 현대차 노동자들이 희망이 없기 때문에, 국가와 기업에 대해 신뢰를 하지 못하기 때문에 이러한 요구를 했다고 생각한다.

비정규직 문제나 양극화를 해결하기 위해서는 노사정이 머리를 맞대야 한다. 국민에게 희망을 주어야 한다. 'IMF 사태' 때에는 노사정이 타협을 했는데, IMF 이후 나타난 양극화를 해소하기 위해서는 왜 노사정이 대화조차 하고 있지 않는가. 양극화 문제를 방치할 경우에는 성장 동력을 잃게 되고 사회 불안이 커질 수 있다는 것은 이제 삼척동자도 아는 진리가 됐다. 노사정은 어서 만나야 한다. 비정규직 문제도 못 푼대서야, 어떻게 난마와도 같이 엉킨 우리 사회의 갈등을 푼다고 할 수 있겠는가.

박정희는 산업도로,
김대중은 정보도로,
다음은 행복도로

2000년대 들어서면서 '산업화세대와 민주화세대의 화해' 라는 구호가 나온 적이 있다. 배경이야 어떻든 간에, 좋은 뜻 이라고 받아들였다. 산업화와 민주화는 지금의 대한민국을 있게 만든 핵심적인 두 축이라고 할 수 있다. 그런 두 축을 이끈 주역들이 21세기를 맞아 서로 화해하고 융합한다면 그 것만큼 좋은 일은 없을 것이다.

● 과거를 돌릴 수는 없다

그런데, 한편으로는 씁쓸한 느낌도 없지 않다. '화해'라는 말 때문이다. '화해'라는 말은 갈등, 반목, 대립 등이 전제돼 야 성립할 수 있는 단어다. 산업화와 민주화가 화해를 해야 하는 게 당위라면, 우리 역사 속에서 그 둘은 서로를 어떤 식으로든 상처주고 할퀴어 왔다는 뜻이 된다.

가진 것이라고는 사람뿐인 우리나라는 근대화를 추진하는 과정에서 '총력동원체제'를 구축해야 했다. "하면 된다"는 강력한 의지 아래 박정희 정권은 경제성장을 추구했다. 비판은 용납되지 않았고, 성장과 효율이 지상과제였다. 이 과정에서 민주주의는 부정됐고, 국민의 자유는 제한됐다.

양지(陽地)가 있다면 음지(陰地)가 있다. 경제성장이 양지였다면, 경제개발이 낳은 부정부패의 창궐, 빈부격차의 심화 등은 음지라고 할 수 있다. 나는 경제개발이 국민들의 더 나은 삶을 위해 시작된 것이라고 믿고 싶다. 그러나 그것의 성과는 국민 모두에게 골고루 분배되지는 않았다. 이것이 민주화의 경제적 배경이었다.

반면, 우리나라가 자유시장경제의 '보이지 않는 손'에 경제를 맡겼다면 지금과 같은 성장은 불가능했을 것이다. 이것 또한 사실이다. 독재의 억압이 워낙 극심했던 탓이겠지만, 민주화는 의식주의 문제에 대해서는 눈을 돌리지 못했다. 인간은 빵과 자유 모두를 원한다. 우연인지는 모르겠으나, 민주화가 성공했던 시점이 하필이면 경제성장이 완료된 때와 일치한다는 사실은 의미심장하기만 하다.

이제 와서, 과거에 엄연히 있었던 일을 없던 일로 돌릴 수는 없을 것이다. 우리는 과거의 성취와 과거의 잘못을 함께

떠안아야 한다. 두말할 것도 없이, 과거의 성취란 경제성장이고, 잘못이란 독재다. 그렇다면 남은 문제는 이것이다. 산업화와 민주화의 화해를 이루려면 우리는 어떤 원칙과 기준을 가져야 하는가.

모든 일에는 때가 있다. 지난 반세기의 전반부에 산업화의 바람이 불었다면, 후반부에는 민주화의 바람이 불었다. 둘다, 우리나라의 역사를 밑바닥에서부터 뒤흔든 폭풍과도 같은 바람이었다. 이렇게 모진 바람이 불면 모든 게 휩쓸려 날아가는 법이다. 옛 것은 이렇게 청소된다. 역사는 두 마리 토끼를 잡는 행운을 좀처럼 허락하지 않는다.

그렇지만 우리는 우리가 마지막으로 지켜야 할 것만큼은 꼭 붙들고 놓지 않았다. 산업화의 시대에도 민주화의 촛불은 어둠을 밝혔고, 민주화의 시대에도 공장의 불빛은 꺼지지 않았다. 이것이 우리 민족의 저력이자 지혜다. 이리하여, 우리는 경제도 일정 궤도에 오르고, 민주주의도 성숙된 단계를 맞이할 수 있게 되었다.

화해에는 계기가 있어야 한다. 시간이 지나 상처가 아물더라도 적절한 계기가 있어야 손도 내밀 수 있고, 내민 손도 잡을 수 있는 것이다. 이 계기가 외부에서 주어지는 게 아니라면 더 좋겠지만, 설령 그렇다 해도 모든 기회는 활용하기 나름이다.

'IMF 사태'는 산업화와 민주화가 손을 잡고, 국가와 민족의 더 나은 미래를 향해 나아갈 계기였다. 세계화의 거센 흐름 속에서 우리는 '우물 안 개구리' 신세였다는 게 드러났다. 산업화에는 성찰이, 민주화에는 책임이 뒤따른다. 외형적인 경제성장만을 쫓다가 우리가 놓친 것이 무엇인지, 민주주의와 이기주의를 구분하지 못한 대가가 무엇인지, 우리는 깨닫게 되었다. 이 성찰과 책임이 앞으로 우리가 가다듬어야 할 집단적 윤리의 기초가 될 것이다.

● 산업도로에서 정보도로로

예로부터 길은 인간에게 문명의 상징이었다. "모든 길은 로마로 통한다"는 말이 있듯이, 길은 선진국의 대명사나 다름없었다. 우리의 근대화도 길을 놓고 닦는 데에서부터 출발했다.

박정희 대통령의 최대 업적 가운데 하나가 고속도로다. 고속도로가 놓이면서 경제개발에는 가속이 붙기 시작했다. 이 점에서 고속도로는 본질적으로 산업도로다.

그런데, 고속도로는 상품과 재화를 신속하고 정확하게 이동시키는 데에는 매우 편리했지만, 이 상품과 재화의 이동을 지켜보는 인간의 다양한 생각까지 실어 나르지는 못했다. 고속도로는 경제의 대동맥으로서 자신의 역사적 역할을 훌륭히 수행했다. 그러나, 경제성장이 낳은 갈등은 고속도로를 타지 못했다. 갈등은 자꾸만 쌓여 가는데, 이것을 처리할 길이 없으니, 경제의 흐름과 달리 사회의 흐름은 정체(停滯)에 빠진 것이다. 막힌 것을 뚫으려면 길을 넓히거나 길을 따로 내는 수밖에 없다.

김대중 대통령의 '정보고속도로'는 그것에 대한 대안이었다. 'IMF 사태'의 와중에서 김대중 대통령은 'IT산업'을 우리 경제의 새로운 신 성장 동력으로 꼽았다. 초고속인터넷망이 벤처의 모태가 된 것이다.

물론, 벤처에는 리스크가 존재한다. 시행착오도 적지 않았다. 하지만 우리가 알아야 할 게 있다. 그때 우리는 'IMF 사태'의 한 가운데에 있었다는 사실이다. 기업이 도산하고, 공장이 문을 닫으면서, 실업자가 300만 명이나 생겼다. 제 2 의 '6·25 동란'이 닥쳤다고들 했다. 이 상황에서 정부는 벤처산업을 육성하기 위해 많은 예산을 투입했다. 이것이 좌절하고 실의에 빠진 위기의 젊은이들에게 희망의 메시지가 됐다. 그 당시 벤처산업이 만들어낸 엄청난 고용창출 효과가 없었다면, 사회 갈등은 폭발 지경에 이르렀을 것이다.

얼마 전 '글로벌 금융위기' 때 이명박 정부가 취했던 정책과 김대중 정부의 벤처산업 육성정책을 비교해 보면, 길이란 게 얼마나 중요한 것인지 새삼 느끼게 된다. 이명박 정부는 법인세 인하와 토목 경기 활성화에 매달렸다. 산업화 시대, 즉 산업도로라는 발상에서 못 벗어난 것이다.

산업도로는 물질의 수송을 담당하는 것이기에 규격을 중시하고, 획일적이다. 또한 산업도로의 승자가 되려면 몸집부터 키워야 한다. 산업도로는 대량생산에 어울리는 길이다. 산업도로는 자유와 개성, 열정과 도전으로 승부해야 하는 'IMF' 이후 세대들에게는 맞지 않는다. 세계는 이미 콘텐츠의 시대다. 요컨대, 산업도로는 지식기반의 고부가가치산업으로 승부를 걸어야 하는 우리의 미래에는 이미 낡은 길이 됐다.

'IMF 사태' 때나, '글로벌 금융위기' 때나, 지금이나, 우리 젊은이들은 대학 졸업장 하나 달랑 들고서는 중소기업에 취직하기도 힘들다. 이 젊은이들에게 창업정신, 주인의식, 경영마인드를 배우고 발휘할 기회를 주어야 한다. 그것이 정보고속도로다. 허황된 꿈을 품고 스스로를 망친 이들도 있다. 하지만, 그것은 우리 사회 전체적으로 보면 불가피한 학습비용이다. 지금 우리가 세계 1위의 'IT 강국'으로서 세계의 중심에 설 수 있는 것도 따지고 보면 그 덕분이 아닌가.

정보고속도로의 의미는 비단 경제적인 측면에만 국한되지 않는다. 그것은 정보고속도로의 사회적 역할에서 매우 협소한 부분일 뿐이다. 산업도로는 인간의 생각까지 전달해주지는 못했다. 그러나 정보도로는 인간의 생각을 실시간으로 전파한다. 그것도 일방통행이 아니라 쌍방향이다. 이것이 과거와는 차원이 다른, 소통과 참여를 가능케 해주었다.

이제는 누구도 뜻만 있으면, 자신이 생각하는 바를 전달할 수 있다. 환희의 웃음도, 비탄의 울음도, 불만의 볼멘소리도, 여과 없이 빛의 속도로 달려간다. 이 과정에서 사람들은 다른 사람이 어떤 생각을 하는지, 어떤 상황에 놓였는지를 알 수 있게 됐다. 권력과 자본의 힘으로도 감출 수 있는 것은 아무것도 없다. 이 현실이 앞으로 우리 사회의 갈등을 푸는 데 있어서 어떤 역할을 하게 될지 상상을 해본 적이 있는가. 대화의 통로가 열렸다는 것만큼 갈등 해결에 결정적인 실마리는 없다. 이것이 정보도로의 진정한 얼굴이다.

● 행복도로를 닦을 지도자는 누구인가

무릇 지도자라면 미래의 비전(vision)을 내다볼 줄 알아야 한다. 비전은 어제와 오늘이, 오늘과 내일이 다르다. 국가정책의 우선순위를 결정함에 있어서 오늘의 비전이 내일을 가로막는 일이 없도록 심사숙고해야 하는 것이다.

경제라고 해서 수출로 돈을 벌어들이는 것만 있는 게 아니다. 국민의 화합을 이끌어내는 것 역시 넓게 보면 경제에 속하는 일이다. 국민이 하나로 뭉치는 것 이상으로 더 큰 경쟁력은 없기 때문이다.

지금까지 우리는 나라의 에너지를 '상의하달(上意下達)'의
방식으로 뽑아냈다. 식민지와 전쟁의 상흔으로 얼룩진 나라
를 일으키기 위해서는 이 길 외에는 없었다. 하지만, 이 길은
'세계화'와 'IMF 사태'를 겪으면서 막다른 곳으로 내몰렸다.
위에서 아래로 전가되고 누적된 갈등은 우리의 에너지를 고
갈시켰다. 앞으로는 '하의상달(下意上達)'이 돼야 한다. 그 길
만이 국가와 민족의 '제 2 의 도약'을 가져올 수 있다. 이것이
바로 산업화와 민주화의 화해의 핵심이다.

산업도로가 정보도로로 이어졌다. 서로 노선은 달랐지만,
박정희와 김대중이라는 두 걸출한 지도자의 비전이 우리의
역사를 여기까지 밀고 왔다. 산업도로가 없었다면 정보도로
를 닦을 수 없었을 것이고, 정보도로가 없었다면 산업도로는
애물단지가 되어 역사의 뒤안길로 사라졌을 것이다. 두 지도
자는 이렇게 화해를 했다.

그렇다면 정보도로는 어느 길로 이어져야 하는가. 두말할
필요도 없이, 그것은 행복도로다. 산업도로는 물자와 재화의
소통을 이루었다. 정보도로는 정보와 생각의 소통을 현실화
시켰다. 그 다음은 행복의 소통이다. 국민의 행복을 최우선
의 원칙과 기준으로 삼아야 한다. 그것이 '하의상달'이 가리
키는 바다.

우리가 지난 반세기 그토록 열심히 뛰고 달렸던 것도 바로 국민의 행복과 안녕을 위한 것이었다. 비로소 우리는 역사의 한 단계를 일단락 지을 시점에 도착했다. 이 시점에서 필요한 지도자는 박정희와 김대중을 뛰어넘어야 한다.

갈등은 행복이 보편적이지 않을 때, 행복이 일반적이지 않을 때 발생한다. 행복도로는 우리 모두가 함께 걷는 길이다. 이 길을 국민과 함께 닦을 지도자를 우리는 기다리는 것이다.

3

교육은
나라의 미래

'기러기아빠' 유감

우리나라 사람들의 높은 교육열은 세계적으로도 유명하다. 나라 안에서는 지나치다는 우려의 소리도 있지만, 그래도 나는 높은 교육열이야말로 우리나라 근대화의 원동력이라고 여겼다. 교육열은 높으면 높을수록 좋은 게 아니겠는가. 그런데 최근 들어서 내 생각이 약간 달라졌다. 조기해외유학 때문이다. 혹시나, 우리나라 사람들의 높은 교육열이 더 이상 국가 경쟁력이 되지 못하는 게 아닐까 하는 우려가 생긴다.

● 조기해외유학은 국가의 손실

나는 교육 전문가가 아니다. 오히려 문외한에 가깝다. 그러나 우리나라 교육의 제일 중요한 목표는 훌륭한 한국인을 길러내는 일이라는 것쯤은 안다. 이것은 다른 나라도 마찬가지다. 국가의 입장에서 보면 제 아무리 훌륭한 인재라 하더라도 자국민이 아니면 소용이 없는 것이다. 아무리 세계화 시대라고 하지만, 자국인(自國人)으로 바로 서야 세계인(世界人)으로 역할도 할 수 있을 것이다.

조기유학이란 통상적으로 초등학교부터 고등학교까지의 유학을 말하는데, 나이로 치면 만7세에서 만18세까지다. 이 시기에 인격과 공동체의식 그리고 국가관의 뼈대가 형성된다. 이것은 학교교육을 통해 의식적으로도 이루어지지만, 부모 등의 보호자와 지역사회에 의해 진행되는 것도 무시할 수 없다. 특히, 후자의 경우 생활교육이라는 점에서 더 중요한 측면도 있다.

이러한 시기에 영어를 배우느라 외국에 가게 되면 국가와 지역사회와는 멀어지게 된다. 눈에서 멀어지면 마음에서도 멀어지게 된다. 국가와 지역사회의 손길을 받지 못하면 당연히 국가관과 공동체의식이 제대로 형성되기 어렵다. 사람 일을 두고 장담키는 어렵지만 국가와 지역사회에 대한 책임과 의무를 가지는 한국인이 되기에는 어려운 점이 많다는 것이다.

조기해외유학의 장단점에 대해 논란이 분분하다. 내가 말하고 싶은 것은 조기해외유학의 성공과 실패 여부를 떠나서 조기해외유학은 국가적으로 엄청난 손실이라는 것이다. 우리 교육의 제일 중요한 목표는 '지덕체(智德體)'가 조화를 이룬 건강한 국민을 길러내는 것이다. 영어를 잘하는 사람을 길러내는 것은 교육의 부차적인 목표일 뿐이다.

국가는 교육의 하위목표가 상위목표를 잡아먹도록 방치해서는 안 된다. 국가와 기업에서 영어를 잘하는 인재가 필요하다면, 국내에서 공교육으로 영어를 완벽하게 배울 수 있는 제대로 된 여건을 만들면 된다. 이것이 나라의 경제적, 사회적 여건상 어렵다면, 적어도 국내에서만큼은 영어가 개인의 경쟁력이 되어서는 안 된다. 국가가 영어교육을 제대로 하지 않으면서 개인들에게 영어로 경쟁을 시킨다면, 교육은 국가의 손을 떠나게 되는 것이다.

매년 최소 2만 명 이상의 대학 입학 이전의 학생들이 해외로 조기유학을 떠난다고 한다. 탈락자도 있겠지만, 이 학생들은 영어를 '원어민(原語民)'처럼 구사하는 능력을 얻게 될 것이다. 또한 유학을 보내는 가정의 재력을 감안할 때, 이 학생들은 앞으로 우리 사회를 이끌어가는 '사회지도층'에 소속될 가능성이 많다. 영어는 잘 하되 반쯤은 한국인이 아닌, 국적불명의 엘리트들이 주도하는 대한민국이 어디로 향하게 될지 걱정되지 않을 수 없다.

● 영어가 사랑보다 중요해?

국가적인 문제를 떠나서 개인적으로도 조기해외유학을 통해서 얻는 것보다 잃는 게 더 많을 것이라고 생각한다. 부모와 이웃의 관심과 사랑 속에서 자라나야 할 어린이와 청소년들이 이역만리 타국에서 엄마와 단 둘이 혹은 홀로 지내는 모습은 생각만 해도 쓸쓸해 보인다.

처음에는 언어가 통하지 않고 문화가 달라서 친구들을 사귀는 데 어려움을 겪을 것이다. 이 과정에서 자존감에 상처를 입을 가능성도 꽤 많지 않은가. 시간이 가면서 의사소통 문제는 해결이 된다손 치더라도, 이방인이 가질 수 없는 소속감이나 공동체의식에 목마르지 않을까.

물론 타국이라는 낯선 환경에서 스스로 생활하면서 오히려 자립심과 자신감이 생기는 어린이와 청소년들도 많다고 한다. 또 열린 교육적인 환경에서 세계시민으로서 자질을 함양한다고도 한다.

그런데 아무리 생각해봐도 어린이와 청소년에게 가장 중요한 것은 부모나 보호자의 사랑이다. 이 사랑에는 말로 표현할 수 없는 어떤 기운이 담겨 있다. 흡사 공기 속의 산소처럼 보이지 않고 의식할 수는 없는 것이지만, 조금이라도 부족하면 숨쉬기 어려운, 살기가 힘들어지는 그런 것이다.

게다가 가정은 사람에게 있어서 첫 번째 학교이다. 아이는 부모로부터 선악을 비롯해 도덕을 배우게 된다. 페스탈로치는 "가정이 도덕의 학교"라고도 했다. 아이들이 일찍 가정을 떠나면 어디서 자연스럽게 도덕을 배울 수 있겠는가.

이 조기해외유학이라는 것이 해당 어린이와 청소년만의 문제도 아닌 것 같다. 이른바 '기러기아빠'들은 어떠한가. 직장에서 열심히 일하고 돌아와도 반겨줄 가족이 없다. 이러한 날들이 하루 이틀도 아니고 몇 년씩 계속된다. 외로움에 지쳐 우울증으로 병원까지 찾아야 하는 '기러기아빠'들이 꽤 된다고 한다.

사회의 가장 중요한 구성요소인 가정을 피폐화시키면서까지 우리의 어린이와 청소년을 외국에 내보내서 영어를 배우게 하는 대가가 너무 큰 것 아닌가 싶다. 가정이라는 것은 항아리와도 같아서 한 번 금이 가면 원상복구시키기가 참으로 어렵다.

• 비즈니스의 관건은 영어가 아니다

'영어' 말이 나왔으니 말인데, 요즘 한국 기업에서는 글로벌 인재를 원한다고 한다. 이 글로벌 인재의 핵심은 '현지화'라고 하는데, 쉽게 말해 외모는 한국 사람이나 내면은 미국 사람이어야 한다는 것이다. 이래서 조기해외유학이 중요하단다.

그런데 내가 생각하기에 글로벌의 핵심은 '미국화'가 아니다. 자본이 국경을 넘나들면서 시작된 게 글로벌화 아닌가. 글로벌화의 핵심은 세계를 무대로 이윤을 찾는 것이다. 얼마 전 한국의 모 그룹에서 임원의 절반을 미국인이나 '미국화된' 외국인으로 채웠는데, 성과를 내지 못하는 바람에 물러나고 말았다는 뉴스를 본 적이 있다.

이윤을 찾는 것이 어디 영어만 잘 해서 될 일인가. 내가 우리 기업들이 세계를 상대로 벌이는 치열한 '비즈니스 전쟁'을 몰라서 하는 이야기일 수도 있겠으나, 상식적으로 보면 비즈니스란 결국 상대의 마음을 얻어내고, 내게 협력하게 만드는 것이다.

비즈니스는 사람 혹은 조직의 지식, 정서, 언어 감각, 열정, 개성 등 수많은 것들이 총체적으로 결합된 능력을 요구한다. 영어구사능력은 그 가운데 하나일 뿐이다. 단적인 예이지만, 비스니스 파트너가 영어는 완벽하게 구사하는데 정서적으로 어딘가 불안하게 보인다면 안심하고 사인을 할 수 있을까.

일본 사람들은 우리나라 사람들보다 영어를 더 어려워한다. 1980년대 일본의 기업들이 미국 시장을 종횡무진 누볐다. 이 때 일본 사람들이 발군의 영어 실력을 발휘했다는 이야기는 못 들어봤다.

이제 국제사회에서 영어는 의사소통의 수단일 뿐이다. 그런데 영어를 배우기 위해 희생하고 손해를 감수해야 할 것이 많다면 터놓고 말해서 남는 장사가 아니다. 이렇게 되면 글로벌화와는 더 멀어지는 것 아닌가.

● 한국교총과 전교조가 머리를 맞대라

　정부에서는 조기해외유학 바람을 잠재우기 위해 국내 외국인학교 설치와 입학 자격을 완화시키는 방안을 내놓고 있다. 국내 외국인학교에 한국 학생들이 다닐 수 있으면 조기유학이 줄어들 것이라는 정부의 분석이다. 찬반 여부를 떠나, 나는 정부의 문제해결 방법이 상당히 근시안적인 것 같아 실망스럽다.

　애당초 문제의 본질은 영어교육이다. 현재의 공교육으로는 영어구사능력이 생기지 않는 데다, 영어가 대학 진학이나 취업에서 핵심적인 경쟁력이 되기 때문에 비롯된 일이다. 조기해외유학 바람을 진화하는 정답은 이미 나와 있다. 공교육으로 학생들의 영어능력을 키워주는 것이다.

　물론 쉽지 않은 일이다. 공교육이 무너진 지 오래됐다는데, 선생님들이 무슨 조화를 부려 한국 사람들이 어려워하는 영어교육까지 제대로 시킨다는 말인가. 이런 소리를 들으면 나도 딱히 할 말은 없다.

　그런데 나는 할 말이 없어도 전문가인 선생님들은 할 말이 있어야 할 것 아닌가. 나는 이런 대목에서 한국교총이나 전교조가 은근히 원망스럽다. 우리 교육 현장을 이대로 내버려 둘 수는 없지 않은가.

과거 독재정권 시절 교사들은 교육의 정치권력의 취향에 따르다 보니 학생들에게 제대로 된 교육을 할 수 없다고 해서 '참교육'을 주장했다. 나도 동의했다. 내가 단순히 독재를 반대했기 때문만은 아니다.

플라톤에 따르면 교육은 '의견의 세계'가 아니라 '이데아의 세계'라고 한다. 교육은 절대적인 진리의 세계에 포함된다는 뜻인데, 나 역시 교육에는 변할 수 없는 절대적인 가치나 성질이 있다고 믿는다.

이제는 과거처럼 정권이 교육계에 직접적이고 부당한 간섭을 하지 않는다. 그렇다면 한국교총과 전교조가 서로 함께하지 못할 이유는 어느 정도 사라졌다고 볼 수 있다. 학생들을 사랑하고 제대로 교육시키고자 하는 마음은 같을진대, 머리를 맞대어 무너진 공교육을 일으켜 세우지 못할 이유가 대체 무엇인가 싶다.

한국교총과 전교조가 백년지대계라는 우리나라 교육정책의 큰 방향을 잡아서 국민들에게 제시하고 동의와 지지를 얻어나간다면 얼마나 좋겠는가. 높은 교육열은 우리나라 최고의 경쟁력이다. 이것이 방향을 잃고 '과유불급(過猶不及)'이 되어 '기러기아빠'나 만들고 국가경쟁력을 떨어뜨린다면 대한민국의 미래는 암담하다.

아이들을
놀 수 있게 하자

나는 십대 시절 산에 자주 다녔다. 산을 가도 남들 가지 않는 길, 새로운 루트 개척에 열을 올렸다. 등산을 시작할 때는 모험심과 투지로 가득차기 마련이다. 그런데 시간이 지날수록 힘들어진다. 산이 깊어지면 방향을 잘못 잡지 않았을까 하는 불안감마저 밀려온다. 숨은 턱밑까지 차오르고, 다리는 무겁다. 급기야 산을 왜 올랐을까 하는 회의감이나 포기하고 싶은 유혹마저 생긴다.

하지만 정상에 오르면 이 모든 것이 끝난다. 내게는 성취감만 존재한다. 산에 오르면서 몸으로 체득한 깨달음 덕분에 나는 어려운 환경 속에서도 정직하고 성실하게, 또 한눈 팔지 않고 내 갈 길을 묵묵히 걸을 수 있었던 것 같다.

• 몸으로 배우는 공부도 중요하다

사람의 일생 가운데 특별하지 않은 시기는 없을 것이다. 유년기, 청소년기, 청년기, 장년기, 노년기 모두 의미 있고 중요한 시기이다. 우리 인생에서 어느 한 순간도 흘려버릴 수 없는 것처럼 말이다.

내 경험을 비추어 보거나 간접적인 경험을 통해서 알게 된 바에 따르면, 청소년 시기를 통과하기가 가장 어려운 것 같다. 청년기 이후에는 본인이 겪는 그 시기의 특징과 자신의 장단점을 어느 정도 파악할 수 있다. 준비가 된다는 말이다.

그런데 청소년기를 통과하는 청소년은 자신이 어디에 서 있는지, 어디로 향하고 있는지, 가늠하기가 어렵다. 자신이 겪은 사춘기를 떠 올려보면, 어느 날은 세상을 다 산 노인처럼, 또 어느 날은 장난감을 뺏긴 어린이처럼 굴었던 기억이 날 것이다. 내가 누구인지 말할 수 없는 게 청소년이다.

청소년기는 아이에서 어른이 되어가면서 신체적으로, 정서적으로 나타나는 변화들을 스스로 감당키 어려운 때이다. 실수를 할 수밖에 없는 시기인데, 아이러니하게도 실수를 해버리면 좀처럼 만회하기가 어렵다. 우리나라의 경우는 '패자부활전'도 제대로 없다.

나는 청소년들의 숨통을 틔워 줄 수 있는 것이 스포츠라고 생각한다. 혼란한 마음은 몸으로 다스리면 좋다. 몸으로 에너지를 발산해야 된다는 뜻만은 아니다. 청소년 시기는 한 인격체로서 성장해 나가면서 다른 인격체 또는 다른 세계 속에서 조화로운 관계를 만들어 나가는 기틀을 마련하게 되는데, 이때 몸과 몸을 부딪쳐서 터득한 우정이나 믿음, 지도력이나 협동심 등은 평생 잊히지 않을 만큼 중요한 배움이 된다.

몇 해 전 TV에서 〈리멤버 타이탄〉이라는 미국 영화를 본 적이 있다. 인종갈등이 잔존하던 1970년대, 미국 남부 버지니아주 한 도시에 처음으로 생긴 흑백인 통합 고등학교들의 미식축구팀 이야기였다.

풋볼을 하는 백인 학생들에게 흑인 학생들과 한 팀이 되는 건 하늘이 두 쪽 나도 있을 수 없는 일이다. 부모들까지 나서 전학을 고려하지만 대학 진학 문제가 걸려 있다. 엎친 데 겹친 격으로 흑인 코치까지 부임을 하게 된다. 흑인 학생들은 새 코치를 맞아 기대에 부푼다. 그러나 백인 학생들과 함께 풋볼을 할 생각은 꿈에도 없다.

코치는 합숙 훈련을 진행되는 동안 흑백으로 나누어진 팀을 공격과 수비로 분담해 팀워크를 이루려 하지만 소용이 없다. 흑인인 뛰어난 수비수는 개인기에 몰두한다. 주장인 백인은 유일하게 흑인 학생과 친하게 지내는 백인 학생을 '왕따'시킨다. 심지어 작당을 해서 블로킹을 해주지도 않는다.

코치는 새로운 훈련 과제를 낸다. 한 방을 쓰는 룸메이트에 대해 알아 오는 게 그것이다. 흑인 학생과 백인 학생이 룸메이트다. 과제를 완료하지 못하면 연습량은 날마다 늘어나게 되는 것이다. 룸메이트에 대해 알지 못하면 오늘의 연습량은 어제의 두 배, 내일은 오늘의 두 배가 된다. 고된 훈련으로 더 이상 버틸 수 없게 된 학생들은 가쁜 숨을 몰아쉬며 닫아 놓았던 마음의 빗장을 풀게 된다.

합숙훈련 마지막 날, 이들은 남북전쟁 당시 5만 명이 죽어간 게티스버그의 묘지에서 증오 대신에 이해와 존중을 채우면서 사나이다운 시합을 벌일 각오를 다진다. 쿼터백이 사고를 당해 출전을 못하는 곤경에 처하고, 막강한 팀을 맞이하여서도 서로를 믿고 최선을 다하여 경기를 펼친다. 이들은 그리스 신화의 타이탄처럼 거신(巨神)이 되어 도시의 자랑이자 긍지가 된다.

나는 영화를 보면서 스포츠를 통한 교육의 중요성에 대해 새삼 깨달았다. 책상머리에 앉아서 머리로 받아들이는 공부가 전부가 아닌 것이다. 영화 〈리멤버 타이탄〉의 청소년들은 풋볼을 통해서 갈등을 푸는 법, 단결력과 협동심을 공부한 것이다.

● 또래들끼리 어울릴 수 있는 스포츠시설

청소년에게 스포츠가 필요하다는 주장에 다들 고개를 주

억거리지만, 막상 청소년이 운동을 할 스포츠시설은 그리 많지 않은 것 같다. 현재 청소년을 위한 시설은 문화와 스포츠를 겸한 센터가 시·군·구별 도는 지방자치단체별로 한 곳 정도씩 있는 것으로 알고 있다. 또 지방자치단체마다 형편이 다르지만, 서울시의 경우 올해 '스포츠바우처' 예산으로 약 16억 원을 집행한다. 3만여 명의 유소년과 청소년들에게 혜택이 돌아가게 된다.

과거에 비하면 이것만 해도 어디인가 싶지만, 현실적으로 보면 여전히 청소년을 위한 스포츠시설은 부족하다. 일산의 호수공원만 해도 동양 최대의 공원이라고 하는데, 정작 누구를 위한 공원인지 궁금할 때가 많다.

우리는 아름다운 금수강산을 팔도에 가지고 있다. 인위적인 조경공사로 값비싼 조경수와 잔디를 심어놓고, 그곳에 절대 들어가서는 안 되는 공원, 그래서 또 관리인을 두고 예산을 잡아먹는 현실을 볼 때마다 나는 우리의 청소년들이 생각난다. 나 같으면 그 드넓은 땅 위에 나무는 적게 심고 나머지 공원 땅에 천연 잔디를 심어 축구장, 야구장, 농구장, 게이트볼 게임장 등을 만들어 남녀노소, 가족단위, 특히 청소년들이 맘껏 뛰고 뒹굴고 넘어져도 부상에 걱정 없이 놀 수 있는 스포츠공원을 만들었을 것이다. 그것이 공공이 마련할 수 있는 최고의 교육 장소가 아닌가.

지금의 현실은 사람을 위해 공원이 있는 게 아니라 공원을 위해 사람이 있는 꼴이다. 영국이나 미국 같은 나라들은 어떻게 공원을 관리하고 활용하는지 연구가 필요할 듯하다.

우리는 청소년들을 미래세대요, 우리의 희망이라고 말들을 한다. 이 말에 동의하지 않는 국민은 한 사람도 없을 것으로 생각한다. 그러나 우리의 미래요, 희망인 그들에게 우리는 얼마나 애정과 관심을 가지고 있는가. 오늘 그들에게는 국가적 국민적 애정과 관심이 필요한데 과연 현실은 어떤가.

어쩌면 그들은 목놓아 외치고 싶을지도 모른다. 미친 듯이 달려보고 싶을지도 모른다. 그러나 그들에게는 그럴 장소도 없고 갈 곳도 없다. 청소년들을 위한 시설은 없다. 어른들이 사용하는 곳을 청소년에게 이용하라고 해도 소용이 없다. 청소년들이 중요하게 여기는 것은 또래다. 자기네들끼리 뭉치고 싶은 욕구가 있다. 이것을 부정해서는 안 된다. 청소년들이 또래들과 어울리도록 하되 건강하게 풀어낼 수 있도록 어른들이 곁에서 지켜보고 도와야 하는 것이다. 이래서 청소년 스포츠시설이나 그들만의 문화 공간이 필요하다.

또 어른들은 말한다. 요즘 청소년들은 대학입시 준비하느라 스포츠 활동할 시간이 없다고. 이러니 청소년 스포츠시설은 무용지물이라는 것이다. 이 역시 분통 터지는 소리다. 대학 입학을 목표로 공부하는 청소년만 청소년이 아니다. 특성화고등학교에 다니는 청소년도 있고, 심지어는 일하는 청소년도 있다. 이들에게는 더욱 절실하다. 나는 청소년이 유권자가 아니기 때문에 청소년 스포츠시설이나 문화공간이 부족한 것은 아닐까 하는 약간 과도한 추측마저 해 본다.

미국의 교육제도 중에 부러운 것 가운데 하나가 대학들의 체육장학생제도이다. 우리나라의 체육특기생제도와는 다른 점이 많은 것 같다. 체육장학생제도가 다양하고 대학마다 다르겠지만 내가 알기로는 해당 종목의 운동만 잘해서는 안 된다. 성적이 중위권 이상의 수준으로 유지가 되어야 한다. 대학 장학금을 바라보고 고등학교 시절 스포츠 활동을 열심히 하는 학생들도 꽤 된다고 한다.

우리나라 대학들도 이런 제도를 도입하면 중·고등학교 체육교육이 상당히 활발해지지 않을까. 정책의 현실성 여부를 떠나서, 내가 말하고 싶은 것은 '지덕체(智德體)'교육에서 신체를 단련하는 체육교육을 영원히 뒷전으로 돌려놓아서는 안 된다는 것이다. 국민 건강과도 직결되는 문제이고 궁극적으로 국민성과도 연결이 된다. 청소년기에 스포츠를 통해 단결력, 협동심, 양보심 등의 훌륭한 인성을 기르게 되면, 이것이 쌓이고 쌓여서 국민성으로 이어지게 되는 것 아닌가.

청소년들에게 훌륭한 스포츠시설이 제공되면 청소년들이 PC방 같은 막힌 곳으로 갈 리가 없다. 몸에서 에너지가 솟는 청소년들이 어두컴컴한 곳에서 게임에 빠져 있고 싶지 않을 것이다. 폐쇄된 곳으로 가는 이유는 갈 곳이 없고 놀 거리가 없기 때문이다. 자신들의 동네에 적당한 운동장이 있고, 언제나 환영해주면서 따뜻하게 지도해주는 코치가 있다면 청소년들이 스포츠를 즐기지 않을 이유가 없다.

나는 뉴스를 보다가 청소년들이 일으킨 범죄 소식을 들으면 늘 안타깝다. 그 아이들에게 적절한 환경이 제공됐다면 과연 저런 행위를 했겠는가. 청소년 범죄는 따지고 보면 어른들의 탓이다.

요즘 청소년 범죄는 '묻지 마' 유형의 범죄라고 한다. 과거에는 권위에 대한 반항에서 비롯된 일탈적인 행동이나 가난 때문에 비롯된 범죄가 많았다면, 요즘은 뚜렷한 이유가 없으면서 폭력적이라는 것이다. 물론 이유가 없을 수는 없다.

욕망을 부채질하는 시대이다. 자신이 처한 현실과 욕망의 간극 사이에서 균형을 못 잡는 청소년들은 화가 난다. 그러나 자신을 화나게 하는 직접적인 원인을 찾을 수 없는 청소년들은 무작위의 대상에게 분노를 터뜨리는 것이다.

스포츠는 분노나 내재된 감정을 터뜨릴 수 있는 건전한 분출구다. 또, 이 스포츠를 어울려 하기 위해서는 규칙을 따라야 하고, 이기기 위해서는 자신의 분노나 감정을 조절할 수 있어야 한다. 결국 스포츠를 통해서 자신을 조절할 수 있는 법을 배울 수 있는 것이다. 자신을 조절하는 것, '영수' 못잖은 중요한 과목 아닌가.

모두들 청소년이 미래의 주인공이라고 하지만, 실제 국가의 정책으로 청소년교육에 얼마나 신경을 쓰고 있는지 끊임없이 점검하고 미비한 점들은 보완을 해 나가야 한다. 청소년들이 최선의 환경 속에서 자랄 수 있도록 하는 것은 국가의 의무이다.

과학기술이
국가경쟁력이다

나는 우리나라의 경쟁력은 첫째도, 둘째도, 마지막으로도 교육이라고 생각한다. 국가경쟁력이 되는 교육의 핵심은 바로 과학기술이다.

● 변죽만 울려대는 이공계 우대정책

이명박 대통령은 대통령 후보 시절부터 이공계를 우대하겠다는 발언을 여러 차례 했다. 솔직히 이 점에 대해서는 나도 각별한 기대를 걸었다. 이명박 대통령은 평생을 토목건설과 함께했다고 해도 과언이 아니지 않은가. 그래서 이 약속만큼은 확실히 믿었다.

그런데 대통령직인수위원회에서부터 믿기지 않는 뉴스가 흘러 나왔다. 부총리급이 보임되어 있는 과학기술부가 사라진다는 것이었다. 창의적인 인재를 키우기 위해서 교육과 과

학기술부를 통합한다는 게 새 정부의 변(辯)이었다. 좋게 해석하자면, 과학기술이 교육의 핵심이 되게 하고, 과학기술이 교육 전반을 관통하는 '키워드(key word)'가 되도록 하겠다는 뜻으로 볼 수도 있겠다.

하지만 과학기술과 교육의 '교집합'은 일부분밖에 되지 않는다. 새 정부도 이러한 사정을 감안한 듯, 과학기술의 기초과학은 교육부로 넘기고, 나머지 기술은 지식경제부가 관할한다는 발표가 뒤따랐다. 어처구니가 없다는 생각이 들었다. 특히, 산업과 밀접한 연관이 있는 기술을 경제부처가 담당한다는 것은 과학기술을 자본의 논리로 접근하겠다는 뜻이나 다름없다.

이러니 웬만해서는 목소리를 높이거나 단체행동을 하지 않는 과학기술계까지 성명서를 내는 등 반발을 거세게 했다. 2000년대 들어서부터 드러난 이공계 기피현상에 대한 해답은 이미 나와 있다.

대한민국 이공계를 죽이는 핵심적인 문제는 당장 산업화할 수는 없는, 그러나 과학기술의 기초체력에 해당하는 순수과학을 육성하지 않기 때문이다. 문제의 원인이 분명한데, 이명박 대통령은 이공계 문제를 가속화시키는 방향으로 나아가려고 하는 것이다.

원인에 대해서 눈을 감고 있는데, 이공계 출신 고위공무원이나 국회의원이 늘어난다고 해서 문제가 해결될 리가 없다. 이 또한 이공계측에서 보면 소리만 요란하지 실속은 없다. 선거 때가 되면 표를 얻기 위해 이공계 출신 국회의원이나 고위공무원 확대 등을 약속하지만 지나고 나면 배신감만 안겨 줄 뿐이다.

최근 주요 이슈가 되고 있는 과학비즈니스벨트 위치 선정 문제만 해도 그렇다. 최근 정치권에서 '내륙삼각 벨트 안'이 흘러나오고 있는데, 이것 역시 지역정서를 의식해서 분산배치하려는 속 보이는 당리당략적 발상일 뿐이다. 과학비즈니스벨트는 대한민국의 정치논리로 풀어야 한다. 국가의 과학기술 경쟁력을 강화시키는 방향으로 해결점을 찾아야 하는 것 아닌가.

● 이공계 우대는 입시문제의 대안

내가 이공계 우대니 홀대니 하는 논의를 지켜보면서 한 가지 더 우려되는 점은 기능인의 목소리가 없다는 것이다. 과거 박정희 대통령은 전국에 국·공립 공업계 고등학교를 설립하고, 가난한 집안의 우수한 인재들을 끌어 모았다. 이들이 바로 우리나라 근대화의 주역이었다.

그런데 최근 공업계 특성화 고등학교는 겨우 명맥만 유지하고 있는 실정이다. 이유는 뻔하다. 절대적인 가난에서 벗어난 데다 우리 사회가 기능인들에게 정당한 대우를 하지 않았기 때문이다. 산업 현장에서 구슬땀 흘리며 일하는 노동자들, 세계기능인올림픽대회에 나가서 메달을 획득한 명장 노동자들을 존경하고 대우했더라면, 공업계 특성화 고등학교가 지금과 같지는 않을 것이다.

내가 아는 한 정치인의 아들은 인문계 고등학교가 아니라 공업계 특성화 고등학교에 다니고 있다. 아들이 이러한 선택을 하도록 아버지가 도왔다고 한다. 이 분은 아들에게 인문계 고등학교에서 대학교로 진학하는 코스만을 제시하지 않았다고 한다. 아들이 공부를 못한 것도 아니고 집안 형편이 어려웠던 것도 아니었다.

이 분은 아들에게 현재 한국 사회의 문제점으로 생긴 '입시지옥', 청년 실업, 산업 현장 공동화 등을 설명하며 다양한 특성화 고등학교를 소개하고 장래 직업과도 연관을 지어서 생각해 보기를 권유한 결과, 아들은 공업계 특성화 고등학교를 거쳐 전문대학에서 공부하기로 결정을 했다고 한다.

공업계 고등학교에서 공부를 하고 있는 이 분의 아들은 아주 행복해 하고 있다고 한다. 인문계 고등학교를 다니는 친구들이 대학 입시가 주는 부담감에 허우적대며 하기 싫은 공부를 억지로 하고 있는 반면에, 이 분의 아들은 공부나 학교 생활에 주눅이 드는 것이 아니라 자신감을 갖고 즐기면서 할 수 있기 때문일 것 같다.

무릇 청소년들의 학창시절은 이래야 되는 것 아닌가. '공부'가 인생을 결정짓는 점수로만 여겨진다면 얼마나 두렵겠는가. 학교에서 공부를 하는 것이 즐겁지가 않을 것이다. 공포감을 주는 공부가 제대로 된 지식이 될 리가 없다.

아들을 공업계 특성화 고교로 보낸 이 분은 국회의원 배지를 달지 못한 정치 신인이지만 이후 왕성한 활동을 펼치게 되면 제대로 된 이공계 우대정책을 확실히 대변할 것 같다. 금쪽같은 아들의 장래가 달려 있으니 말이다.

아무리 21세기가 지식기반 산업사회라고 할지라도 산업현장에 고급인력이 필요하기 마련이다. 현장을 지키는 이러한 기능공들 역시 인정받고 존경받아야 한다. 이렇게 된다면 우리 교육의 고질적인 입시문제도 어느 정도는 해결될 것이라고 나는 믿는다.

• 벤처와 인턴

이공계를 우대하겠다던 이명박 대통령이 없앤 정부부처가 또 하나 있다. 정보통신부다. 앞서 말했지만 세계 각국의 지도자들이 우리나라를 가장 부러워했던 것이 정보통신 분야였다.

나는 김대중 대통령께서 재임 시에 하신 여러 일 가운데 우리나라를 'IT 강국'으로 만들었다는 점이 가장 대단한 것 같다. 내게는 'IMF 사태' 극복이나 역사적인 남북정상회담이나 노벨 평화상 수상으로 국격을 높인 것보다, 'IT 강국'이 더 큰 업적으로 여겨진다.

'IMF 사태'로 대기업들이 줄줄이 문을 닫는 가운데 수많은 실직자들이 생겨났다. 또 사회에 갓 나온 젊은이들은 이력서 한 장 내밀 곳조차 없는 실정이었다. 이렇게 꽉 막혀 있는 출구를 돌파한 것이 무엇인가. 벤처이다. 당시 정부에서는 젊은 벤처인들의 목소리를 귀담아 들으면서 벤처기업을 육성하고 지원하기 위해서 많은 예산을 썼다.

이 결과 수많은 '벤처스타' 기업들이 탄생했고, 벤처 기업들은 엄청난 성장률을 보였다. 물론 거품 성장도 있었다. 또 도덕적 해이로 벤처 기업들의 비리도 있었다. 그러나 이것이 전부는 아니다. 당시 벤처산업은 고용 창출에 엄청난 기여를 했고, 우리 경제에서 중요한 성장 동력이 되었던 것은 분명한 사실이다.

최근 글로벌 위기라고 해서 이명박 대통령께서 청년 실업의 타개책으로 인턴제를 내놓았다. 아무런 대책 마련을 하지 않는 것보다야 낫겠지만, 나는 아무리 생각해봐도 벤처에 비하면 인턴은 남는 게 없는 것 같다.

벤처가 '거품'이라고 비난한 사람들이 있었는데, 인턴은 거품도 일으키지 못하고 있다. 인턴제를 도입하기 위해 역시 예산이 투입됐고, 덕분에 기업이나 관공서에서 인턴제를 실시하고 있다. 그런데 인턴제도는 청년실업자들에게 실질적인 도움이 되지 못하고 있다. 수습기간 동안 관공서나 기업에서 저임금을 받으면서 전화 받기, 복사하기 등 허드레 일을 하고는 끝이다. 수많은 인턴들이 양산됐지만, 정작 취업하는 데 인턴 경험이 도움이 되지 않는다고 한다.

벤처기업인 역시 수없이 양산됐고 벤처기업도 셀 수 없을만큼 망했다. 그러나 조직의 눈치 보며 허드레 일 하는 것과 스스로 아이디어를 내고 주인의식을 갖고 무엇을 만들어내기 위해 일하는 것과는 하늘과 땅 차이 아닌가. 실패라는 결과는 같더라도 실패의 내용은 질적으로 다르다.

앞서도 말했지만 전임 정권에서 성과를 낸 분야는 이어가야 하는 것이 마땅하다. 'IT산업'을 국가의 중요한 정책 산업으로 이어가면서 청년 실업문제도 거품이 빠진 벤처로 돌파해 나간다면 현재의 경제 위기 상황을 타개하는데 더 큰 도움이 될 것 같다는 것이 내 생각이다.

천연자원이 없는 우리나라가 국력을 키울 수 있는 길은 사람에 대한 투자뿐이다. 여기에서 핵심적인 투자는 과학과 기술 아닌가. 이렇기에 박정희 전 대통령이 과학기술부를, 김대중 전 대통령이 정보통신부를 만들었는데, 이명박 대통령은 이 두 부처를 다 없애버리고 나서 무엇으로 국가경쟁력을 삼으려고 하는지 모르겠다.

학교와 학원을
경쟁시키자

김대중 대통령 때 '신지식인'이라는 캐치프레이즈가 나온 적이 있다. 보편적으로 통용될 수 있는 개념은 아니지만, 국민들의 다양한 창의력을 북돋우기 위한 취지라고 이해하고 있다. 그래서 '신지식인상'도 만들고 했던 것인데, 'IMF 사태'로 풀이 죽은 분위기에 조금이나마 활력을 불어넣는 계기가 되었으리라고 믿는다. 생각의 날개를 펼치는 것, 그것이 바로 지식기반사회에서 살아남을 수 있는 자세가 아니겠는가.

무엇을 해도 시원치 않고, 무엇을 맡겨도 허튼 사람을 가리켜 흔히 "아무 생각이 없다"라고 한다. 생각은 이렇게 중요하다. 사고(思考)가 정지되면 적극적이고 능동적인 삶은 꿈도 꿀 수 없다. 사회 전체적으로도 생각은 중요하다. '아무 생각이 없는' 사회에게 미래는 없다. 교육은 아이들에게 '생각하는 사람'이 되라고 가르친다.

물론, 생각이 많다고 무조건 좋은 것은 아니다. 해야 할 일은 산더미 같은데, 쓸데없는 생각만 많다면 일이 손에 잡히지 않을 것이다. 게다가 나쁜 생각이나 못된 생각에 솔깃해한다면, 구렁텅이에 빠지기 십상이다. 생각만큼 정신이 중요한 게 바로 이 때문이다. 교육은 아이들에게 '올바른 정신'을 키우는 기회다. '좋은 생각'은 '올바른 정신'에서 나온다.

어떤 게 '좋은 생각'이고, '올바른 정신'인지에 대해서는 논쟁의 여지가 있을 수 있다. 이것은 철학이나 윤리학의 영역이므로, 이것을 놓고 시시비비를 가릴 전문적인 지식이나 정보가 나에게는 없다. 하지만, 우리 모두가 공감할 수 있는 상식을 기준으로 한다면 큰 무리는 없을 것이다.

물질만능주의시대라는 비판이 있기는 하지만, 물질은 여전히 소중하다. 물질 없는 행복은 있을 수 없기 때문이다. 이 점은 어느 누구도 부정할 수 없을 것이다. 그러나 진정한 행복이란 물질 이상의 것을 요구한다.

인간의 존엄성을 모르고서는 사회를 이해할 수 없다. 자연의 섭리를 두려워하지 않고서는 생명을 존중할 수 없다. 행복은 겉으로는 보이지 않는 사물의 참된 가치를 꿰뚫어 볼 수 있을 때, 비로소 주어진다. 이것이 정신이다.

많은 사람들이, 서구(西歐)의 자본주의는 물질에 의해서 타락했다고 주장했다. 확실히, 물질은 정신세계를 오염시키는 경향이 있다. 일찌감치 물질의 풍요를 누린 서구사회이니, 이런 주장이 나오는 것도 무리는 아니다. 하지만, 내가 보기에 이 주장은 서양 사람들을 모르고 하는 소리다.

서양 사람들은 무장이 되어 있다. 정신의 무장 말이다. 서양 사람들은 누구보다도 빨리 물질의 위험성을 간파했다. 르네상스 이래 수백 년 동안, 그들은 물질문명의 편리함과 아울러 그것의 폐해 또한 알게 되었다. 수많은 시행착오와 오류가 있었을 것이다. 이 경험이 그들에게 정신의 소중함을 깨닫게 해주었다.

그런데 우리는 그럴 만한 시공간적인 여유가 없었다. 우리가 물질문명을 받아들이고 그것을 발전시킨 것은 불과 30년 남짓한 세월의 일이다. 남들은 수백 년에 걸쳐 이룬 경제성장을 우리는 그것의 십분의 일도 되지 않는 시간에 해치웠다. 독재정권이 있었기에 가능했던 일이다.

독재정권은 물질문명의 화신(化身)이나 다름없었고, 워낙 강력했기 때문에, 그것의 반작용으로서 민주화가 정신의 표상(表象)이 되었다. 그래서 우리는 우리도 모르는 사이에, 독재만 타도하면 이 물질문명을 우리가 통제할 수 있을 것이라고 믿었다. 그러나 그게 착각이었다.

오로지 앞만 보고 내달렸다는 점에서 민주화운동은 독재와 마찬가지였다. 민주화운동은 승리했지만, 민주주의에 걸

맞는 새로운 가치규범을 만드는 데까지는 나아가지 못했다. 막상, 민주화가 이루어지자 우리 사회는 목표를 잃어버렸다. 그러자, 그 빈 공간에 물질문명이 물밀듯이 밀려들었다. 과거에는 상상도 할 수 없었던 개인주의, 집단이기주의가 횡행하게 된 것이다. 이게 다 우리가 물질의 포로가 됐다는 반증이다.

이 바람에 직격탄을 맞은 것은 교육이다. 세계 어느 곳을 보더라도 우리처럼 철저하게 교육이 입시의 하부구조로 전락한 나라는 없다. 오로지 학벌이 목적이다. 목적이 바르지 않으니, 당연히 수단을 가리지 않게 된다. 공교육은 완전히 무너졌고, 사교육은 돈을 많이 지불하는 순서대로 품질이 결정된다. 1970년대까지만 해도 부잣집 아이들이 서울대에 입학하는 모습을 보는 게 쉽지 않았는데, 이제는 정반대가 됐다.

돈이 성적을 결정하게 되면, 학교는 아이들에게 '정신'을 가르칠 권위를 빼앗긴다. 스승의 권위, 교권(敎權)이 땅에 떨어졌는데, 아이들에게 '바른 생각'을 가지라고 할 수 있겠는가. 이 와중에 교사들의 직업윤리가 실종되는 경우도 비일비재하다. 이 대목에서는 전교조나 한교총도 비판을 피하지 못할 것이다.

지금 우리 교육의 문제는 입시제도 개혁으로는 결코 해결되지 않는다. 입시제도가 잘못되어 공교육이 무너졌다고 생

각하면 오산이다.

공교육이 무너진 가장 큰 원인은 국가가 공교육 투자에 인색했기 때문이다. 교사를 화려하게 개축하고, 교실마다 에어컨과 텔레비전을 들여놓는 게 투자인가. 교육에 대한 수요는 나날이 높아지고 다변화되는데, 학교에서 가르치는 것은 30년 전이나 지금이나 똑같다. 그 구멍은 학부모들이 메울 수밖에 없다. 이것이 사교육시장을 공룡으로 만든 것이다.

교육 문제는 교육정책만으로 풀 수 없다는 것은 분명한 사실이다. 그러나 교육정책만 제대로 세워도 많은 것들을 해결할 수 있다. 그렇다면 어떻게 해야 하는가.

나는 학교를 학원과 경쟁시키자고 제안한다. 교육의 수요 공급 측면에서 학교가 학원을 이기도록 해야 한다. 이러한 정책은 국가 예산으로 학교를 지원하는 것인 만큼, 학원의 입장에서는 불공정한 게 될지도 모른다. 하지만 지금과 같은 상황이라면 사회 전체가 불공정의 늪에서 헤어나지 못한다.

이것은 매우 심각한 상황이다. 교육이 가난의 대물림을 완화하는 통로가 되지 못하고, 오히려 그것을 부채질한다면 우리 사회의 통합도 멀어지는 것이다. 따라서 교육 투자를 대폭적으로 늘리는 것은, 우리 사회의 갈등 해소에도 가장 적절한 대안이라고 할 수 있다. 결과적으로는 이것이 돈도 더 적게 든다.

이렇게 공교육이 정상화되고 나면, 학교는 우리 사회의 면모를 혁신할 새로운 정신운동의 요람이 될 것이다. 정신운동이라고 해서 별다른 게 아니다. '지덕체(智德體)'가 균형과 조화를 이루게 된다면, 그것이 바로 새로운 정신운동이 아니겠는가.

4

남과 북은 '운명공동체'

총 한 자루 없이
평양에 가다

2000년 6월 13일 오전, 비행기는 북녘 상공을 날고 있었다. 대통령의 정상회담 수행이 처음도 아니건만, 내 가슴은 긴장으로 터질 것 같았다. 그럴 수밖에 없었다. 역사상 최초의 남북정상회담이었다. 게다가 우리 경호팀은 총 한 자루 없는 '비무장' 상태였다.

● 경호실이 먼저 '전례(前例)'를 만들자

사실을 말하자면, 대통령의 해외 정상회담 때 우리가 총기를 휴대하지 않는 경우가 있다. 호텔 등의 숙소까지는 갖고 가도 행사장에는 못 들고 간다. 이런 나라들이 몇 있다. 당연히, 그쪽에서 우리나라를 방문할 때에도 동일한 원칙이 적용된다. 이것을 경호에 있어서 '상호주의'라고 한다.

그런데 북한은 여기에서 한 발 더 나아가 아예 총기의 반

입 자체를 막았다. 경호실은 고민에 빠졌다. 대책회의가 열렸는데, 원칙에 입각한 '발언'들이 많았다. 북측의 주장을 받아들일 수 없다는 게 대세였다. 베테랑들일수록 더 강경했다. '너희를 어떻게 믿고 총을 들고 오는 것을 허락하느냐'라는 북측의 주장과 '너희를 어떻게 믿고 총도 들지 않고 가겠느냐'라는 남측의 주장이 팽팽하게 맞섰다. 자칫하면 이 문제로 말미암아 역사적인 남북정상회담에 있어서는 안 될 불미스러운 마찰마저 우려되는 상황이었다.

나는 다른 의견을 냈다. '역사적인 남북정상회담이 경호 문제로 열리지 못한다면 국민의 비난 여론을 경호실이 감당할 수 있겠느냐. 우리는 정신과 자세는 원칙을 가지고 지키지만 남북정상회담은 정치적 이해와 접근이 필요하다.' 대통령의 통치행위란 결국 정치적 리더십의 실천이다. 따라서 대통령의 신변을 보위하는 경호실은 대통령의 정치적 리더십을 따라야 한다.

'만일 저들이 마음만 먹는다면 우리가 1개 사단을 데리고 간다 한들 살아서 돌아올 수 있겠느냐. 우리의 우방과 세계의 눈이 남북정상회담을 주목하고 있고, 또한 세계의 언론이 한반도에 집중되어 있다. 그들과 같이 하는 경호는 세계사에 처음이요, 그런 만큼 최고의 완벽한 경호가 어디에 있느냐.' 나는 우리 경호실은 심리경호만 신경 쓰면 되니 경호실에서는 정상회담 반대의견을 내지 말자고 제안했다.

나는 평소 '진정한 화해란 먼저 손을 내미는 것'이라고 강조하던 대통령의 말씀을 떠올렸다. 남북정상회담은 한 번으로 끝나는 게 아니다. 통일이 될 때까지 앞으로 얼마나 많은 남북정상회담이 열려야 할지 모른다. 그리고 그 과정은 순탄하지만은 않을 것이다. 특히, 외교 의전에서 경호처럼 중요하고 민감한 부분은 없다. 이럴 때 서로 입장을 바꿔 생각할 줄 아는 지혜가 절실하다는 게 내 생각이었다.

격론 끝에 경호실의 의견이 정리됐지만, '비무장'을 받아들인 장본인 가운데 한 사람으로서, 대통령을 '최근접 경호'하는 당사자로서 내 책임은 더 막중해졌다. 나는 평화와 통일에 대한 대통령의 굳은 의지와 신념을 믿었고, 대통령의 남북정상회담 제안에 응한 북측을 의심하면 안 된다고 생각했다. 하지만 믿음이 임무의 무게를 덜어줄 수는 없는 법이다.

대통령께서 탑승하신 비행기가 북한 영공에 들어가고 한참 지난 후에 선발대로 출발한 경호실 수행과장과 무선교신이 이루어졌다. 수행과장은 "현장(순안공항)은 대통령님을 모실 준비에 아무런 이상이 없다"고 보고했다. 이 보고를 대통령께 올리고 나서 얼마 지나지 않아, 비행기 창 밖으로 순안공항의 모습이 보이기 시작했다.

비행기가 착륙하기 위해 고도를 낮추는데 공항에 울긋불긋

한 오색 물결과 북한 주민들의 열광하는 소리가 비행기 안에 까지 들려왔다. 무슨 일인가 걱정되어 다시 무전으로 상황을 파악하니, 수행과장은 "잘 모르겠다"고 하면서도 "호위총국, 즉 경호원들의 행동을 보면 김정일 국방위원장이 오고 있는 것 같다"라는 것이었다. 이 소식을 보고 드리니, 대통령께서는 표정이 밝아지시며 기분 좋은 표정으로 고개를 끄덕이셨다.

10시 30분, 대통령이 탑승한 전용기가 순안공항에 착륙했다. 비행기 문이 열렸다. 이미 보고를 받고 있었지만, 눈앞에는 믿을 수 없는 장면이 펼쳐졌다. 김정일 국방위원장이 직접 김대중 대통령을 마중하기 위해 나온 것이다. 이성적으로는 그렇게 될 것이라고 생각했다. 아니, 그렇게 돼야 할 것이라고 믿고 있었다. 그럼에도 막상 그 모습을 내 눈으로 확인했을 때의 감동이란 이루 말할 수 없는 것이었다.

김대중 대통령께서 김정일 국방위원장과 함께 의장대를 사열하시는데 뒤에 선 나는 겁도 나고 흥분도 되었다. 의장대 사열 후 영접 인사를 받고 숙소인 백화원초대소(백화원초대소는 국빈을 모시는 영빈관으로 사시사철 백 가지 이상의 꽃이 피어 있다 해서 이런 이름이 붙었다고 한다)로 이동하는 스케줄이었다. 이때 다시 믿기지 않는 상황이 발생했다. 내가 대통령을 차량으로 안내하는 순간, 김정일 국방위원장이 직접 자신의 차량으로 모시겠다고 하는 게 아닌가.

김대중 대통령이 김정일 국방위원장의 차에 동승한 것을 두고 뒷날 의구심에 의한 추측성 기사가 많이 나왔다. '국가 원수가 경호원 한 명도 없고 사전계획도 없었는데 경호상의 중대한 문제가 발생했다'에서, 심지어는 '차량 안에서 둘이 주고받은 말이 무슨 내용이었느냐'는 말까지 나왔다.

그러나 이것은 사실을 모르고 하는 소리다. 북측은 우리에게 '총 한 자루도 갖고 오면 안 된다'고 요구한 대신, 그 요구를 받아들인 우리에게 자신들이 마련할 수 있는 최고의 경호 대책으로 보답한 것이었다. 북한 땅에서 김정일 국방위원장 주변보다 더 안전한 곳이 어디에 있나. 실례가 되는 말인지 모르겠지만, 그날 아침 김대중 대통령의 '최근접 경호원'은 내가 아니고 김정일 국방위원장이 되었다.

김정일 국방위원장의 태도는 김대중 대통령이 북한에 체류하는 내내 한결같았다. 당초 백화원초대소는 숙소로만 사용하고, 정상회담은 다른 곳에서 하기로 예정돼 있었다. 두 정상이 탑승한 차량을 두 눈으로 쫓으면서 백화원초대소에 도착하고 내려 초대소 안내 보고를 받고 숙소에 드서 조금 쉬시고 정상회담장으로 가시기로 일정이 되어 있었다.

백화원초대소에 도착 안내원의 안내를 받으시며 안으로 들어가시는 중에, 김정일 국방위원장이 다시 나섰다. 마치 다들 들으라는 듯이, 아주 시원시원하면서도 깍듯한 어조로 김대중 대통령에게 입을 열었다. "모든 것이 다 잘 될 겁니다. 걱정하지 마십시오. 마음 편히 쉬시기만 하시면 됩니다. 그리고 오후 회담장에 오시지 않아도 됩니다. 제가 이리로 오겠습니다. 우리는 동방예의지국입니다. 저보다 연세도 많으시고 어르신이지 않습니까. 편안하게 쉬십시오."

김정일 국방위원장은 이렇게 말하고는 초대소를 떠났다. 남북정상회담은 준비 단계부터 일사천리로 순조롭게 진행된 게 아니었다. 남과 북 사이에 쌓인 불신의 골은 깊었다. 그러나 한번 물꼬가 트이자 신뢰는 신뢰를 낳았다.

'차 안에서 무슨 얘기를 했느냐'는 의구심도 마찬가지다. 차량이 평양 시내를 달리는 동안 김대중 대통령은 손을 내릴 틈이 없었다. 그 정도로 북한 주민들의 환영은 열광적이었다. 보도를 꽉 메웠다. 인사를 받는 대통령의 얼굴에 미소가 떠나지 않았다. 그런 상황에서, 설령 김정일 국방위원장이 작심하고 운을 뗐다 하더라도 대화가 이어질 수 있었겠는가. 트집을 잡으려면 한도 끝도 없는 것이다.

'의심암귀(疑心暗鬼)'라는 말이 있다. 한번 의심을 하게 되면 마치 귀신이 들러붙은 것마냥 대수롭지 않은 일까지 믿지 못하고 두려워하게 된다는 뜻이다. 삼국지 같은 역사책을 보면, 소인배들이 일을 그르치는 대목에서 이 말이 가끔 사용되곤 한다.

• "김대중 대통령은 진정한 민족의 지도자"

북한 땅에 내렸을 때, 북측 경호원들도 표정이 굳어 있었다. 슬쩍 다가와 내 몸을 쿡쿡 찔러보고는 "몸이 쇳덩어리네?"라며 놀라는 척 이빨을 드러내는 것이다. 자기들은 국방위원장을 지키는 사람이라는 뜻이다. 이럴 때는 싱긋 웃어주는 게 최선이다. 어쩌면 그들은 내가 어떤 반응을 보일지 떠보려는 것이고 이것이 초반의 '기 싸움'이다.

다국적 회의나 과거 사회주의체제를 가졌던 나라들에서는 경호과정에서 종종 벌어지곤 하는 일이다. 다국적 회의에서는 국가의 명예를 지키기 위해서지만, 과거 사회주의 국가에서는 권위주의적 사고가 남아서 보이지 않는 작은 충돌이 가끔 있다. 우리가 북한 사람들을 '우리와 다른 사람으로 생각하고 배웠듯이, 그쪽 역시 비슷한 선입관을 갖고 있을 것이기 때문이다.

정상회담이 무사히 끝난 뒤 만찬장에서 북측의 경호원들과 대화를 나눌 기회가 있었다. 그들은 첫마디부터 도전적이었다. "왜 남조선 사람들은 외세를 등에 업고 같은 민족인 우리를 그렇게 죽이려고 하느냐? 우리도 과거에는 러시아와 중국이 들어오려고 했다. 그러나 외세는 한번 받아들이면 내보내기 어렵다. 그래서 안 받았다. 이것은 우리 민족을 위해서다."

나는 이렇게 대답했다. "미국이 들어와 있지만, 북한을 전쟁으로 무너뜨리기 위한 게 아니다. 큰 틀에서 안전을 위해서다. 왜 우리가 공격을 하겠느냐? 당신들이 자꾸 그렇게 생각하면 없는 일도 진짜가 된다. 우리끼리 만나니까 얼마나 좋으냐? 나도 여기에 오기 전에는 걱정을 많이 했는데, 이렇게 대화를 나누어 보니 우리는 같은 민족이라는 사실을 새삼 느꼈다. 우리는 앞으로 통일을 해서 운명을 같이 할 민족 공동체 아니냐."

이런 대화가 오간 뒤에야 비로소 북측 경호원들은 굳었던 얼굴을 폈다. 자랑 같지만, 왕별을 두 개 단 북측 경호 책임자 한 분은 나를 가리키며 "큰 지도자를 모시는 사람이라 역시 다르네?"라고 너스레를 떨며, 옆에 있는 자기 동료(동지)들에게 나를 추켜세워 주었다. 그러면서 '이야기보따리'를 풀어놓기 시작했다. 이른바 '평양발 남북정상회담 비화(秘話)'였다.

그 분에 따르면, 김정일 국방위원장은 남북정상회담을 앞두고 이렇게 말했다고 한다. "우리가 잘해 드려야 한다. 김대중 대통령은 진정한 민족의 지도자다." 대통령을 20년 가까이 모신 나로서는 새삼스러울 것도 없는 말이라 그저 고개만 주억거리고 있었는데, 진짜 놀라운 이야기는 그 다음부터였다.

김정일 국방위원장은 남북정상회담 제안을 받고 나서, 합의문에 대한 사전 조율 없이 '백지 상태'에서 무조건 평양에 오라고 했다는 것이다. 과거에도 여러 차례 남측에서 남북정상회담을 시도했는데, 그때마다 아무런 의제나 사전 조율 없이 백지 상태에서 회담을 열자고 했으나 남측의 반대로 열리지 못했다는 것이다. 그것은 북측이 남측의 진의(眞意)를 떠본, 일종의 시험이라고 할 수 있었다.

아마도 북측은 '우리 민족끼리 만나는데 모든 것을 터놓고 대화하자'고 말하고 싶었을 것이리라. 하지만 과거 정권들은 여기에 응하지 못했던 것 같았다. 김정일 국방위원장 집무실에는 텔레비전 석 대가 있다고 한다. 그만큼 우리 사정을 잘 안다는 뜻이다. 그런 김정일 국방위원장이 북측의 고위인사들에게 이렇게 못을 박았다는 것이다.

"남북정상회담은 진정한 민족의 지도자만이 할 수 있다. 아무것도 이루어지지 않은 상황에서 방북한 대통령을 만나주지도 않고 문전박대해서 보낸다면 귀국해서 김대중 대통령은 모든 것을 내놓아야 할 것이다. 목숨도 위험할 것이다. 김대중 대통령은 당신의 모든 것을 걸고 오시는 것이다. 그게 무슨 의미냐? 민족을 위해서 내 한몸 기꺼이 내놓을 수 있다는 자세다. 이런 정신이 아니면 올 수 없다. 그래서 우리가 잘해 드려야 한다."

어디까지가 진짜인지 내가 확인할 도리는 없었지만 확실

한 것은 하나 있었다. 총을 갖고 가니 마니 하는 실랑이는 그야말로 지엽말단적인 문제였던 셈이다.

● 신뢰를 쌓는 방법은 오직 신뢰뿐

북한 땅에서 가장 많이 들었던 말 가운데 하나가 바로 "통크게"였다. 김정일 국방위원장은 항상 '분위기 메이커' 노릇을 자청했다. 인상적이었던 것은, 조명록 당시 국방위원회 제1부위원장 겸 인민군 총정치국장을 대통령 곁으로 불러 술을 따르게 하고는 건배를 종용하는 모습이었다.

아무리 북한이라도 이것은 의전상 있을 수 없는 일이었다. 조명록 부위원장은 자타가 공인하는 인민군의 '최고참'이자 '실세'였다. 그럼에도 김정일 국방위원장은 전혀 개의치 않는 얼굴로 연거푸 이를 반복하면서 그때마다 "(생각했던 것보다 남측이) 다르지 않습니까?"라고 다짐을 주는 것이었다.

그 장면을 나는 대통령 뒤에서 똑똑히 지켜보았다. 하지만 그 당시에는 김정일 국방위원장이 왜 그러는지 이해하지 못했다. 그러다 나중에 조명록 부위원장이 인민군 정복 차림으로 미국을 방문했다는 뉴스를 접하고 나서야 김정일 국방위원장의 숨은 뜻을 알 것 같았다.

중국 상해를 방문해서 "천지개벽"이라는 발언을 할 때 조명록 부위원장을 동행시켰던 것 역시 동일한 맥락이 아닐까.

한마디로 말해 '보고 느껴라'라는 메시지가 아닌가 한다. 김정일 국방위원장은 북한이 변해야 한다는 사실을 누구보다 잘 알고 있었고, 이를 위해서는 무엇보다도 군부의 변화가 필수적임을 잊지 않았던 것이다.

사전 조율이 충분치 않았던 탓인지 합의문 작성에 시간이 꽤 걸렸다. 그러나 최종 발표된 합의문은 그간의 진통을 완전히 보상하고도 남음이 있었다. '6·15 남북공동선언'의 내용에 대해 언급하는 것은 내 몫이 아니다. 다만, 앞에서 소개한 몇 가지 에피소드로도 확인할 수 있듯이, 신뢰를 쌓는 방법은 오직 신뢰뿐이라는 게 '6·15 남북공동선언'의 또 다른 정신이라는 점만 덧붙이고자 한다.

합의문이 발표되고 나자 내 마음도 가벼워졌다. 평양 시내를 둘러볼 기회도 얻었다. 남과 북의 언어생활에도 차이가 많이 있다는 사실을 발견한 것도 소득의 하나였다. 고려호텔에 가서 선물을 살 때다. 뱀술과 들쭉술을 샀는데, 귀한 영지버섯, 상황버섯들이 눈에 띄어 가격을 물어보니 만만치 않았다. 짐짓 비싸다고 고개를 젓는 척을 했더니, 나를 안내한 분이 대뜸 "선생, 비싸다고만 하지 마시고 투쟁을 하시라요!"라며 내 얼굴을 쳐다보는 게 아닌가. 투쟁? 일순 당황했는데, 가만히 생각해보니 흥정을 붙어보라는 소리라 속으로 웃지 않을 수 없었다.

비슷한 일이 또 있었다. 북측 수행원들과 서로 선물을 교환할 때다. 며칠 동안 붙어 있다(?) 보니 정이 들었다. 북쪽 사람들은 "선생"이나 "동지"라는 호칭을 좋아했다. 서로 집안 사정을 묻기도 했는데, 내가 "선생, 애들은 몇입니까?"라고 묻자 "총각 하나, 처녀 하나 있습니다"라며 씩 웃는다. 나이가 그리 돼 보이지 않았기에 의외여서 "몇 살 먹었습니까?"라고 다시 물었더니 "여섯 살, 아홉 살 먹었습니다"라는 대답이 돌아왔다.

황당한 대답에 내가 얼떨떨한 반응을 보이자 이번에는 그가 당황했다. 어색함도 잠시, 상황을 파악한 그가 친절하게 설명을 했다. 북쪽에서는 '(결혼하지 않은) 여자는 나이에 상관없이 무조건 처녀, 남자 역시 무조건 총각'이라고 한다고 했다. 우리와는 생각의 차이는 있었지만, 막상 듣고 나니 우리말 고유의 순수성이랄까, 그런 게 느껴져 친밀감이 더해졌다.

옥류관에서 오찬이 있었는데, 많은 사람들이 참석했다. 냉면을 먹는데 양이 적었다. 그래서 먹고 또 먹었다. 네 그릇을 먹었는데, 양이 다 차지 않았다. 안내하는 아가씨가 "선생님, 대단하십니다"라고 말하기에, "맛이 있어 많이 먹었다"고 하니, 그녀는 기분 좋아하며 평양냉면 자랑을 늘어놓는다.

냉면 가격이 궁금해서 물어보니, 멈칫 하는 표정이다. 아차, 그들은 한국 돈은 모를뿐더러, 어느 것이든 남한과 비교

되는 것을 싫어한다. 그래서 미국 돈으로 얼마냐고 물으니, 그제야 "한 달라, 한 달라 반"이라고 대답한다. 한 달라, 한 달라 반? 그러니까 보통과 곱빼기가 있다는 이야기였다. 내가 먹었던 것은 보통이라 양이 적어 네 그릇이나 먹었구나 생각하고는 속으로 웃었다. 우리는 일 불 아니면 일 달러 이렇게 말하는데, 한 달라, 한 달라 반이라니, 여기에서도 우리말의 순수한 맛을 본 느낌이었다.

• '상호주의'는 깨어지고, '전례'는 없던 일이 되고

남북관계란 어쩌면 '희비극(喜悲劇)'인지도 모른다. 분단 이후 우리가 강대국의 '어릿광대' 노릇을 한 게 대체 몇 번이던가. 남은 북을, 북은 남을 서로 '괴뢰'라고 부르며 손가락질했다. 강대국의 입장에서 보면 이런 '희극'이 또 없다. 그리고 그 '희극'에 나와 값싼 출연료를 받은 대가로 우리 민족은 동족상잔이라는 엄청난 '비극'의 주연이 돼야 했다. 이게 '희비극'이다. 남북정상회담은 민족의 역사가 더 이상 남들의 '구경거리'가 되는 것을 막고자 했던 위대한 일보(一步)였다. 그러나 천신만고 끝에 틔운 신뢰의 싹은 자라지 못했다.

내가 지금도 통탄스럽게 생각하는 게 두 가지가 있다. 하나는 김정일 국방위원장이 서울 답방 약속을 지키지 않은 것이다. 남과 북은 UN에 '동시가입'돼 있으므로, 김대중 대통

령과 김정일 국방위원장 사이의 합의는 국가원수끼리의 약속이다. 그런데 이것이 지켜지지 않았다.

그렇다면 최소한 노무현 대통령의 방북 직전에는 이 문제를 강하게 '어필'했어야 했다. 그러나 무슨 까닭에서인지 당시 참여정부는 그냥 넘어갔다. 이것으로 '상호주의'는 깨어지고, 합의문에 들어 있는 답방 약속은 없던 일이 되고 말았다. 남북관계에서 김대중 대통령의 평양 방문이 '제1의 혁명'이었다면, '제2의 혁명'은 김정일 국방위원장의 서울 답방인데….

또 하나는 대북송금특검과 검찰 수사다. 대북송금을 부정부패 다루듯 '반대급부' 취급을 했다. 아무리 당리당략이 중요하다 한들 민족의 앞날보다 중요하겠는가. 우리나라 대통령이 어떤 가난한 나라를 방문한다고 치자. '빈 손'으로 가나? 아니다. 그 나라 도와줄 '원조 리스트'를 선물로 지참한다. 이것이 '네가 나를 만나준 반대급부'인가? 이것은 사실도 아니고, 만일 그렇게 생각한다 치더라도 그것은 너무나 가혹한 발상이 아닐 수 없다. 하물며 상대가 북한임에랴.

● 또다시 반복될 '희비극'의 위기

'포퓰리즘(populism)'이라는 말이 있다. 우리나라에서는 이 단어가 매우 안 좋은 뜻으로 사용되는 것 같아 말을 꺼내기가 조심스러운데, 지도자란 누구나 할 것 없이 '스타 기질'

을 갖고 있어야 한다. 어느 정도는 '포퓰리스트(populist)'가 돼야 한다는 소리다.

대통령의 힘은 국민으로부터 나온다. 그게 민주주의다. 스타는 인기를 먹고 살고 그 인기는 팬으로부터 나온다면, 대통령의 힘은 지지자로부터 나오는 것이다. 대통령은 자신의 지지계층을 관리해야 한다. 김대중 대통령을 오래 모신 내 경험에 비추어보면 '스타 기질'이 없는 사람은 결코 지도자가 될 수 없다.

그런데 문제는 지도자의 이 '스타 기질'이 때로는 과거에 대한 부정이나 단절 심리를 부추긴다는 점이다. '전임 대통령과의 차별화'가 바로 그 대표적 사례다. 대통령에 당선되고 나면, 당선 이유 백 가지 가운데 아흔아홉 가지는 자신이 잘한 덕분이라고 생각하게 되는 것이다. 그러나 적어도 참여정부의 등장에 관한 한 이것은 사실이 아니다. 백번 양보해 이것이 사실이라고 해도, 전임 정권을 심판하려 들면 안 된다. 그 심판은 역사와 국민만이 할 수 있다. 이것은 주권재민(主權在民), 즉 국민의 고유 권한이기 때문이다.

정권이 바뀌었다고 전임 정권을 새 정권이 심판하려 들면 악순환의 역사는 계속될 것이며 사회는 반목과 대립 갈등으로 사회 통합과 화합은 요원할 것이다. 우리 국민 개개인이 가지고 있는 에너지를 가치 없이 우리 스스로 소진시키는 어리석은 행동이 될 뿐이다. 주권자인 국민이 판단을 잘못하는 경우가 있을 수도 있다. 국민 역시 사람이니 실수가 없을 수 없다. 그래서 모든 선출직에 임기가 있고, 때가 되면 선거를 하는 것이다.

역사적 평가란 이 과정이 켜켜이 쌓여야 비로소 완성된다. 1장에서 언급한 것처럼, 김대중 대통령이 임기 중에 박정희 전 대통령 기념관을 만든 이유도 바로 이것이었다. 국민은 전 정권을 심판하라고 새로운 대통령을 뽑는 게 아니다. 어제도 오늘도 아닌 내일을 위해 열심히 일을 하라고 뽑는 것이다. 지도자는 이 점을 명심해야 한다.

어차피 시간이 흐르면 과거 정권의 색채는 바랜다. 그러다 희미해져 마지막에는 지워지더라도 잘한 일과 못한 일은 역사 속에 언제나 살아 있게 마련이다. 그런데 이 색깔을 인위적으로 지우려고 했다 생채기가 나지 않을 수 없었다. 어렵게 쌓아 올린 신뢰의 공든 탑에 금이 갔다. 그게 대북송금특검과 검찰수사의 결과다.

대체 누구 좋으라고 시작한 일인지 도무지 모를 일이다. '6·15 남북공동선언'이 나온 지 벌써 10년이 지났다. 그동안 우리의 지도자들은 신뢰를 쌓았는가, 불신만 키웠는가. 이로써 우리 민족은 두 번 생각하기도 끔찍한 '희비극'의 주연 노릇을 또다시 자청한 꼴이 된 것이다. 한심한 일이 아닐 수 없다.

세계가
북한을 버리더라도…

청와대 근무를 마치고 나서, 체육교류행사 관계로 북한에 갔다. 거기에서 내가 덕담 삼아서 내가 북쪽에 제안을 하나 했다. 대동강이 이렇게 좋은데, 남쪽 사람들이 대동강에서 낚시를 하는 관광프로그램을 추진해 보라고 말이다. 한 번에 300명씩, 3박4일 일정으로 낚시도 즐기고, 관광도 할 수 있게 만들면, 상당한 인기를 끌 것이 틀림없다고도 했다.

우리 기준으로는 300명이 3박4일로 달러를 써봐야 큰돈이 아니지만, 북한 경제에는 이런 일이 실질적이고 빠른 도움이 된다. 민간교류의 폭이 넓어지는 기회가 될 것임은 물론이다.

● 변화는 아직 손에 잡히지 않을 뿐이다

그때 북쪽 사람들로부터 이런 말을 들었다. 평양 외곽에 18만 평 정도 되는 부지에 산업단지를 마련해 중소기업을 유

치할 계획이라는 것이다. 그래서 내가 조언을 한마디 했다.

'당신들이 투자자들에게 줄 수 있는 것이 무엇이냐. 어차피 자본과 기술, 원료, 시장은 당신들이 제공할 수 없다. 그렇다면 남는 것은 땅과 노동력인데, 이것만으로는 부족하다. 물류는 어떻게 할 것이냐. 남포항에서 선적과 하역을 해서 서해 바다로 물류를 운송한다면 어느 나라 어느 기업가가 투자를 하겠느냐? 투자자가 원하는 것은 이런 게 아니다. 임금이 싸고 땅을 준다고 해서 투자자들이 모이는 게 아니다. 땅의 길을 열어줘야 한다. 그래야 투자를 끌어들일 수 있다.' 요컨대 육로(陸路)를 열어야 한다는 이야기였다. 이것이 개방이다.

북한에 가면, 고급음식점에서 일하는 사람들이 나를 알아본다. 김대중 대통령을 바로 옆에서 모셨던 덕분이다. 언젠가 중국에 갔을 때, 북한에서 운영하는 식당에 들어간 적이 있었다. 그곳에서 일하는 북한 아가씨에게 내 책을 보여주었더니, 깜짝 놀란다. 김정일 위원장과 김대중 대통령 뒤에 내가 서 있는 사진을 본 것이다. 내가 김정일 국방위원장을 안다고 말하자, 이 아가씨는 한 발 뒤로 물러서 "선생님, 대단하십네다"라고 정중하게 인사를 한다. 북한 사회에서 김정일 국방위원장은 '신적인 존재'이니 이 아가씨가 이런 반응을 보이는 것도 무리는 아니다.

북한도 많이 변했다. 남북정상회담 때만 해도, 상점에 술 말고는 먹을 것 하나 제대로 없었다. 그랬던 것이 이번에 갔더니, 호텔에 온갖 상품들이 꽉 차 있었다. 그런데 이게 다 일본제품이라 기분이 매우 언짢았다.

평양시내 대조영묘 가는 길에 샛길을 둘러봤다. 가보니, 포플러나무 밑에서 웬 아주머니들이 보따리를 풀어놓고 야채 등속을 팔고 있는 것이 아닌가. 묘향산 계곡에서 송어를 잡아 회를 떠서 먹는데, 호텔 직원들이 이곳까지 와서 서빙을 할 정도였다. 북한도 겉만 보아서는 모른다. 그만큼 변한 것이다.

북한은 우리의 전략을 인식하고 있다. 개방의 틈으로 남측의 자본과 상품, 재화(財貨)가 들어오면, 이것이 체제 내부에 변화를 일으키게 된다. 개방이 원조(援助)를 가능케 하고, 원조가 개혁을 낳는 것이다. 따라서 북한의 지도층은 개혁과 개방을 자신들이 통제하지 못한다면 자칫 체제 붕괴로 이어질 것이라는 사실을 한 편으로 두려워하고 있다.

그런데 남한 사회의 보수층들은 걸핏 하면 북한체제가 변한 게 없다면서 대북 원조는 '퍼주기'요, '밑 빠진 독에 물 붓기'라고 비난한다. 이것은 전략적으로도 사려 깊지 못한 태도다. 개혁과 개방, 그리고 변화는 격렬하지 않게, 점진적으로 이루어져야 한다. 부푼 고무풍선에서 소리 나지 않게 공

기를 빼내려면 어떻게 해야 하는가. 미세한 구멍들을 내야
한다. 이 구멍으로 옛 공기와 새 공기가 들락날락 거리게 해
야 하는 것이다. 이것이 변화다.

지금 북한의 상황을 두고 이러쿵저러쿵 떠드는 것은 단견
이다. 남과 북의 관계는 상거래가 아니다. '기브 앤 테이크'
가 금전출납부에 잡히지 않는다고 역정을 낸다면, 그것은 애
당초 통일에 뜻이 없다는 자세다. 서두르면 안 된다. 우리가
햇볕정책을 도입한 게 1998년 김대중 대통령 취임 이후다.
불과 10년 남짓한 세월에 너무 많은 것을 기대해서는 곤란하
다. 남과 북은 50년 동안 서로 대치하고 있었다. 화해와 원조
의 성과가 나지 않는 게 아니라 아직 우리 손에 잡히지 않고
있을 뿐이다.

● 변하지 않을 통일정책을 만들자

연평도 사태는 참으로 불행한 일이다. 이런 일은 남과 북
모두에게 도움이 되지 않는다. 하지만 우리는 이성을 찾아야
한다. '눈에 눈, 이에 이' 같은 대증요법(對症療法)으로는 평
화를 구축할 수 없다.

이명박 대통령이 집권한 뒤 대북 강경노선을 취하자 북쪽
은 '본때를 보이겠다'는 식으로 경고를 계속해 왔다. 그러나
우리 정부는 그것을 '공갈'로 받아들였다. 관계란 상대적인

것임에도 불구하고, 우리 정부는 자신의 태도 변화가 무엇을 의미하는지를 천착하지 않고, 북한의 경고를 대수롭지 않게 여기다가 뒤통수를 맞은 것이다.

북한은 공갈하고 협박하는 데에는 세계적으로 일가견이 있다. 약자이니 당연한 일이다. 강박관념에 쌓여 있기도 하다. 무슨 이야기만 나오면, '왜 우리를 죽이려고 하느냐'가 입에 달려 나온다. 특히, 일본은 아주 싫어한다. 미국보다 더 싫어한다. 나도 그쪽 사람들과 어떤 이야기 끝에 '일본은 태평양에 수장시켜야 한다'는 소리를 들은 적도 있다.

'북이 하나를 쏘면 우리는 둘로 갚아주겠다'로 대통령이 나서는 것은 대응이다. 하나를 쏘려고 하는 것을 못 쏘게 막는 게 정치이고 정책이다. 세계는 북한을 정상적인 국가라고 보지 않는다. 그런 사람들에게 대응으로 일관한대서야 남북관계에 무슨 발전이 있을 수 있겠는가. 이런 점에서, 나는 여당에 '대북정책'은 없고 대응정책만 있다고 생각한다.

지금 대한민국은, 군 수뇌부가 해야 할 소리를 대통령이 먼저 내고 있다. 군이야 원래 강경해야 한다, 북한이 진정으로 무서워하는 것은 이명박 대통령이 아니라 우리 국민이다. 그들은 남한 사회의 힘이 민주주의에서 나온다는 사실을 알고 있기 때문이다.

그럼 대통령은 어떻게 해야 하는가? 국민의 여론과 군의 목소리를 하나로 묶어 대한민국을 대표해서 목소리를 내야 한다. 군사회담을 하더라도 우리는 국민을 등에 업을 수 있다. '봐라, 우리 국민이 이러는데 우리가 어떻게 하느냐.' 이렇게 나올 수 있는 게 우리의 힘이자 장점이다. 이것은 북한군 수뇌부로서는 꿈도 꾸지 못할 자세다. 대북정책을 강경노선으로 바꾸고 싶다면, 국민의 지지부터 얻어야 한다. 그래야 노선에 힘이 실린다.

남북문제는 정책을 갖고 정치적으로 다루어야 한다. 여기에서 중요한 것은, 앞으로는 남북문제만큼은 대통령이 누가 되더라도 정책이 바뀌지 않도록 해야 한다는 점이다. 시간이 걸리더라도 국민적 합의를 도출해서 여야의 구분 없이 대한민국의 정치논리를 만들어 가지고 여당·야당의 통일정책이 아닌 대한민국의 통일정책을 만들어야 한다. 정권이 바뀔 때마다 대북정책, 통일정책이 바뀐다면 그것처럼 소모적인 게 없다.

지도자라면 대북관계의 연속성을 염두에 두어야 한다. 장기적으로 보면 그것이 통일을 앞당기는 길임과 동시에, 통일비용을 줄이는 것이기도 하다. 통일은 기필코 이룩해야 할 우리 민족의 숙원이지만, 어느 날 갑자기 닥쳐서도 안 된다. 우리가 지금 북한의 변화를 바라는 것 역시 통일을 준비하는 마음 때문이 아니겠는가.

나는 적어도 대통령과 정부여당의 고위인사들만이라도 북한이 나쁘다는 소리를 절대 하지 않았으면 좋겠다. 북한이 나쁘다는 것은 세계가 다 알고 있는 사실이다. 그것도 하루 이틀이 아니고 일년, 이년도 아니다. 몇십 년을 그렇게 북한은 고립을 자초해 왔고 서방세계의 봉쇄정책을 당했다.

우리는 북한을 좋다 나쁘다의 문제로 접근을 하고 생각해서는 일보도 전진할 수 없다는 사실을 깨달아야 한다. 우리에게는 우리의 운명이 있기 때문이다. 언젠가는 우리는 하나가 되어 함께 살아가야 할 운명을 갖고 있다. 세상 사람들이, 세계가 다 북한을 버려도 우리는 북한을 영원히 포기하고 버려서는 안 되는 이유가 있기 때문이다.

'순망치한(脣亡齒寒)'이라고 했다. 남북 분단과 대치라는 우리의 약점을 강점으로 활용하는 외교적 지혜를 가져야 한다. 우리끼리는 북한을 비판하고 욕을 할지언정 세계 앞에서는 북한을 결코 욕해서는 안 된다. 세계가 북한을 악이라고 하더라도, 우리는 북한이 선이 될 수 있다고 믿고, 그들을 선으로 만들어야 한다. 이것이 우리의 운명이고 민족이기 때문이다.

두려운 것은 중국

우리가 북한을 버릴 경우, 가장 좋아할 나라는 어디일까. 한반도를 포위하고 있는 4대 강국들이 다 좋아하겠지만, 그 가운데에서도 중국이다.

● 미국이 가장 의식하는 나라, 중국

김대중 대통령은 세계 역사에 아주 해박하셨다. 말씀하시는 것을 녹음했다가 그대로 틀면 그대로 강의가 될 정도로 각국의 역사를 모두 꿰고 계셨다. 역사에 대한 지식이 이렇게 풍부하시니 역사의식도 남다를 수밖에 없다.

김대중 대통령께서는 우리는 우리의 운명을 우리 혼자 판단하고 결정할 수 있는 민족이 아니라는 취지의 말씀을 하셨다. 이것이 김대중 대통령의 남북관계를 바라보는 시각의 전제였다. 나약한 생각이 아니냐고 고개를 갸우뚱거리는 독자가 있을지도 모르겠지만, 이것은 비주체적인 게 아니라 현실을 직시한 탁견이라고 나는 생각한다.

우리는 한반도의 지정학적 위치를 무시할 수 없다. 세계사적인 차원에서 우리가 어떤 위치에 서 있는지를 알아야만 하기 때문이다. 한반도 주변 4대국의 ‘집단안전보장’ 같은 아이디어는 여기에서 나온 것이다.

4대국 가운데 현대사의 출발이 가장 늦은 나라가 중국이다. 하지만, 김대중 대통령은 중국을 과소평가하지 않았다. 중국은 이미 대국이고, 앞으로도 대국이라는 게 김대중 대통령의 견해였다. 이 대목에서 김대중 대통령은 인도차이나의 역사를 예로 들어 설명하기를 좋아하셨다. 우리가 다 알다시피 베트남은 프랑스의 식민지였다가 독립한 뒤 분단의 문제를 미국과의 전쟁으로 해결했다.

미국이 독립 이후 외국과의 전쟁에서 승리하지 못한 경험이 딱 두 번이 있었다. 그것이 베트남전쟁과 한국전쟁이다. 특히, 베트남전쟁은 미국이 진 것이나 다름없는데, 이 전쟁의 본질은 세계 최강을 자랑하는 미군이 민병대 수준에 불과한 베트남 국민을 이기지 못했다는 것과 아울러 미국이 중국을 제압하지 못했다는 것에서 찾아져야 한다. 김대중 대통령은 베트남전쟁이야말로 중국의 힘을 세계에 과시한 첫 번째 계기라고 파악한 듯하다.

실제로, 미국은 인도차이나가 군사적으로 중요한 곳임에
도 베트남전쟁 이후 이곳에 더 이상 개입을 꺼리는 눈치다.
미얀마가 그 반증이다. 미얀마의 군사독재가 국제적으로도
말이 많고, 민주화의 상징인 아웅산 수치 여사가 노벨상까지
수상했는데, 미국은 별다른 움직임이 없다. 과거에 이 지역
에서 미국이 했던 것과 비교하면 최근의 미국의 인도차이나
정책은 무관심이라고 해도 크게 틀린 말이 아닐 정도다. 이
것이 다 베트남전쟁에서 학습한 '중국 효과' 때문이라는 게
김대중 대통령의 생각이 아닐까. 미얀마에 미국이 개입하면
중국이 어떻게 나올지 나는 상상이 간다.

우리의 경험도 비슷하다. 한국전쟁이 1950년에 터졌는데,
중국공산당이 북경에 공산정권을 세운 것은 1949년이다. 체
제 정비도 안 된 상황이었을 텐데, 미군이 북진해오자 수십
만 병사들의 희생에도 아랑곳하지 않고 인해전술로 밀고 내
려왔다. 이것이 결국 휴전으로 이어졌고, 영구분단의 시작이
됐다. 오늘날 중국이 세계 2위의 경제대국이 되기 한참 전의
일이다.

60년의 세월이 흘렀다고 해서 중국의 선택이 바뀔 리는 만
무하다. 오히려, 중국의 힘은 더 커졌다. 미국은 한반도에서
자신의 이해관계가 위협받는 것을 원치 않는다. 하지만 중국
은 이제 미국으로서도 버거운 존재가 됐다. 어떤 경우에도

전쟁은 불가하다. 따라서 미국이 구상하는 한반도정책의 최
선은 현상유지 이상의 것이 될 수 없는 것이다. 우리는 이 사
실을 정확히 인식해야 한다.

• '혈맹'은 없다, 민족이 있을 뿐이다

1992년일 것이다. 우리가 중국과 수교를 하고 나서, 김대
중 대통령(당시 민주당 총재)께서 중국사회과학원의 초청으
로 중국을 방문했다. 중국사회과학원은 단순한 연구기관이
아니다. 국가의 중장기 정책을 만들어내는 곳이자 발언권도
무척 센 곳이라고 들었다. 이곳의 초청으로 김대중 대통령이
중국을 방문한 길에 주룽지 총리(당시 농업담당 부총리)를 만
났다.

당시는 한국 정부가 야당 인사를 만나는 것을 굉장히 싫
어하던 때여서, 김대중 대통령과 주룽지 총리의 만남은 비공
식적으로 이루어졌다. 그래도 체면과 격식을 중시하는 중국
인들인지라 회견 장소는 조어대(釣魚臺) 18호 영빈관에 마련
됐다. 중국 정부도 김대중 대통령을 그만큼 인정했다는 뜻이
다. 통역은 백결이라는 이름의 김일성대학을 졸업한 인사가
맡았다.

수행원 한 명도 없이 통역을 가운데 두고 두 분께서 말씀
을 나누시는데, 주룽지 총리가 대뜸 '식량을 저장할 창고가

없어서 걱정'이라는 말을 했다. 금년 농사가 대풍년이 들어 식량보관할 창고가 부족해서 큰일이라는 것이었다. 그러면서 주 부총리는 중국은 식량을 자급자족하고도 남는다고 말했다. 김대중 대통령께서는 놀라시는 표정이었다. 특히, 북한을 생각할 때 중국의 식량보관 걱정은 행복한 고민이나 다름없었다.

주제는 자연스럽게 남북문제로 넘어갔는데, 대화는 김대중 대통령이 주로 묻고, 주 총리가 답변하는 식으로 진행됐다. 그럴 수밖에 없는 게 북한은 우리보다 중국이 더 잘 알고 있는 것이다.

김대중 대통령이 북한의 가장 큰 문제가 무엇이냐고 묻자, 주 총리는 딱 잘라 "주체사상"이라고 대답했다. 뭐든지 자기네 방식으로 하려고 하고, 자기네 방식으로 해야만 직성이 풀린다는 것이다. 아무리 좋은 것도 하라고 권하면 따라하는 것은 주체사상이 훼손된다고 하지를 않으니 참 어렵다고 덧붙였다. 그래서 중국으로 데려와서 살짝 보여주기만 한다는 게 주 총리의 설명이었다. 그 정도로 주체사상이 강하다는 것이다.

두 번째 주제는 북한의 경제난이었다. 그것을 해결하려면 개방과 개혁 외에는 다른 길이 없다는 데 두 분께서 의견의 일치를 보았다. 주 총리의 판단은 냉정했다. 당시 북한이 심혈을 기울이고 있던 나진선봉경제특구로는 어림도 없다는 것이었다. 그러면서 주 총리는 실로 두려운 이야기를 꺼냈다.

'중국이 북한의 인민들을 위해 밥을 먹게 해줄 수는 있다. 식량도 주고, 다른 것도 줄 수 있다. 그러나 우리가 그렇게 하면 북한은 영원히 변하지 않는다. 배가 부르면 그것이 지상낙원이 되어 변할 생각을 하지 않는다. 우리는 한반도의 평화를 원하고 또 바란다. 휴전선이 군사적으로 긴장이 고조되면 우리가 관심을 갖고 쳐다보지 않을 수가 없다. 고개를 돌려 휴전선을 한번 쳐다보는 순간, 미국과의 경제적 격차가 2~3년이 더 벌어진다.'

결론적으로, 자신들은 미국을 따라잡아야 하는데 한반도에 긴장이 고조되면, 개입 내지는 신경을 쓰지 않을 수가 없다는 것이다. 물론 내세우는 명분은 한반도의 평화는 세계평화의 축이고 중국의 안보에 중요하기 때문이라는 것이다.

중국의 생각이 이렇게 바뀌었는데 북한은 지금도 중국을 '혈맹(血盟)'이라고 말한다. 그러나 중국은 전쟁보다 평화를 선택하고 북한과 혈맹이 되어 미국을 군사적 대결로 가는 길은 이미 버린 것 같았다. 이것이 '휴전선을 쳐다보는 순간 미국과 격차가 2~3년이 더 벌어진다'는 말의 의미다.

전쟁이 없는 곳에는 혈맹이 아닌 우방만이 있을 뿐이다. 경제는 이해관계에 바탕을 둔다. 전쟁보다 평화를 원하는데 경제적 이해관계에 혈맹이 어디에 있으며, 또 전쟁이 없어졌는데 무슨 혈맹이 필요하겠는가. 뒤에서 이 말을 듣던 나도 정신이 번쩍 들었다. 북한이 빨리 변화하지 않으면 안 되겠구나, 하는 생각이 들었던 것도 그때였다.

이명박 대통령이 집권하자 이른바 '북한 붕괴'나 '흡수 통일'을 점치는 학자들의 목소리가 더 커졌다. 학자의 입장에서는 이런 이야기를 할 수도 있다. 그러나 남북문제는 학자의 관점으로는 도저히 풀릴 문제가 아니다. 붕괴가 되면 중국이 가만히 앉아서 지켜보겠는가. 절대 그렇지 않다고 생각한다. 중국의 입장에서는 남한과 국경을 맞댄다는 것은 미군을 자신들의 앞마당에 불러들이는 것이나 마찬가지다. 중국은 무슨 일이 있어도 남한에 미군이 주둔하고 있는 한 사생결단으로 국경을 맞대는 상황을 막으려 할 것이다.

중국은 북한체제가 붕괴되면 국제적으로 정치적 명분을 쌓기 위해 제일 먼저 미군 철수 주장을 할 것이다. 그렇게 중국이 주장하면 우리의 입장으로 보나 미국의 동북아 안보 차원에서나 미군이 철수를 할 수 있겠는가. 그러면 중국의 다음 단계는 질서와 치안유지를 앞세운 북한 진입이다. 미국은 미국대로 이 기회에 자신들의 안보선을 확장하려 들 것이다. 일본, 러시아도 조용하지는 않을 것이다. 마치 구한말처럼 한반도는 4대국의 각축장이 되고 말 것이다. 이런 상황은 우리 민족에게는 최악의 시나리오다.

최선은 북한이 변화를 받아들여서 스스로의 힘으로 개혁과 개방을 해나가는 것이다. 이렇게 되면 주변에서 지원할 나라들이 많이 있다고 본다. 그리고 이럴 때에만 북한은 떳떳하게 원조를 요구할 수 있다. 북한과 중국과의 관계도 비로소 대등해진다.

북한과 가장 가까운 나라가 진심을 갖고 도와야 한다. 이것이 어떤 나라인가. 내 대답은 우리밖에 없다는 것이다. 남북문제는 민족의 살 길을 찾는다는 원칙 아래 정치적으로 풀어야 한다. 우리가 미국인가? 우리가 중국인가? 우리는 한민족이다.

북한은 '등거리외교'의
가장 확실한 안전판

조선의 외교정책은 사대주의(事大主義)였다. 삼국시대 이래 한반도를 위협해 왔던 대륙의 압박을 사대(事大), 즉 대국을 섬기는 것으로 해결하자는 것이었다. 무작정 비난할 수만 없는 게, 당시 위정자들에게 중국이란 너무나 두려운 존재였다.

● 자주국방도 중요하지만…

역사적으로 보더라도, 중국이 상대적으로 약했던 3~6세기의 위진남북조(魏晉南北朝) 시대나, 10~12세기의 오대십국(五代十國)과 송(宋)나라 때를 제외하면, 단 한 번의 예외도 없이 한반도는 중국의 침략을 받았다.

한(漢)나라가 고조선을 멸망시키고 한사군(漢四郡)을 설치했고, 수(隋)나라는 고구려를 침략했고, 당(唐)나라는 신라와 함께 고구려의 역사에 종지부를 찍었다. 고구려를 이어받

은 고려는 거란의 침입은 물리쳤으나, 원(元)나라의 속국이 되고 말았다. 개국 초기 정도전이 주창한 요동정벌을 포기하고 명(明)나라에 사대를 했던 조선은 그 덕분에 전반기에는 평화를 누렸으나, 대륙의 주인이 청(淸)나라로 바뀐 정세를 파악하지 못한 탓에 정묘호란과 병자호란의 참화를 겪었다.

조선의 위정자들은 이러한 역사를 누구보다도 잘 알고 있었다. 따라서 그들은 중국에 맞서느니 차라리 자기 발로 중국 밑으로 들어가는 길을 택했다. 그것의 이데올로기적 표현이 유교(儒敎)였고, 주자학(朱子學)은 왕조의 보호 아래 사대를 합리화하는 논리로 채택됐다.

사대가 완성되자, 자연히 국방은 국가정책의 우선순위에서 한참 뒤로 밀려났다. 조선에는 진정한 의미에서 국방정책은 없었다고 해도 과언이 아니다. 실제로, 조선의 군대는 경계라면 모를까, 전투에는 무용지물이나 다를 바 없었다.

지배계급은 중국의 보호로 위협이 사라졌다고 믿고 싶었겠지만, 한반도의 안보는 그것만으로는 해결이 되지 않았다. 위협은 바다로부터도 왔다. 삼국시대 때부터 왜구(倭寇)는 한반도 남쪽 해안선의 골칫거리였지만, 그래도 바다의 위협은 국가의 존망을 흔들 정도로 심각하지는 않았다. 바다는 중국으로부터 들어온 선진문물을 전달하는 선의(善意)의 교통로(交通路)였다. 그러던 것이 일본의 전국시대가 끝나자 상황은 바뀌었다.

임진왜란은 한반도가 대륙과 해양, 양쪽의 위협에 노출된 첫 번째 역사적 사건이었다. 그것은 앞으로 한반도가 대륙과 해양 사이에서 '샌드위치' 신세가 될 운명임을 암시하는 경고였다.

김대중 대통령도 지적한 바 있지만, 한반도의 지정학적 조건은 매우 불리하다. 이른바 '반도국가(半島國家)의 숙명'이다. 언젠가 어느 책에서 "한반도는 지정학적으로도 편하게 살 수 있는 나라가 아니다"라고 쓴 것을 본 적이 있다. 공감이 가는 글이다. 세계 1,2,3위의 군사대국, 세계 1,2,3위의 경제대국이 한반도를 둘러싸고 포진해 있다.

그런데, 우리의 조건은 세계의 반도국가들 가운데에서도 가장 불리한 편이다. 대표적인 반도국가인 베트남만 해도, 중국과 붙어 있기는 하지만 북경과의 거리는 수천 킬로미터나 된다. 바다로부터의 위협은 더 멀다. 과거 식민지 종주국이었던 프랑스나 전쟁 상대국이었던 미국은 아예 지구 반대편에 있다. 중국 안보의 최전선인 만주와 등을 맞대고, 일본과는 불과 수십 킬로미터의 대한해협을 사이에 두고 마주보고 있으며, 미군이 주둔하고 있는 우리와는 비교할 수조차 없는 것이다.

조선은 사대와 자주국방을 맞바꾼 탓에 그 대가를 톡톡히 치렀다. 확실히 자주국방은 국가의 책무다. 그러나, 지금 이

시기에 우리가 과연 우리의 힘만으로 나라를 지킬 수 있을까. 냉정하게 말한다면, 우리가 가진 것을 모조리 다 국방에 쏟는 다 하더라도 우리의 힘만으로는 평화를 유지하기 어려운 게 한반도의 지정학적 현실이다. 그래서 외교가 필요한 것이다.

● 지정학적 약점을 강점으로 바꾸는 전략

분단은 한반도의 지정학적 조건과 떼어놓고 설명할 수 없다. 이 점에서 우리의 분단은 독일이나 베트남의 그것과는 성격이 다르다.

독일의 분단은 그들이 1, 2차 세계대전을 일으켰기 때문이다. 독일의 분단은 지정학적 조건과는 무관하다. 그것은 다시는 독일로 하여금 전쟁을 못 일으키도록 하게 만드는 안전장치의 성격이 더 컸다.

전후(戰後), 독일이 경제부흥에 성공하고 서유럽의 일원으로 편입된 뒤, 베를린 장벽을 친 한쪽의 당사자들인 미국과 영국, 프랑스는 독일을 더 이상 위험하게 여기지 않게 된다. 다른 한쪽의 당사자인 소련은 미국과의 군비경쟁으로 경제가 파탄이 난 상태였다. 고르바초프의 페레스트로이카가 시작되자 독일의 통일은 시간문제가 됐고, 냉전체제가 허물어지자 베를린 장벽은 순식간에 무너졌다.

독일의 통일은 어느 날 갑자기 이루어진 것처럼 보인다.

하지만 이것은 사실이 아니다. 독일의 통일은 '유럽연합'이라는 제3의 완충지대가 있었기에 가능한 것이었다. '유럽연합' 회원국들은 거의 대부분 '북대서양조약기구(NATO)'에 속해 있지만, 그렇다고 해서 '유럽연합'이 미국의 직접적인 영향력 아래 있지는 않다. 이것이 '통일독일'에 대한 소련의 우려를 가라앉혔다.

독일의 지도자들은 패전 직후 숙적 프랑스와 손을 잡고 '유럽연합' 건설에 매진해 왔다. '유럽연합'은 유럽 전체로서는 미국과 소련의 양극체제에서 유럽의 독자적 미래를 모색하는 집단안보 및 경제체제의 구축이었고, 독일로서는 통일을 이룩하는 대전략(大戰略)의 일환이었던 것이다.

베트남의 분단은 독일과도 또 달랐다. 베트남의 분단은 절반은 베트남의 의사가 반영된 결과였다. 호치민이 이끄는 베트남민족해방전선은 디엔비엔푸에서 프랑스에 승리했지만, 완전한 독립으로 나아가기에 승리는 아직 불충분했다. 파리에서 열린 강화회담에서 민족해방전선의 지도자들은 '일보 후퇴, 이보전진'의 전략을 채택했다. 그것이 분단과 내전이다. 미국이 인도차이나 산악지대의 정글에서 손을 터는 순간, 베트남은 완전한 독립을 쟁취했다.

독일과 베트남의 분단은 지정학적 조건에서 비롯된 일이 결코 아니었다. 우리는 다르다. 우리의 분단은 철저하게 지정학적 조건의 결과다. 냉전이 사라진 지 벌써 20년이 가까 운데, 155마일의 휴전선에 1백만 명이 넘는 병력이 대치하고 있다는 게 그 반증이다.

우리는 독일의 길을 쫓을 수가 없다. 한반도 주변에는 '유럽연합'처럼 제3의 완충지대를 만들 만한 세력이 없다. 중국이나 미국을 안심시키기 위해 우리가 따로 손을 잡을 나라가 없는 것이다. 그렇다고 베트남의 길을 따른다는 것은 상상조차 할 수 없는 일이다.

이래저래 앞뒤가 막혀 있는 형국인 셈인데, 하늘이 무너져도 솟아날 구멍이 있다고, 길이 전혀 없는 것은 아니다. 우리가 지정학적 조건을 넘을 수 없다면, 그것을 인정하고 활용해 보자는 것이다. 약점을 강점으로 바꾸는 전략이다. 그것이 바로, 김대중 대통령이 누누이 강조했던, 4대 강대국에 의한 한반도 집단안전보장 플랜이다.

• 남한만이 북한을 설득할 수 있다

경제적인 측면에서 볼 때, 한반도는 4대 강대국들에게 그리 흥미가 있는 땅이 아니었다. 적어도 1960년대 초반까지는 그랬다. 이 시기 미국의 남한 원조는 그들의 군사전략상 필요에 따라 이루어진 것이지, 경제적 이유는 별로 없었다. 사회주의국가인 소련과 중국의 북한 원조는 더 그랬을 것이다.

박정희 정권이 경제개발에 나서면서, 남한의 경제적 지위
는 격상된다. 남한은 자본의 투자처로서 부상했을 뿐 아니
라, 자본재 시장으로서도 매력적인 나라가 됐다. 이 과정은
결코 순탄치만은 않았다. 울산석유화학단지나 포항제철 건
설 때 드러났던 것과 같이, 미국과 세계은행은 남한의 경제
개발계획, 특히 중화학공업 추진을 회의적인 눈초리로 바라
봤던 것이다. 이 때문에, 정부 당국자들은 기회가 닿을 때마
다 한반도의 '적화(赤化)'를 막으려면 경제개발이 필수적이
라고 그들을 설득해야 했다.

결과론적인 이야기이지만, 북한이야말로 남한 경제개발의
'일등공신'이라는 역설은 이래서 나온다. 분단이라는 약점이
보호무역이나 정부 주도 계획경제 실시의 배경이 되었던 것
이다. 심지어 정부는 반정부 데모까지도 미국 또는 일본과의
협상에 활용했다.

월남 파병 때 국회의 반대가 시원치 않자(?) 박정희 대통
령이 직접 차지철(당시 국회 외무위원장)에게 파병에 반대할
것을 지시했다는 일화는 유명하다. 이런 식으로 우리 정부는
미국과 협상에서 따낼 것은 최대한 따내려 했던 것이다. 이
것이 우리의 약점을 강점으로 바꾸는 외교의 지혜다.

1인당 국민소득이 2만 달러를 돌파한 1990년대 중반부터
남한은 고급소비재 시장으로서도 세계의 각광을 받기 시작

한다. 인구 5천만 명에 국민소득이 2만 달러가 넘는다면, 자본의 입장에서는 군침까지는 아니어도 결코 무시할 수 없는 시장이다. 한-EU FTA, 한미 FTA가 속속 체결된 것도 결국은 남한의 경제적 지위가 높아졌다는 사실을 반영한다.

한편, 중국이 세계 제2위의 경제대국으로 떠오르면서, 한반도의 지정학적 위치는 더 중요해졌다. 남한이라는 완충지대가 없어진다면, 일본은 중국을 봉쇄하는 미국의 보루 역할을 수행하는 게 불가능해진다. 중국판 '대동아공영권(大東亞共榮圈)'의 부활이다. 거꾸로, 북한이라는 완충지대가 없어진다면, 중국은 경제보다는 안보에 더 신경을 써야 하는 처지에 몰리게 된다. 그 누구도 한반도의 정세에서 자유로울 수 없게 된 것이다.

한반도는 경제와 안보라는 두 가지 측면 모두에서 강대국들이 한눈을 팔 수 없는 지역이 됐다. 이러한 정세 변화가 의미하는 바는 다음과 같다. 첫째, 과거와는 달리, 한반도 주변의 4대 강대국들은 더 이상 패권 전략을 쓸 수 없게 됐다. 둘째, 패권 전략의 포기는 현상유지 정책으로 이어진다. 마지막으로, 현상유지는 힘의 균형을 요구한다. 이리하여 우리 역사상 최초로 주변 강대국들과 '등거리외교'를 할 수 있는 공간이 열린다.

'등거리외교'란 '불가근불가원(不可近不可遠)'의 태도를 견지하면서 선린우호의 폭을 넓히는 것이다. 우리에게는 이것이 절실하다. 그래야만 미국의 자본과 일본의 기술, 중국의 시장과 러시아의 자원을 우리에게 유리한 방향으로 효과적으로 끌어들일 수 있다. 이 네 가지 가운데 어느 하나라도 우리에게 중요하지 않은 게 없다.

강대국들은 자신이 '등거리 외교'의 객관적 조건을 제공했지만, 우리의 이런 태도를 좋아할 리가 없다. 이때 필요한 게 남한과 북한이 서로를 인정하는 자세다. 물론, 남한과 북한이 급격하게 통일에 접근함으로써 주변 강대국들을 자극할 필요는 없다. 우리로서는 평화만 끌어내면 충분한 것이다. 평화를 도모하겠다는데, 그것에 반대할 강대국은 없다. 현상유지를 선택한 이상, 그들에게는 평화를 반대할 명분도 실리도 없다는 점에 우리는 착안해야 한다.

북한은 오직 남한만이 설득할 수 있다는 게 한반도의 안전보장과 경제성장에서 상수(常數)가 될 때, 우리는 '등거리외교'를 완성시킬 수 있다. 남한이 북한을 버리면 우리는 미국이나 일본과의 협상 테이블에서 '조커'를 스스로 버리는 게 된다. 북한은 '등거리외교'의 가장 확실한 안전판이다. 북한 또한 남한을 믿지 못하면 영원히 고립의 처지를 벗어날 수 없다.

가까운 시일 내에 통일을 이루겠다는 조바심은 버려야 한다. 그것보다는 '등거리외교'를 통한 집단안전보장의 플랜을 실천해야 한다. 그것이 통일의 가장 현실적이고, 빠른 경로다.

준비된 대통령과 20년

5

동교동 당직비서

서른 즈음, 나는 '민주화' 이 말 한 마디에 분기충천했다. 열정은 높았지만 사고방식은 무척 단순했다. 모든 것을 '민주 대 독재'로 파악했다. 그리고 민주화의 중심에는 항상 김대중 전 대통령이 계셨다. 젊은 시절의 내게는 이것이 진리였다. 여기에 조건이라는 것은 있을 수가 없었다.

● 민주화를 위해서라면 아까울 게 없다

이런 나를 민주헌정연구회 어르신들은 귀여워해 주셨다. 젊은이의 열정을 넘어선 격정을 어여쁘게 봐주셨던 것 같다. 나 역시 어르신들을 잘 모시려고 나름으로 애를 썼다. 이러다보니 어르신들은 자연스럽게 내게 심부름이나 부탁을 곧잘 하시곤 했다. 그 가운데에는 쉽지 않은 일도 있었다. 한번은 이런 일이 있었다.

1987년 9월 8일이었다. 5·18 민주항쟁 뒤 처음으로 김대중 전 대통령께서 광주를 방문하시는 뜻 깊은 날이었다. 살아서 광주를 또 보게 됐으니 감개가 무량하셨겠지만 기쁘다고 할 수만은 없는 분위기였다. 나 역시 경건한 마음으로 눈물과 통곡의 바다가 될 광주로 가기 위해 집을 나서던 참이었다. 이때 민주헌정연구회 회원인 김종순 어르신께서 전화를 하셨다. "큰일 났다"고 하시는 게다. 순간 가슴이 덜컥했다.

어둡고 불안한 시절을 헤쳐 나왔던 탓에 불상사부터 떠올렸는데, 다행히 그런 일은 아니었다. 어르신은 전북 부안 출신으로 제기동에서 한약방을 하고 계셨다. 부안에서 연락오기를, 김대중 선생님을 지지하는 분들이 광주에 가려고 버스 일곱 대를 대절해 놓았는데, 전세버스 비용이 없어 출발을 못하고 있다는 것이다.

김종순 어르신께서는 내게 일종의 'SOS'를 치신 것이었다. 마침 내 수중에 7백만 원이라는 '거금'이 있었다. 전화채권 사고파는 일을 하다 보니 현금을 들고 다닐 때가 많았다. 내 돈은 아니었지만 돌릴 수는 있었다.

나는 '큰일'이라는 게 전세버스 비용이라는 이야기에 일단 안도의 한숨을 내쉬고, 두 말 않고 수중에 있던 돈 전부를 빌려 드렸다. 7백만 원은 지금도 큰돈이지만 삼십년 전에는 정말 큰돈이었다. 형편이 어려웠던 어르신은 나중에 돈의 일부를 돌려 주셨다. 어르신이 쓰신 돈도 아니고 일종의 군자금인데 일부라도 돌려받는 것이 나로서는 죄송스러웠다. 그런데 어르신은 돈을 다 갚지 못하신 게 못내 미안하셨던지 한약방에서 쓰던 큰 지프차를 내게 주셨다.

민주헌정연구회 이사장을 맡았던 김종완 어르신은 6월항쟁 이전에는 수배자의 신분이었던 것으로 기억된다. 김종완 어르신이 사무실이든 어디든 공개적으로 다닐 수가 없으니 내가 중간에서 이런 저런 일들을 도와야 했다. 특히, 재야민주세력의 중심이었던 민주통일연합 사람들을 만나야 될 때면 등줄기에서 땀이 흐를 지경이었다. 민주통일연합의 주요 멤버들은 대부분이 구속이 되거나 수배 중이었다. 민주통일연합은 사무실까지 폐쇄를 당할 정도로 정부의 탄압을 받고 있었으니, 나는 경찰의 감시를 요리저리 피해가며 발품을 팔아야 했다.

1987년 대선 전후로 김종완 어르신은 행사나 회의에 참석하실 때는 나를 '호위무사'처럼 대동하시는 걸 좋아하셨다. 동교동 출입도 김종완 어르신을 모시고 간 데서 시작이 됐다. 대선 이후 정국이 복잡해지면서 동교동에서 민주헌정연구회 어르신들이 참석하는 회의가 매주 화요일 열렸는데, 내가 김종완 어르신을 모시고 갔다. 이때만 하더라도 거실에 나오시는 김대중 전 대통령(당시 통일민주당 고문)을 뵙고 인사하는 것이 전부였다.

민주헌정연구회는 평민당의 모태나 마찬가지다. 김대중 전 대통령께서 정치활동이 가능해지면 바로 정당으로 전환이 될 수 있도록 조직체계를 갖추어 놓고 있었다. 그래서 민주헌정연구회 활동을 오래 했던 회원들 가운데 많은 분들이 1988년 국회의원선거 출마를 염두에 두고 있었다. 김종완 어르신도 송파구에서 출마할 준비를 하셨다. 내게 선거캠프에 들어와서 일하기를 권유하셨다.

나는 생각이 달랐다. 이왕 생업을 팽개치고 본격적으로 뛰어든다면 정치권 주변에서 일을 하기보다는 순수하게 김대중 전 대통령을 위한 일을 하고 싶었다. 대통령선거가 노태우 후보의 당선으로 끝난 뒤 '양김'에 대한 비판의 목소리가 있는 가운데 총선을 치르려다 보니 여러 면으로 어려운 점이 많은 것 같았다.

그래도 총선에서 우리 국민은 '여소야대'를 만들어 주었고, 평화민주당은 71석을 얻어 제1야당이 됐다. 이것이 정권교체 실패의 후유증으로부터 벗어나는 계기가 되어 새로운 한국정치가 시작되었다.

● "돈과 여자를 돌같이 봐야 해!"

정치권에는 머리 쓰는 일을 하고 싶은 사람은 많아도 마음과 몸을 써서 일하려는 사람은 적은 편이다. 이런 탓인지 내 지원이 동교동에서 흔쾌히 받아들여진 것 같았다. 당직비서라고 해서 당직만 서는 것은 아니었다. 정치활동을 보좌하는 비서와 차이를 두기 위해서 당직비서라고 부르지 않았나 싶다. 그러니까 정치활동을 제외한 보좌와 수행, 그리고 경호가 당직비서의 역할이었다.

당직비서로 김대중 전 대통령께 처음 인사드렸을 때, 그분께서는 "열심히 하게"라는 한 마디만 하셨다. 이후 나를 부르실 때 호칭이 '김 비서', '김 군', '김 동지'의 세 가지였는데, 대체로 '김 비서'라고 많이 부르셨던 것 같다.

내가 당직비서로 자리를 잡아가자 하루는 김대중 전 대통령께서 나를 부르시더니 이렇게 말씀하셨다. "나하고 근무를 오래 하려면 두 가지를 조심해야 돼. 돈과 여자를 돌같이 봐야 해." 그때 내게는 김대중 전 대통령이 신이나 마찬가지인 존재였기 때문에, 그 말씀을 가슴에 대못을 박듯이 확실히 새겨 놓았다.

김대중 전 대통령을 곁에서 모셔 보니, 내가 예상했던 것보다 훨씬 더 고생을 많이 하시는 것 같았다. 성경에 예수님께서 고난을 당하시는 이야기가 나오는데, 독실한 천주교 신자인 김대중 대통령을 모시면서 그 장면을 떠올렸다.

우선 궁핍했다. 행사나 모임, 외부 약속으로 밖으로 나가

게 되면 우리 비서들은 여사님께 일일이 보고를 드리고 필요한 돈을 받아 왔는데, 이런 비용마저 부족해서 겨우 맞춰주시는 것 같았다. 자연히 우리들 손은 오그라들 수밖에 없었고, 외부 일정을 마치고 돌아오면 우리는 남은 십 원짜리까지 모아서 여사님께 갖다 드렸을 정도였다.

김대중 전 대통령께서는 동교동 근처에 있는 서교호텔을 약속 장소로 자주 이용하시는 편이었다. 그런데 이 서교호텔이 김대중 전 대통령의 소유라는 소문이 났다. 알고 보면 '김대중은 부자다'는 식의 유언비어였는데, 나는 부아가 치밀었다.

김대중 전 대통령께서 서교호텔에서 손님과 식사라도 하시면 우리들 비서 중 1명은 호텔에서 밥을 먹고, 나머지는 호텔 뒤에 있는 포장마차에서 튀김 등으로 끼니를 해결했다. 이러다 보니 서로 호텔에 남아 있고 싶어 해서 '가위바위보'로 결정을 한 적도 있다. 서교호텔이 김대중 전 대통령의 소유라면 우리들이 길거리에서 끼니를 때웠겠는가.

이런 유언비어만이 아니었다. 밤에 당직을 서면 전화를 걸어 차마 입에 담을 수 없는 내용의 욕설을 퍼붓는 사람들이 많았다. 학생들이 데모라도 한 날 밤이면 전화통은 아예 불이 났다. '빨갱이'는 욕도 아니었다. 듣기만 해도 낯이 뜨거워지는 욕을 해댔다.

김대중 전 대통령께서는 가감하지 말고 들은 그대로 당직일지에 다 적어 놓으라고 하셨다. 나는 정보기관의 사주에 의한 것이라고 판단하고 무시했으면 싶었는데, 김대중 전 대통령께서는 당신께 하는 욕조차도 소홀히 하실 수 없다고 생각하셨나 보다. 김 전 대통령께서는 아침에 일어나시면 신문과 당직일지를 가장 먼저 찾아 읽어 보셨다.

김대중 전 대통령께서는 민심 청취를 굉장히 중요하게 여기셨다. 가끔씩 내게도 막걸리 값을 주시면서 친구들 만나서 세상 돌아가는 이야기를 듣고 오라고 하셨다. 그런데 친구들과 술 먹는 것까지는 좋았는데, 보고하는 것은 상당히 어려웠다. 내 생각대로 요약해서 보고하면 불호령이 떨어졌다. 내가 만난 친구가 무슨 일에 대해서 어떤 말을 했다고 그대로 전해야 했다. 주변 측근들이 윤색한 민심이 아니라 생생한 '날 것' 그대로의 민심을 듣고자 하셨던 것이다.

대통령이 되신 뒤에도, 이런 자세는 바뀌지 않았다. 청와대 민원실 전화번호를 114에 공개했고, 전화일지를 꼭 확인하셨다. 청와대 민원실에 온갖 내용으로 전화가 걸려오는데, 한 번은 이런 일이 있었다. 산삼 값을 달라는 내용이었다. 확인을 해 보니 청와대로 산삼이 오기는 왔다. 산삼을 안 산다고 하면서 박정하게 돌려보낼 수도 없는 일인지라, 울며 겨자 먹기 식으로 산삼 값을 치룬 적도 있었다.

동교동 시절, 김대중 전 대통령께서는 주말이면 목동에 있는 여사님의 친척 댁에 자주 머무르셨다. 동교동 집은 업무를 보는 사무실이나 마찬가지니까 주말에는 머리를 식힐 곳이 필요하셨던 것 같다.

목동에 갈 때면 큰 쇼핑백에 책과 서류를 한 가득 챙기셨다. 김대중 전 대통령께서 독서삼매경에 빠지시면, 수행하는 당직비서 두 명은 커피나 간식을 챙겨 드리고는 신문을 읽었다. 앞 장에서 소개한 적이 있지만, 김대중 전 대통령께서 당부하신 일이었다. 빡빡한 일정에 숨 쉴 틈 없이 돌아가야 했던 우리 비서들로서는 '목동 출장'이 마음 놓고 신문을 볼 수 있는 유일한 기회였다.

● 용서에는 조건이 없다

사람들이 모인 곳에는 갈등이 생기기 마련이다. 동교동이라고 해서 다르지는 않다. 정치적인 것도 있고, 정치와는 전혀 상관없는 소소한 것들도 있다.

우리 비서들이야 정치활동과는 무관한데, 김대중 전 대통령의 측근 한 분과 인간적으로 친하게 지내지 못하는 바람에 약간의 트러블이 생겼다. 그러자 우리를 괘씸하게 여긴 그 측근이 경찰을 통해 우리 당직비서들의 신원조회서를 구해다가 김 전 대통령에게 전했다. 지금은 이런 일이 가능하지 않지만, 그때만 해도 민주화 직후의 혼란기에 개인의 인권이

나 사생활 보호라는 인식이 부족했던 시기였다.

앞서 말했다시피 나는 '별이 두 개' 아닌가. 긴급조치나 집시법 위반이 아닌, 과실교통사고에 절도였다. 굳이 숨기려고 하지 않았지만 만나는 사람들에게 떠벌리지도 않았다. 내게는 너무 아프고 사연이 많은 이야기였다. 성북경찰서 지하실에서 물고문을 받던 그 기억은 정말 떠올리기조차 싫고 끔찍한 것이기에 입을 닫고 있었다. 나는 지금도 물이 싫다. 그런데 일이 이렇게 되고 보니 미리 말씀을 드렸어야 했나, 하는 생각이 들었다.

어쨌든 나는 억울한 사연을 '이제야 말할 수 있다'는 심정으로 각오를 하고 있었다. 그런데 김대중 전 대통령께서는 주변에서 일하는 사람들끼리 인간적으로 잘 지내지 못해 이런 일이 일어났다는 것만으로도 상당히 괴로워하시는 것처럼 보였다. 신원조회서가 깨끗하지 못한 나는 더욱 민망하고 죄스러운 마음이었다.

이럴 즈음 김대중 전 대통령께서 구파발로 꽃을 사러 가자고 하셨다. 북한산으로 오르는 구파발 등산로 입구에 꽃가게들이 많았다. 김대중 전 대통령께서는 유난히 꽃을 좋아하셨다. 1년초인 백일홍, 베추니아, 패랭이꽃, 데이지 등을 동교동 마당에 심어놓고는 자주 바라보셨다.

그런데 꽃이 지는 것은 못 보셨다. 꽃이 지기 전에 미리 뽑으로라고 하셨다. 꽃이 지는 게 보기 싫어서가 아니라 한동안 사랑을 주었던 꽃이 지는 게 안타까워서 그러시는 것 같았다. 구파발에서 돌아와 동교동 마당에 꽃모종들을 내려놓자 김대중 전 대통령께서는 스틱으로 꽃 심을 자리를 딱딱 짚어 주셨다. 나는 꽃을 옮겨 심느라 정신이 없었는데 입을 여셨다.

"김 군."

이때는 '김 군'이라고 하셨던 것 같다.

"과거는 중요한 게 아니야. 어제보다는 오늘이, 오늘보다는 내일이 중요해. 그러니까 열심히 하게."

시작도 끝도 없이 이 말씀이 전부였다. 그렇지만 내 신원조회서를 두고 하시는 말씀인지 직감으로 알아차렸다. 순간 내 입에서 수많은 말들이 터져 나오려는 것을 목구멍 깊숙이 집어넣었다. 내게 해명을 요구하시지 않았던 데는 이유가 있었을 것이다. 그런데 내가 나서서 입을 여는 것은 도리가 아니었다. "저는 나쁜 놈이 아닙니다"라고 말하지 않아도 김대중 전 대통령께서는 나를 믿어 주셨던 것이다. 설사 신원조회서를 액면 그대로 받아들이셨더라도 나를 용서하신 것이다. 나는 이렇게 용서에는 조건이 없다는 것을 배웠다.

동교동에서만큼은 내 사면복권이 이루어진 것이나 마찬가지였다. 몇 번이나 반복하지만, 그때 내게 있어서 김대중 전 대통령은 신이나 다름없는 분이었다. 그런 분이 나를 인

정하고 용서하셨으니 내 마음은 정말 홀가분했다. 법적인 사면복권이나 말소처리 등 행정절차는 중요하지 않았다. 다른 사람들이 나를 어떻게 볼 것인가, 하는 것에도 개의치 않았다. 그 이후로도 나는 억울하게 누명을 쓰고 전과가 생겨 버린 이 문제를 해결하기 위해 어떤 관심이나 노력도 기울이지 않았다. 심지어 청와대 경호실에 있을 때도 그랬다.

노태우 대통령의
합당 제의

성군(聖君)의 대명사인 중국의 요(堯) 임금이 허유(許由)라는 사람에게 나라를 물려주려고 했다. 더러운 말을 들었다고 허유가 강물에 귀를 씻는데, 말에게 물을 먹이려고 강가에 나왔던 소부(巢夫)가 이 사연을 들었다. 소부는 이런 물은 말에게도 먹일 수 없다며 말을 끌고 상류로 올라갔다. "기산영수별건곤(箕山潁水別乾坤)"이라고, 〈춘향가〉에도 나오는 대목이다.

● 귀를 씻다

1989년 노태우 대통령이 김대중 전 대통령께 했던 합당 제의는 천하를 나누자는 유혹이었다. 그러나 김대중 전 대통령은 '어떻게 우리가 하나가 될 수 있단 말이냐'며 바로 자르시고는, 합당을 제의하러 온 밀사에게 이렇게 말했다. "가서,

전하시오. 민주주의만 하라고 하시오. 그러면 내가 국정운영에 협조하고 도와주겠다고 말이오."

그분께서는 참으로 큰 정치 지도자였다. 당시 노태우 대통령은 김대중 평민당 총재와 합당을 성공의 길로 생각했던 것 같다. 합당을 성사시키기 위해 김윤환, 김원기, 서동권, 박철언, 김중권, 이런 사람들이 활발하게 움직이는 게 보였다. 그때의 인연으로 김중권 당시 청와대 정무수석은 국민의 정부 초대 비서실장을 지냈다.

그러나 김 전 대통령은 당신께서 그런 제의를 받으셨다는 것 자체가 상당히 언짢은 듯했다. 김원기 당시 평민당 원내총무에게 "내 귀가 더러워지니 앞으로는 합당에 대해 두 번 다시 말을 하지 마시오"라고 말씀하셨을 정도였다. 이후로도 한동안 불쾌한 심기였던 것 같다.

김대중 전 대통령은 항상 국민을 하늘처럼 생각하고 받들며, 이 땅에 민주주의가 들꽃처럼 만발하고, 정의가 강물처럼 흐르는 세상을 만들기 위해서 기꺼이 당신의 목숨과 가족들의 고통과 희생까지 감내하고 고난의 길을 선택하신 분이었다. 그런 분을 노태우 대통령은 정확히 이해하지 못한 것 같아 안타까운 생각이 들었다. 김 전 대통령에게는 국민을 배신하고 국민을 실망시키고 국민의 뜻을 거스르면서까지 대통령이 되고 싶은 생각이란 당초부터 없었다.

김 전 대통령께서 야당 시절 항상 하시던 말씀이 있다. "나는 국민을 위해, 국민에 의한, 국민의 대통령이 되고자 하지만, 국민을 배반하고 야합하는 그런 대통령은 백번을 안 해도 후회하지 않으며, 결코 내 인생이 실패한 인생이 될 것이라 생각하지 않는다. 나에게는 하늘처럼 받들고 사랑하는 국민이 있고, 특히 젊은이들의 초롱초롱 빛나는 눈망울을 볼 때 희망과 행복을 느낀다. 나는 그들을 실망시키는 대통령은 천 번의 기회를 주어도 하지 않을 것이다."

1988년 총선으로 '여소야대' 정국이 만들어졌다. 민심은 6·29 선언과 "보통 사람"에 대해 반신반의한 것이다. 국민은 대통령선거에서 패배한 '양김'에게 독재정권으로 회귀를 막고, 민주화를 완성시키라는 임무를 부여했다. 김대중 전 대통령도 이 점을 분명히 알고 있었던 것 같다. 김 전 대통령은 총선이 끝나고 가진 기자회견에서 제1야당이 해야 할 일은 "노태우 대통령에 대한 견제와 민주화 추진"이라고 밝혔다.

김대중 전 대통령께서는 당신의 정치인생에 있어서 13대 국회를 새로운 출발점으로 생각하셨던 것 같다. 독재정권으로부터 온갖 고초를 겪으면서 투사의 이미지로 '클로즈업' 된 그분이었지만, 장외투쟁보다는 의회활동을 더 중요하게 여기셨다. 무려 16년 만에 국회에서 뜻을 펼칠 기회를 되찾았고, 또 당신께서 처음으로 총재를 맡은 평화민주당에 무한

한 애정과 책임감을 갖고 계셨다.

여소야대 정국이라고 해서 야당이 독주해서는 안 된다는 생각을 분명히 갖고 계셨다. 13대 국회 전반기에는 여야의 합의로 입법처리가 아주 잘 됐다. 중간평가 문제와 관련해서도, 노태우 대통령과 마주앉아 전두환 전 대통령의 국회 증언, 광주 문제 해결 방안, 지방자치제 실시 등을 끌어냈다.

민심이 만든 여소야대 정국으로 국운은 살아나고 있었다. 건국 이래 처음으로 얻은 소중한 기회를 밀실의 야합으로 날릴 수는 없는 것 아닌가. 국가와 민족을 위해, 김대중 전 대통령의 합당 제의 거부는 참으로 다행한 일이라고 할 수 있겠다.

● **만약 평민당과 민정당이 통합했더라면…**

역사에는 가정법이 허용되지 않지만, 나는 상상해 본다. 3당 합당이라는 것은 없어야 했지만, 만약 그때 김대중 전 대통령께서 노태우 대통령의 제의를 거부하지 않았더라면 어떻게 됐을까. 만약 그때 평민당과 민정당이 통합했더라면…. 물론 이런 내 상상을 내색조차 한 적이 없다.

감히 내가 이런 생각을 한 데에는 까닭이 있다. 나는 1987년 대통령선거 때 평화민주당 중앙위원으로 의정부·양주 조직부장으로 활동하면서 큰 충격을 받았다. 실체는 없지만 엄연히 존재하는 지역감정이란 것과 처음으로 맞닥뜨린 것이다. 내가 존경하는 정치지도자를 고향이 다르다고, 전라도 사람이라고 무조건 싫다는 이유가 되고 선택의 판단이 되니, 우리에게 올바르고 필요한 대통령이 나올 수 있겠는가.

내가 김대중 전 대통령을 따랐던 데는 나 또한 '호남' 출신이라는 점도 작용했다는 것을 부인하지는 않겠다. 그렇다면, 내가 노태우 대통령을 지지하지 않았던 이유는 내가 경상도 출신이 아니기 때문이었을까. 가슴에 손을 얹고 말하건대, 그것은 아니다. 나는 그가 '군사독재'의 대표였기에 반대했을 뿐이다. 한편, 김영삼 전 대통령에 대해서는 내가 모시는 분의 동지이자 경쟁자로 생각했지 '결사반대'와 같은 마음은 전혀 없었다.

내 고향 출신의 정치인이 대통령이 됐으면 좋겠다는 소박한 생각이 비난받을 이유는 없다. 기왕이면 다홍치마라고, '양김' 가운데 한 사람이 대통령이 된다면 경상도 사람은 김영삼, 전라도 사람은 김대중을 지지하는 게 인지상정이다. 그런데 내가 대통령선거에서 직접 겪은 지역감정은 그런 게 아니었다. 기왕이면 다홍치마가 아니었다. "우리가 남이가!"였다. 사람들은 결이 다른데도 고향 출신이라면 막무가내로 표를 주었다. 나는 공포마저 느꼈다. 남과 북의 분단으로도 모자라 동과 서로 분열되는 게 아닌가 싶었다.

이렇게 되면 내가 모시는 김대중 전 대통령의 정치적 전망도 어두워진다. 아니나 다를까, 1992년 대통령선거에서 지역감정은 걷잡을 수 없이 확대됐다. 호남은 눈물을 뿌렸고, 영남은 만면에 웃음꽃을 피웠다. 김대중 전 대통령이 지역감정이라는 덫에 걸려 고배를 마시는 것을 보면서 나는 '민주화'에 회의가 들 지경이었다. 나는 독재가 끝나면 살기 좋은 대한민국이 올 줄 알았다. 금방은 아니더라도 조금씩 나아질 줄 알았다. 그랬는데, 독재보다 더 심한 지역감정이라는 갈등이 올 줄이야.

우리나라에서 지역감정은 1971년 대통령선거 때 본격적으로 등장했다. 그 전에는 독재를 싫어하는 경상도 유권자들은 '대구사람' 박정희를 찍지 않고 '서울사람' 윤보선에게 투표했다. 전라도 유권자들은 귀족 출신 윤보선 대신 서민 출신 박정희를 선택했다. 1963년 대통령선거에서 박정희 대통령은 호남 덕에 당선이 됐다.

그러던 것이 1971년 대통령선거를 기점으로 싹 바뀌었다. 호남의 '한(恨)'과 영남의 '자존심'이 충돌한 것이다. 지역감정 문제에 대해서는 뒤에서 자세하게 다루겠지만, 우리는 '한'을 풀되 '자존심'을 안 다치게 하는 방법을 찾아야 한다. 그것이 갈등을 수습하고 해결하는 '광폭(廣幅)'의 정치다. 당시 지역감정문제에 항상 이런 말씀을 하셨다.

김대중 전 대통령이 합당 제의를 거부하고 난 뒤, 민주정
의당과 통일민주당 그리고 신민주공화당의 3당이 합당을 했
다. 이것은 대구경북과 부산경남이 대전충청과 손을 잡아
'호남 대 비호남' 구도를 만들어 대한민국에서 호남을 고립
시키겠다는 선전포고였다. 고립된 호남은 위기감에 더 똘
똘 뭉치게 됐고, 꽃방석 위에 올라탄 영남과 충청은 그들대
로 한번 손에 든 축배를 내려놓지 않으려 했다. '3당 합당'은
한마디로 말해 지역감정을 공식적으로 인정한다는 선언이나
다름없었다.

평화민주당과 민주정의당이 합당을 했다면, 사태는 이렇
게 흘러가지 않았을 것이다. 막말로 호남에서는 광주를 팔아
먹었다고 아우성이고, 대구경북에서는 '빨갱이'와 손을 잡았
다는 소리가 나왔을 게 틀림없다. '3당 합당' 때 탈당한 국회
의원은 열 명도 안 됐지만, 이 경우에는 모르긴 몰라도 절반
가까이 탈당했을 것이다.

정치지형도 요동친다. 지역감정으로 자의반 타의반 '이산
가족'의 신세가 됐던 영남의 진보와 호남의 진보, 호남의 보
수와 영남의 보수가 만나게 된다. 모든 정당이 지역정당에서
전국정당으로 변신할 것을 요구받게 되고, 이제부터 진정한
승부가 시작된다. 지역감정을 선동하는 자들은 설 땅을 잃게
되고, 올바른 정책을 실천하기 위해 얼마나 많은 땀을 흘리

는가가 당선의 기준이 되는 것이다.

우리의 현실에서는 꿈같은 이야기다. 하지만, 나는 노태우 대통령이 합당을 제의했던 순간을 기억에서 지울 수가 없다. 합당 제의에 진정성이 부족한 것을 아쉬워했고, 합당을 거부할 수밖에 없었던 상황을 원망했다.

좁은 소견이지만, 지역감정의 문제만 놓고 본다면 해결의 열쇠는 대구경북과 호남에게 있다. 이 점은 지금도 동일하다. 달라진 게 있다면, 1989년에는 정치가 운신할 폭이 너무나 좁았다는 것이고, 2011년에는 정치가 보폭을 넓혀야 할 이유가 너무나 많다는 사실이다. 물론 리스크가 크다. 그러나 누군가는 그 일을 한번은 해야 하지 않겠는가.

● 대통령의 눈물

1997년 대통령선거를 앞두고 김대중 전 대통령은 정치적으로 많은 변화를 보였다. 자유민주연합의 김종필 총재와 박태준 전 포항제철 회장과의 선거연합은, 그것이 '3당 합당'과 같은 밀실의 야합은 아니더라도, 과거라면 상상도 할 수 없는 일이었다. 과거라면, 걸어온 길도 다르고, 정치노선도 다르고, 무엇보다도 보듬어야 할 지지자가 다른 터에, 손을 잡는다는 것은 생각지도 않으셨을 것이다.

나는 김대중 전 대통령께서 과거의 원칙을 유보했거나 포기했기 때문에 이러한 행보를 하신 것은 아니라고 믿는다. 한국 현대사에서 김대중 전 대통령은 지역감정의 상징적 존재다. 김 전 대통령의 존재 자체가 지역감정의 한 부분인 것이다. 그분께서는 이러한 현실을 염두에 두고 갈등을 풀기 위해 리더십을 보이신 것이었다. 국민 역시 이것을 바라고 있었기에 김대중 전 대통령을 선택한 게 아니겠는가.

김대중 전 대통령께서는 청와대에 계실 때 지역감정을 풀기 위해서 많은 노력을 하셨다. 인사 문제에 있어서는 능력을 최우선을 삼으셨기 때문에 지역감정이 파고들 여지가 없었다. 예산의 배정과 운용에도 항상 지역감정을 살피셨다. 그러나 김 전 대통령께서도 탄식하셨듯이 지역감정은 '악마의 주술'처럼 그분을 괴롭혔다. 무엇을 해도 선거 때가 되면 '도로아미타불'이 되는 것이다.

김대중 전 대통령께서는 임기 말이 다가오자 퇴임 준비를 하시면서 퇴임 기념 대국민기자회견을 가지셨다. 그동안 국민들의 성원에 감사인사를 드리고 국민의 정부 성과에 대해 국민들에게 보고 말씀을 드리는 자리였다. 이 자리에서 김 전 대통령께서는 지역감정을 언급하면서 눈물을 흘리셨다. 성과도 있지만 미진한 점이 많다고 스스로 평가하시는 것 같았다. 지역감정이라는 '한'을 우리 사회에 남기지 않기 위해 그렇게 애를 썼는데, 결국 풀지 못한 게 이번에는 대통령의

‘한’으로 남은 것 같았다. 그 모습을 보는 나 역시 눈물을 흘리지 않을 수 없었다.

최근 나는 한나라당 박근혜 전 대표의 움직임에 관심이 많다. 그 이유는 다른 게 아니다. 민주화 이후 우리 사회는 대통령선거를 다섯 차례 치렀다. 승리와 패배의 모델은 그때마다 달랐지만, 변함없는 진리는 ‘덧셈의 정치’가 ‘뺄셈의 정치’를 눌렀다는 것이다. 박근혜 전 대표는 박정희 대통령의 딸이자 대구경북을 대표하는 정치인이며, 현재로서는 가장 유력한 차기 대통령 후보다. 그런 점에서 나는 박근혜 전 대표가 지역감정 문제에 온몸으로 부딪혀 주기를 바라는 것이다. 그것이 바로 박정희 전 대통령과 김대중 전 대통령, 나아가 영남과 호남의 역사적 화해가 아니겠는가.

행복했던
아태평화재단 시절

김대중 전 대통령께서 정계은퇴를 하시고 영국 캠브리지 대학교로 유학 가실 때 내가 동행할 수행비서로 거론이 됐다. 그런데 나는 영어를 못한다. 그래서 그분께 도움을 드리지 못할 것 같았다. 김대중 전 대통령의 쓸쓸한 영국행에 합류하지 않고 나는 민주당의 당직을 맡았다. 당의 홍보부장이 됐다. 그런데 내 안에서 어떤 기운이 서서히 빠져나가는 기분이었다. 마치 풍선에서 바람이 새는 것처럼, 그랬다.

● '안티 팬'이 사라졌다

유배지나 다름없던 영국에서 아시아 평화와 한반도의 통일에 대한 해답을 구한 김대중 전 대통령께서는 귀국해 아시아·태평양 평화재단(이하 아태평화재단)을 출범시키셨다. 나는 당직을 맡고 있었지만 아태평화재단 이사장으로 왕성한

활동을 벌이는 김대중 전 대통령을 틈틈이 수행했다. 비로소 내 몸에 활력이 돌아온 느낌이었다. 진짜 내 일을 하는 것 같았다. 나만이 아니라 동교동 시절부터 수행했던 비서들이 다 그랬을 것이다.

아태평화재단이 설립된 지 1년이 채 되지 않았을 무렵인 것 같다. 전국적으로 강연 요청이 쇄도했다. 김대중 전 대통령께서 나를 부르셨다. 당시 아태평화재단 이사장 비서실장은 정동채 전 문화관광부 장관이었는데, 나더러 정 실장을 만났느냐고 물으셨다. 만나지 못했다고 말씀드리니, 수행차를 준비하라고 하시면서 좋은 자동차로 마련하라고 말씀하셨다. 의욕이 솟구친 나는 슬쩍 욕심이 생겼다. 그때 기아자동차에서 포텐샤를 출시했는데, 이 차가 멋있게 보였다. 나는 두말 않고 포텐샤로 준비하겠다고 말씀드렸더니 그렇게 하라고 말씀하셨는데, 다음 날 아침 부르시더니 내가 추천한 차가 너무 비싸다고 하시며 다른 차를 알아보라고 하셨다.

훗날 아태평화재단 비자금 연루설이 터졌다. 곁에서 지켜보았던 내가 보기에는 터무니가 없었다. 큰돈을 기부하는 분들도 있었겠지만, 1년에 1만 원, 2만 원씩을 내는 5만여 명 회원의 후원금으로 아태평화재단은 운영이 됐다.

김대중 전 대통령을 다시 수행하면서 전국으로 다녔는데, 한마디로 격세지감이었다. 김대중 전 대통령께서는 전국 어느 지역을 가시더라도 환영을 받았다. 강연을 마치면 기립 박수가 쏟아졌다. 정치활동을 하실 때는 열광적인 지지자도 많았지만, 요즘 말로 '안티 팬'들도 많았다. 다들 아시다시피 원색적인 비난이나 유언비어도 엄청나지 않았는가.

그런데 아태평화재단 이사장으로 활동하시는 동안에는 전국 어느 지역을 막론하고 각계각층에서 따뜻한 격려와 지지를 받았다. 언론도 대체로 호의적으로 보도를 해 주었다. 내 생각에는 김대중 전 대통령이 정계은퇴를 하면서 많은 분들이 '정치인 김대중'에 대한 편견을 버리고 진실의 눈으로 바라보게 되면서 그 진가를 새삼 깨닫게 됐기 때문이 아닌가 한다. 돌이켜보건대 김대중 전 대통령께서 아태평화재단 일을 하실 때, 가장 편안하고 행복해 하셨던 것 같다.

덩달아 나도 좀 편안해졌다. 동교동 시절과는 달리 월급이 좀 오른 것도 힘이 됐다. 동교동 시절에는 매달 여사님께서 봉투에 넣어 주시는 돈이 월급이었는데, 생활하기에는 턱없이 부족했다. 비서들 눈에 유리처럼 훤히 보이는 그 어려운 동교동 살림을 하면서 우리에게 월급을 주시는 게 신기할 따름이었다. 이러다 보니 늘 마음이 편치 못했다.

● 명예를 잃더라도 다시 한 번 기회를

이 편안하고 행복했던 시절도 얼마 안 가서 끝이 났다. 정계복귀 때문이었다. 나는 김대중 전 대통령께서 수행차를 준비하라고 하셨을 때, 사실상 정계복귀 카운트다운에 들어갔다고 생각했다. 그래서 의욕이 솟구쳤던 것이다.

실은 김대중 전 대통령을 가까이서 모셨던 사람들이라면 누구나 김대중 전 대통령의 정계복귀를 생각하고 있었을 것이다. 나 역시 그랬다. 김대중 전 대통령께서는 영원한 정계 은퇴를 생각하셨지만, 가까이서 모신 사람들은 정계복귀를 꼭 하시게 해야 한다는 생각을 갖고 있었을 것이다.

1995년 7월 민주당 국회의원들의 정치 재개 요청을 받고 이를 수용하기까지, 김대중 전 대통령께서는 고민을 많이 하시는 것 같았다. 이 때 나는 김대중 전 대통령의 기도하시는 모습을 많이 지켜봐야 했다.

하루 일과를 기도로 시작해서 기도로 마치시는 신앙심. 야당 총재 시절이나 대통령이 되셔서도 항상 기도하고 하나님께 매달리시는 분께서 자신의 말을 뒤집는 정치 재개를 앞두고 얼마나 많은 기도를 하셨을까. 김대중 전 대통령을 오랫동안 모셨지만 나는 가톨릭 신자가 아니다. 하지만 기도를 하는 이유는 알 것 같았다.

자연인으로서는 국민 앞에서 한 말을 번복하지 않고 명예를 지키느냐, 아니면 명예를 잃어버리고 비판을 받더라도 진정한 수평적 정권교체를 이루어 이 땅에 민주주의를 실현시키고 발전시키느냐. 이것은 훗날 역사가 심판해줄 일이었다.
이 갈등과 중압감을 김대중 전 대통령께서는 기도로 하나님
께 매달려 인도받고자 하셨던 것이다.

• 이른바 '3대 필패론'이 무너졌다

1997년 대통령선거에 뛰어들면서는 나부터도 자신감이 들
었다. 동교동 시절, 김대중 전 대통령께서는 야당 시절에 연
말연시를 외부에서 보내시는 경우가 많았다. 새해 아침이면
꼭 수행비서들에게 웃으시며 "어젯밤 꿈들 잘 꾸었나?"라고
물어보셨다. "자네들이 좋은 꿈을 꾸어야 우리가 잘 돼."이
렇게도 말씀하셨다. 함께 일하는 우리들이 자신감을 갖고 최
선을 다하기를 바랐기 때문에 하신 말씀이었을 것이다.

죄송스럽게도 이전에는 이 자신감이 부족했던 것 같다. 누
구에게도 말하지 않았지만 넘을 수 없어 보이는 높은 산이
있다는 것을 느꼈기 때문이다. 김대중 전 대통령께서는 대통
령으로서 나라를 위해 헌신할 기회를 얻기 위해 굉장히 노력
을 많이 하셨는데, 당신의 의지와 상관없는 문제점, 세 가지
가 항상 따라다니고 회자됐다.

김대중은 똑똑하기는 한데 '사상이 불순하다'는 것과 도덕
적으로 문제가 있다. 고향이 전라도다. 박해와 탄압을 많이
받아서 정치보복을 하면 나라가 혼란스러워질 것이다. 이른

바 '3대 필패론'이다. '호남 출신'이라는 점은 어쩔 수 없는 일이다. 고향을 바꿀 수는 없는 일 아닌가. 하지만 나머지 두 가지는 편견이나 마찬가지였다. 나 역시 최선을 다하면서도 쫓기고 있는 듯한 불안감을 떨칠 수가 없었던 게 사실이었다.

그런데 1997년 대통령선거에서는 이런 선이 많이 무너지고 변화가 일고 있다는 게 감지됐다. 국민들의 시선이 달라진 것을 느낄 수 있었다. 지지자들의 표정에서는 낙관을 읽을 수 있었다. 과거 비판자들에게서 보았던 거부의 눈길이 사라지고 있었다. 나는 승리를 예감했다.

김대중 전 대통령께서도 그러셨던 것 같다. 여당에서 '김대중 비자금 사건'을 터뜨린 것이 최대의 악재라면 악재였는데, 김대중 전 대통령께서는 "정정당당하게 주장할 것은 주장하겠다"라고만 하셨다. 이번에는 정치적인 모략이나 술수도 걸림돌이 되지 않을 것이라는 강한 자신감을 갖고 계셨던 것 같다.

이런 자신감의 배경은 김대중 전 대통령께서 이미 국민들과 한 호흡으로 함께 나아가고 있었기 때문이다. 국민들은 원칙을 중요시 여기는 '정치인 김대중'에게 포용을 바랬고, 김대중 전 대통령께서는 민심을 정확하게 읽고 스스로 변화하면서 실천으로 옮기셨던 것이다.

'원칙'만 따지면 참으로 아이러니한 국면이다. 1992년 대통령선거 때까지 세 차례 한결같이 원칙을 지켰는데 세 번 다 패배했는데, 정치노선이 다른 자민련의 김종필 총재, 심지어 5공화국의 핵심세력과도 손을 잡은 1997년 대통령선거에서는 승리했으니 말이다.

1997년 대통령선거에서 김대중 전 대통령을 바라보는 국민의 시선이 달라졌던 데는 또 다른 이유들이 있다. 김대중 전 대통령은 정치를 하는 동안 정치노선이 다른 세력으로부터 늘 거센 공격을 받아왔다. 그런데 정계를 떠나 있는 동안은 무자비한 공격을 받은 적이 없다.

언젠가 신문에서 '구타유발자'를 단어를 보고 쓴웃음을 지은 적이 있다. 두드려 맞는 사람에게 무엇인가 문제가 있다는 것 아닌가. 반대세력으로부터 계속 공격당했던 김대중 전 대통령의 모습을 보면서 국민들은 암암리에 김대중 전 대통령에게도 문제가 있다고 느꼈던 것은 아닐까. 정계은퇴로 반대 세력의 공격이 사라지자, 국민들은 김대중 전 대통령의 가치에 대해서 다시 생각해 볼 수 있었던 계기를 가지게 된 것 아닐까.

그리고 또 한 가지, 김대중 전 대통령의 민주화 동지라고 할 수 있는 김영삼 대통령이 집권을 하면서 민주화된 사회 분위기도 우호적으로 작용을 했던 것 같다.

김대중 전 대통령을 가까이서 모셨던 나로서는 정계은퇴

이후부터 1997년 대통령선거 때까지 '정치인 김대중'에 대해 재발견을 하고 사랑해 준 국민들이 너무 고마웠다. 김대중 전 대통령은 당신께서 국민을 사랑하고 국가를 위해 노력하셨던 것만큼 국민들로부터 사랑을 받고 인정을 받지는 못했다. 나는 이 점이 늘 안타까웠는데, 오래된 짝사랑이 결실을 보았다는 느낌마저 들었다. 이때부터 내게 있어서 신은 김대중 전 대통령이 아니라 국민들이 됐다.

대통령만큼 텔레비전에
자주 나오는 남자

나는 일찍이 죽음의 문턱을 경험한 적이 있다. 죽음의 공포는 실로 무서웠다. 그때 나는 어떻게 해서든 살아야 한다는 일념으로 버둥거렸다. 나만이 아니라 사람에게 가장 중요한 것은 목숨 아닌가. 그런데 나는 다른 사람을 위해서 내 목숨을 내놓기로 작정했다.

● '무도경호'보다는 '두뇌경호'

1998년, 나는 청와대 경호실 수행부장이 됐다. 나에게는 김대중 대통령을 가장 가까운 거리에서 경호하는 임무가 주어졌다. 대통령을 안전하게 모시는 것은 물론이고, 대통령이 목숨을 위협을 받게 되는 상황이 되면 대신해서 죽는 게 내 일이 된 것이다. 그러나 내가 죽어서 대통령을 지켰더라도 나는 실패한 경호원이 된다. 이미 상황이 발생했기 때문이

다. 경호란 그런 것이다. 다행히, 김대중 전 대통령을 모시는 동안 위험한 순간은 없었다.

지난날 권위주의 시대에는 돌발 상황에 대비한 '무도경호'에 중점을 두었다고 한다. 민주화가 된 이후부터는 만일의 상황이 발생하지 않도록 예방하는 '두뇌경호' 쪽으로 바뀌었다. 최근 청와대 경호실에서 인재를 채용하는 경우, 뛰어난 무도 능력이 있더라도 가산점을 주지 않는 것으로 알고 있다. 최근 들어서는 그만큼 '두뇌경호'가 중요해졌다는 것이다.

대통령 경호에 관련한 이야기는 밝힐 수 없는 부분이 많다. 대부분이 기밀사항이고, 나는 비밀을 엄수해야 할 의무가 있다. 김대중 대통령을 모시는 동안 경호상의 문제 외에 내가 특별히 신경을 썼던 부분은 그분의 건강이었다.

김대중 전 대통령께서는 당선자 신분으로 계실 때부터 'IMF' 사태를 극복하는 데 당신의 모든 것을 거셨다. 알다시피 외환보유고는 바닥이 난 상황이었다. 미국을 비롯한 선진국과 IMF의 지원이 절대적으로 필요했다.

그런데 이들의 지원을 끌어내기 위해서는 김대중 전 대통령은 일종의 시험을 쳐야 했다. 돈줄을 쥐고 있는 외국인들과의 면담에서 그들이 원하는 답을 내놓기 위해 경제관료, 학자들과 밤을 새워가며 공부하며, 고민을 하셨다. 외국인들이 원한다고 해서 그들의 요구대로 따를 수는 없다. 우리의 현실도 감안해야 하기 때문이다. 아마도 'IMF 사태'라는 국난을 수습해야 하는 막중한 책무를 짊어지게 된 김대중 전 대통령에게는 당선의 기쁨을 누리는 것조차 사치였을 것이다.

대통령으로 취임하시고서는 청와대 본관에서 관저까지 얼마 되지 않는 거리인데도, 집무실 옆에서 비빔밥 한 그릇 드시고는 바로 업무를 보실 정도였다. 취임 축하인사를 하러 오는 외국 손님들에게 외환 위기에서 벗어날 수 있도록 적극적으로 도와달라는 말씀을 얼마나 많이 해야 했던지, 목이 잠긴 적도 있다.

그럴 때면, 수행을 하는 나는, 김대중 대통령께서 말씀을 좀 줄이시면 어떨까 하고 안타까워하기도 했다. 하지만 김대중 대통령께서는 손님 한 사람 한 사람에게 열과 성을 다해 우리의 상황을 설명하고 지원을 요청하는 데 흐트러짐이 없으셨다. "우리 대한민국 국민은 정말 성실하다. 그리고 우리는 평화적으로 민주화를 이루고 정권을 교체했다. 지금 당신들이 도와주면 우리 국민은 영원히 잊지 않을 것이다." 이렇게, 절절하게 호소를 하시던 모습을 생각하면 지금도 눈물이 글썽거린다.

● "대통령님, 힘내십시오!"

해외에 가면 달라진 시차로 고생을 하는 사람이 있는가 하면 생생한 사람도 있다. 이 차이는 어느 나라에 갔느냐에 따라서 또 달라진다. 김대중 대통령께서는 시차 적응에 어려움을 겪는 체질이셨다. 내 경험상으로 보면 미국이 시차 적응하기가 가장 힘든 곳이다.

1998년 6월, 8박9일 일정으로 김대중 대통령께서 미국을 방문을 하셨다. 클린턴 대통령 초청으로 국빈 방문이었다. 무려 70회가 넘는 행사 참석과 15차례 연설이라는 강행군의 연속이었다. 이십대 청년도 감당하기 힘든 일정이었다. 대통령께서는 미국 방문에서 북핵 문제 같은 외교현안뿐 아니라, 경제 회복에 필수적인 투자를 유치하기 위해 혼신의 힘을 다해야 한다고 생각하시는 것 같았다.

미국 방문 나흘째 되는 날이었다. 김대중 전 대통령께서 미국의회 상하양원 합동회의 연설을 하시게 됐다. 연설을 하러 단상으로 걸어가시는데, 내 눈에 김대중 대통령의 뒷모습이 약간 불안정하게 보였다. 평소의 모습이 아니었다. 건강에는 이상이 없다고 말씀하시지만, 누구라도 지칠 수밖에 없는 상황 아닌가. 더군다나 시차 적응도 어려운 체질이신데.

나는 혹시나 하는 생각이 들었다. 만약 쓰러지시거나 발이라도 헛딛는다면…. 만일의 사태를 막는 것이 경호원의 임무다. 나는 뒤에서 "대통령님!"이라고 꽤 큰 소리로 외쳤다. 대통령께서는 무슨 일인가 싶어 나를 돌아 보셨는데, 나는 곧바로 "힘내십시오!" 하면서 손을 올려 주먹을 쥐어 보여드렸다.

남들이 보면 깜짝 놀랄 일이다. 나의 기우였는지도 모른다. 그러나 만일의 사태를 예방하는 것이 중요하다. 오랫동안 김대중 전 대통령을 모시면서 얻은 경험과 직감을 믿고 나로서는 할 일을 한 것이다.

이 미국 방문 때 있었던 에피소드 한 가지를 더 소개하고 싶다. 내 자랑 같아서 민망하지만 말이다. 김대중 대통령은 워싱턴에서는 블레어하우스에 묵으셨다. 블레어하우스는 미국 국빈손님이 묵는 영빈관이다. 클린턴 대통령과 정상회담 시간이 다 되어, 김대중 대통령께서 일어나셨다. 대부분의 외국 정상들은 화이트하우스까지 도보로 이동하는데, 우리는 대통령께서 다리가 불편하신 터라 승용차로 이동하기로 했다.

김대중 대통령께서 지하주차장에서 차를 타기 위해 엘리베이터에서 내리시는데, 백악관 의전비서관이 잠시만 기다려 달라고 했다. 클린턴 대통령이 아직 준비가 되지 않았다는 것이다. 이것은 무례한 일이다. 그래서 이런 경우는 있을 수 없는 일이다. 우리측 의전 책임자와 백악관 의전 책임자가 시간을 조율해서 서로의 '사인'이 떨어졌다는 연락이 오면, 내가 대통령을 모시는 순서로 동선이 정해져 있는 것이다.

그런데 갑자기 클린턴 대통령이 준비가 되지 않았다고 기

다려 달라니. 나는 통역관에게 통역을 해 달라고 했다. 백악
관의 의전비서관을 향해 속사포처럼 퍼부었다. "미국의 클린
턴 대통령은 손님을 이런 식으로 대접하나? 우리나라는 동방
예의지국이다. 도저히 이해할 수 없다. 이 부분에 대해서 공
식적으로 항의하겠다."

해프닝이 하나 있었지만, 김대중 대통령과 클린턴 대통령
의 회담은 성공적이었다. 사실 미국 방문에서 김대중 대통령
은 엄청난 환대를 받았다. 지난날 사형선고를 받고 미국에
서 망명 생활을 하던 분이 한 나라의 대통령이 되어서 미국
을 국빈 방문한 것 아닌가. 미국 언론에서는 김대중 대통령
을 "돌아온 영웅"이라고 표현했다.

이날 밤 백악관의 의전 책임자가 우리 측 의전비서관에게
연락을 넣어 나를 찾아왔다. 이야기인즉 '제발 문제 삼지 말
아 달라'는 것이었다. "실수가 있었으니 미안하다"고도 했다.
이렇게까지 나오는데 내가 내 직무상 입장만 고집할 수는 없
다. 나는 얼굴을 부드럽게 펴고 사과를 받아들이겠다며 고개
를 끄덕여주었다. 대통령 경호수행의 역할 중에는 국가원수
의 품위를 높이는 것도 당연히 포함돼 있다.

설마 클린턴 대통령이 일부러 김대중 대통령을 기다리게
하시지 않았을 것이고, 밑에서 일하는 사람들이 서로 충성하
려고 일을 하다 보니 이런 일이 발생한 것 아닐까 싶다. 예를

들자면 의전과 경호의 마찰이다. 우리나라와 달리 미국이나 선진국은 의전이 경호를 통제한다. 여하튼 이 해프닝 덕분에 나는 이 의전 책임자와 친하게 되어 저녁식사까지 초대를 받았다. 초대는 고마웠지만, 응할 수는 없었다. 내 임무는 대통령의 수행인 것이다.

● "자네가 내 옆에 붙어 있어야지!"

내 나름으로는 수행경호에 만반을 다했다 하더라도 부족한 점이 없을 수는 없다. 엘리자베스 2세 영국 여왕이 한국을 방문해서 축하공연이 KBS홀에서 열렸다. 김대중 대통령께서도 무대에 오르셔서 참석하신 내빈께 손을 흔드시며 인사를 하셨다.

공연이 끝나고 관저에 도착하신 대통령께서 바로 "자네, 들어와 봐!" 하시며 나를 안방으로 부르시는 게 아닌가. "이 사람아, 자네가 내 뒤에 바짝 붙어 다녀야 할 것 아닌가! 그래야 내가 마음 놓고 있을 것 아냐!" 노기가 섞인 음성이셨다.

실은, 다른 때와 달리 KBS 무대에서 나는 대통령님 바로 뒤에 서 있지 않고, 상황에 대처할 수 있을 정도의 거리만 유지한 채 약간 떨어져 있었다. 그럴 수밖에 없었던 것이, 내게는 그 당시 말 못할 고민이 하나 생겼다. 내 임무가 경호수행이다 보니, 텔레비전에 김대중 대통령께서 나오실 때마다 내 얼굴도 화면에 비치게 되는데, 이것을 두고 말들이 나왔던 것이다. 내가 카메라를 의식한다는 것이었다.

나는 그런 적이 없지만, 나라의 최고 어르신을 모시는 입장이라 신경이 쓰이지 않을 수 없었다. 또 이즈음 나를 위축시켰던 다른 말도 있었다. 내가 대통령 뒤에서 두 팔을 벌리고 사뭇 권위적인 태도로 걷고 있다고 수군거리는 사람까지 나왔을 정도였다. 대통령께서 외부 행사에 참석하실 때 나는 총기를 휴대하게 돼 있다. 행사의 성격에 따라 총기를 두 정 휴대할 때도 있고, 기관총을 차야 할 때도 있다. 이렇게 무장을 하고 그 위에 슈트를 입어야 하므로, 걸을 때면 팔이 벌어지게 된다. 팔이 벌어지는 것을 의식하고 오므려도 급히 걸으면 소용이 없게 된다.

어쨌든 업무에 관계되는 일이라 할 수 없이 변명을 드렸더니, 대통령께서는 "내가 다 알고 있으니까 그런 말에 신경 쓰지 마라"고만 하셨다. 김대중 대통령께서는 권위적인 경호는 싫어하셨지만, 고개를 돌렸을 때 경호수행원이 바로 보여야 마음이 편해 하셨다. 대통령의 이런 습관을 알기에 뒤에 늘 바짝 붙어 있었던 것인데…. 최고권력자를 둘러싸고 일어나는 일들 가운데는 크고 중요한 것도 있지만, 사소한 문제를 갖고 다투는 경우도 더러 있었다.

김대중 대통령께서 나를 경호수행원으로 선택하셨던 데에

는 특별한 이유는 없다. 동교동 시절부터 죽 대통령님을 모셨던 당직비서들이 청와대에 가서도 모시는 것은 자연스러운 일이었다. 나뿐만이 아니라 다른 당직비서들도 함께 왔다. 김대중 대통령께서는 많은 사람들과 일을 하셨는데, 누구를 유난히 좋아한다거나 특별히 봐주는 편애는 정말 없으셨다.

나는 김대중 대통령 경호라는 막중한 임무를 부여받아 한 번의 사고도 없이 무사히 마칠 수 있었다. 홍조근정훈장까지 받았다. 대통령을 경호했기에 주는 의례적인 훈장이 아니라 내 직급에서 임무를 잘 수행했기 때문에 받은 것이라고 나는 생각한다.

대통령을 위해서 내 목숨을 바치겠다는 것은 바로 국민과 국가를 위해서 목숨을 바친다는 뜻이다. 단 하나뿐인 목숨을 내놓기로 각오한 내게 국가는 명예를 준 것이다. 국가로부터 받은 홍조근정훈장은 나와 가족에게 대대손손 영원한 긍지이자 자랑이 될 것이다. 이리하여 군인이 되고 싶었던 애국청년은 마침내 그 꿈을 이루었다.

세계의 정상들

지도자는 하늘이 내린다는 말이 있다. 동양에서는 이를 일컬어 '천명(天命)'이라고도 한다. 나는 미신을 믿지도 않거니와 일찌감치 봉건적 세계관에서 해방된 사람이라 여기에 선뜻 동의할 수는 없지만, 김대중 전 대통령을 모신 내 경험에 비추어 볼 때 이 말에는 공감의 여지가 많다. 그분께서는, 범부(凡夫)로서는 상상도 할 수 없는 끈기와 인내, 정력(定力)과 지력(智力)을 갖고 계셨다. 그럼에도 만족할 줄 모르셨다. 평생을 걸쳐 노력하고 또 노력하셨다. 정녕 하늘이 허락한 게 아니고서야 이런 성품을 닦을 수 있겠는가.

● 미국의 대통령들

김대중 대통령을 수행경호하면서 세계 정상(頂上)들의 모습을 가까운 거리에서 살펴볼 수 있었던 것도 내게는 행운이

었다. 하늘이 내렸는지는 모르겠으나, 확실히 그들에게는 탁월한 점들이 많았다. 내가 그분들과 특별히 대화를 나눈 적이 없으니 깊고 풍부한 이야기가 나올 수는 없겠다. 그럼에도 내가 그분들의 모습에서 발견한 특별함이나 인상적인 점 몇 가지를 소개하려 한다. 우리 사회가 요구하는 지도자의 상(像)을 그리는 데 도움이 될까 싶어서다.

벼는 익을수록 고개를 숙인다고 하는데, 미국의 클린턴 대통령이 그런 분이었다. 미국은 초강대국이다. 잘하든 못하든 지금 이 순간 미국은 세계의 리더다. 그런데 클린턴 대통령은 강대국의 대통령답지 않게 항상 겸손한 모습이었다.

'ASEM', 'APEC' 등과 같이 세계 여러 나라의 정상들이 모이는 다자간 정상회담이 끝나면, 대부분의 정상들은 자기네 나라의 관료나 수행원들에게 둘러 쌓여서 나간다. 그런데 클린턴 대통령은 다른 나라의 정상들에게 먼저 인사하고 말을 건넨다. 한 번은 회담이 끝나자 천진난만한 미소를 지으며 그 자리에 있는 세계 정상들에게 일일이 '사인'을 해 달라고 부탁해서 받아가기까지 했다. 김대중 전 대통령의 '사인'을 받아갔음은 물론이다.

이런 회의 때마다, 클린턴 대통령은 세계복지 문제, 저개발 국가에 대한 배려나 관심을 주제로 발언을 많이 했다. 언젠가 저개발 국가의 문제는 그 나라만의 문제만이 아니라 세계 평화에 직결이 되는 것이므로 선진국과 중진국이 함께 노력해야 된다는 요지의 연설을 한 적이 있었는데, 그때는 나도 무척 감동을 받았다.

클린턴 대통령이 재임하는 동안 북핵 문제도 굉장히 잘 풀렸고, 팔레스타인 문제도 진전을 본 것으로 알고 있다. 클린턴 대통령이 루스벨트 대통령처럼 대통령을 4선까지 했다면, 우리의 남북관계가 훨씬 더 진전되지 않았을까 하는 상상도 해 보았다.

이에 비해, 부시 대통령은 강대국의 대통령으로서 자신감을 마음껏 표현하는 것 같았다. 다자간 정상회담에서 순서도 잘 지키지 않는 편이었고, 정상회담 자리인데 부통령이나 국무장관이 대신 참석하는 경우도 있었다. 경호나 의전상의 문제일 수도 있지만, 나는 지나치다는 느낌을 받았다. 이런 점에 대해 다른 나라들도 불만을 가지는 것 같았다.

이런 부시 대통령이 멕시코에서 열린 'APEC' 정상회담에서 농담을 하는 걸 들었다. "내가 텍사스 출신이니까 다들 내가 '건 맨'인 줄 안다. 나를 총질하고 싸움 좋아하는 사람으로 생각들 하는데 나는 전쟁을 좋아하지 않는다. 싸움도 잘할 줄 모른다. 봐라! 내 몸에 총 한 자루 있나!" 나는 속으로 생각했다. '본인도 알긴 아는구나.'

김대중 전 대통령의 첫 미국 방문 때, 대통령께서는 베버

리힐스의 레이건 전 대통령 자택을 찾았다. 1980년 신군부에 의해 사형선고를 받은 김대중 전 대통령의 구명을 위해 레이건 대통령의 힘이 제일 컸다고.

막상 자택에 도착했지만 레이건 대통령은 건강이 좋지 않아 만나지 못했다. 대통령 내외분께서는 낸시 여사와 이야기를 나누셨다. 담소 중에 낸시 여사는 "레이건 대통령께서 말씀을 하시다 '당신은 누구냐?'고 물으면 정말 고통스럽고 힘들다"면서 눈물을 보였다. 낸시 여사가 울던 모습은 지금도 기억에 생생하다. 세계 최대강대국의 대통령도 생로병사(生老病死)의 섭리에는 나약하기만 한 존재다.

● 정상들의 비즈니스 마인드

프랑스 시라크 대통령은 동지섣달 북풍에 꽁꽁 얼어붙은 얼음도 슬슬 녹여 버릴 것 같은 분이었다. 세계 최정상의 '문화대국' 대통령답게 부드럽고 온화한 이미지에 매너도 정말 좋았다. 그런데 비즈니스 마인드는 철저했다.

김대중 대통령이 당선된 이후 첫 정상외교 무대가 런던에서 열린 아시아·유럽정상회의(ASEM)였다. 당초에는 프랑스와 정상회담 일정이 없었다. 그런데 시라크 대통령은 언제 어디서라도 만날 수 있다면서 시간만 내달라고 요청했다. 정상회담이 이루어졌는데, 이 자리에서 시라크 대통령이 꺼낸

대화의 주제는 문화대국 대통령과는 전혀 어울리지 않는 경부고속철도였다. 프랑스가 TGV를 건설하면서 축적한 노하우를 전수하겠다는 시라크 대통령의 말에, 김대중 대통령께서는 외규장각 도서 반환을 강력하게 어필하셨다.

2004년 시라크 대통령이 중국에서 닷새 머물면서 총액 40억 유로의 엄청난 비스니스 계약을 성사시켰다는 신문기사를 보면서, 나는 시라크 대통령의 철저한 비즈니스 마인드에 또 한 번 감탄했다.

끈질긴 비즈니스 마인드는 캄보디아의 훈센 총리에게서도 보았다. 그런데 이 비즈니스 마인드는 내 코끝을 찡하게 했다. 프랑스 시라크 대통령처럼 자기네들이 갖고 있는 기술을 우리에게 팔기 위해서가 아니라, 우리나라에 산업연수생을 한 명이라도 더 보내기 위해서 훈센 총리는 열과 성을 다했다.

캄보디아의 훈센 총리를 만난 뒤, 나는 캄보디아 국민들은 참 행복하다는 생각을 했다. 훈센 총리가 머슴처럼 일하는 모습을 보면서 내전으로 폐허가 된 나라이지만 발전할 희망이 있다는 것을 느꼈다.

김대중 대통령께서 러시아를 방문하셨을 때다. 대통령께서는 모스크바 거리를 둘러보시고는 "영어간판이 안 보인다"라고 말씀하시며 걱정을 하셨다. "요즘 영어라는 것이 미국

말이 아니라 세계 공용어인데, 러시아가 세계화를 제대로 못 받아들이는 것 아닌가." 이렇게 우려를 하셨다. 그런데 나는 경호원이다. 그래서 옐친 대통령의 비틀거리는 걸음이 더 걱정됐다.

• 민주주의, 금 모으기 운동, IT 강국

김대중 대통령께서 외국 손님들과 만나고 난 뒤 쓴소리를 하신 적이 딱 한 번 있었다. 미얀마 군사정권 지도자가 회담이 아닌 면담 요청을 했다. 김대중 대통령과 미얀마의 아웅산 수치 여사는 민주화 동지사이다. 내가 보기에 대통령께서는 친구의 적과 만나는 것을 썩 내켜 하시지 않는 것 같았다.

어쨌든 면담이 이루어졌다. 미얀마의 군사정권 지도자는 김대중 대통령의 세계평화와 민주주의를 위해 헌신하시고 이룬 업적에 대해 존경의 뜻을 표했다. 그런데 그분의 다음 이야기가 걸작이었다.

"나는 억울하다. 많은 사람들이 내가 수치 여사의 인권을 유린하고 자유를 박탈하고 가택연금을 비판하는데, 수치 여사의 가택연금이 해제되면 생명이 위험하다. 수치 여사를 싫어하는 적이 아주 많기 때문에 국가가 생명과 안전을 지켜주고 있는 것이지 자유를 억압하고 인권을 유린하는 것이 결코 아니다. 내가 특별히 신경 쓰고, 보호하는 것이다." 대략 이런 내용의 이야기였다.

이 분을 배웅하고 나서 대통령께서는 쓴 웃음을 지으시면서 "저러니까 독재를 한다"고 혀를 차셨다. 나는 속으로 맞장구를 쳤다. '뻔뻔하고 허무맹랑한 독재자구나.'

노벨평화상을 받은 수치 여사를 가택연금시킨 미얀마의 군사정권 지도자도 김대중 대통령과 대화하면서는 민주주의를 빼놓을 수 없었듯이, 세계의 지도자들은 '김대중' 하면 민주주의부터 떠올리는 것 같았다.

세계 정상들은 민주주의를 위해 고난의 길을 마다하지 않은 김대중 대통령에게 존경심을 표시하는 것을 결코 마다하지 않았다. 조금 더 솔직히 말한다면 국내보다 국외에서 김대중 대통령은 훌륭한 지도자로 더 높이 평가받고 인정을 받았다. 그런데 김대중 대통령께서는 국민과 국가를 사랑했던 것만큼, 국민들로부터 사랑을 받고 높은 평가를 받지 못했다고 생각할 때 지금도 안타까운 마음을 지울 수가 없다.

세계의 정상들이 김대중 대통령을 만날 때마다 공통적으로 부러움을 표시한 게 두 가지가 있다. 하나는 '금 모으기 운동'을 벌인 우리의 국민성과 또 하나는 초고속인터넷이다. 이 말을 들을 때 김대중 대통령의 얼굴은 이제야말로 우리 민족이 세계의 인정을 받게 되었다는 자부심으로 가득 찼다. 나는 감히 말한다. 우리가 'IMF 사태'를 극복할 수 있었던 힘

은 민주주의를 위해 헌신한 지도자와 나라가 국난에 빠졌을
때 합심하는 국민성 그리고 초고속인터넷에서 나왔다고 말
이다.

하늘이 내린 지도자가 따로 있는 게 아니다. 끝까지 국민
을 믿는 지도자가 하늘이 내린 지도자다. 하늘은 스스로 돕
는 자를 돕는다고 했다. 그 지도자와 국민이 마음을 열고 서
로 소통할 때 비로소 국운(國運)은 열리는 것이다.

세상은 리더를 기다린다

6

언제까지 하나의 코드만으로
노래를 부를 것인가

　나는 노무현 대통령을 지지하지 않았다. 지도자는 말 한마디 한마디가 중요한 법인데, 노 대통령은 고비마다 거친 언사(言辭)로 국민을 실망시켰다. 그는 믿을 수 없을 정도로 '당파적(黨派的)'이었고, 때로는 보는 이가 민망할 정도로 즉흥적이었다. 대체 왜 그랬을까.

● 하얀 것이 보기 좋은 이유는 검은 것이 있기 때문

　노 대통령은 이념이나 노선을 중시하는 정치인은 아니었다. 대통령 임기 동안 보여주었던 모습을 종합해 볼 때, 그는 실용주의에 가까운, 다시 말해 현실적응형의 정치인이었다. 반면, 그의 정치적 입지를 반석 위에 올려놓은 모티브는 끊임없는 도전이었다. 그는 '3당 합당' 때 YS를 따라가지 않았다. 떨어질 것을 뻔히 알면서도 부산에서 계속 출마했다.

지역감정에 대한 도전을 국민이 인정한 것이다. 이 점에서는 학생운동세대인 '386' 정치인들도 비슷하다. 국민은 그들이 민주화를 이루는 데 앞장 선 공적을 인정했다.

인정은 거기까지였다. 노 대통령이나 '386' 정치인들의 경륜과 비전, 나아가 정치적 역량까지 검증된 것은 아니었다. 이제, 그들이 국민에게 답할 차례였다. 정치란 나라를 튼튼히 지키고, 국민을 편안하고 행복하게 잘 살 수 있게 만드는 것이다. 그것이 헌법의 정신이다. 그런데 노 대통령과 '386' 정치인들은 국민을 갈라놓으려 했다. 마치 '좋은 국민'과 '나쁜 국민'이 있는 것처럼 말이다. 그러자 불협화음이 발생했다. 듣기 좋은 소리도 한두 번인데, 날이면 날마다 저주와 낙인의 굿판이 벌어지니, 반대 여론이 극한적으로 날을 세운 것은 물론이요, 지지 여론마저 식상해버렸다.

자유민주주의 사회는 선과 악, 약자와 강자가 가시덤불처럼 얽혀서 사는 사회다. 이 사회를 이끌어가고 다스리는 게 정치다. 피아(彼我)부터 먼저 구분하려 들면, 정치는 독재로 흐르거나 갈등만 부추긴다. 하얀 것이 보기 좋은 이유는 까만 것이 있기 때문이다. 흰 것은 흴수록 가치가 있고, 검은 것은 검을수록 가치가 있다. 이것이 상생이다. 흑과 백이 서로를 적대시하면 조화는 깨어지고, 세상은 온통 회색빛으로 물들게 될 것이다. 갈등이 굳어져 사회가 활력을 잃는 게 이

런 이치다.

하얀 것이 보기는 좋지만 면역성은 없다. 노 대통령과 '386' 정치인들이 그랬다. 그들은 자신의 도덕적 우월성을 내세워 세상만사를 심판하려 했다. 정치가 할 일은 심판이 아닌데, 그들은 고집을 부렸다. 그들은 자신이 그토록 미워했던 정적(政敵)을 닮아가고 있다는 사실을 깨닫지 못했다. 시간이 지날수록 그들은 썰렁한 '부조리극(不條理劇)'의 주인공이 됐다. 대표적인 게 '코드'다.

사실, 정권은 어느 정도 동질성이 확인된 무리가 있어야 운영이 된다. 정권의 핵심들이 중구난방으로 각개약진한다면, 이미 그 정권은 끝났다고 보아야 한다. 이 무리는 집권 과정에서 자연스럽게 모이고, 그들이 노선과 정책을 구현하는 것이다. 그렇다고는 하더라도, 정권의 운영 방침을 꼭 '코드'라는 말로 표현했어야 했을까.

'우리'라는 울타리가 넓어질수록 정치의 힘도 커진다. 그러나 '우리'가 작아지면 정치는 초라해진다. 평소에는 너그럽던 사람들도 핏대를 올리게 된다. 노무현 대통령이 '코드'였다면, 이명박 대통령은 '회전문'이란다. 대한민국 국민 전체를 보고 대한민국의 정치를 하는 게 아니라, 당리당략의 대결과 다툼의 정치가 반복되고 있다.

● 완벽한 승리란 없다

국민은 민주화세력에게 집권과 당선으로 보상을 해주었다. 하지만 민주화세력은 그 보답을 제대로 하지 못했다. 생산적인 정치가 이루어지지 않았기 때문이다. 여러 가지 이유가 있겠지만, 대화와 타협의 지혜가 부족하다는 점을 들 수 있다.

지식의 측면만 보자면, '386' 정치인들은 충분히 정치를 할 만한 뛰어난 자질을 갖고 있다. 그런데 정치는 지식보다는 지혜를 더 요구한다. '386' 정치인들은 대학 시절 민주화투쟁을 하다 정치권으로 바로 들어왔다. 대개의 경우, 사람들은 학교를 졸업하고 사회에 입문해 생계를 꾸리면서 사회를 배우게 된다. 이 과정에서 협동심, 양보심, 이해력 등을 터득하게 되는 것인데, '386' 정치인들은 이런 사회학습을 거치지 못했던 것이다.

세상에서 가장 무겁고 어려운 일 가운데 하나가 가족을 위해 돈을 버는 것인데, 그 체험이 없었거나 있었다 해도 너무 짧았다. 원칙과 이상은 숭고한 것이지만, 그것이 삶의 현장에서 스스로 겪은 교훈들로 뒷받침되지 않는다면 앙상하게 말라비틀어진 자의식(自意識)만 남는다.

박정희나 전두환 시대는 이분법이 통했을지 모른다. 투쟁

의 논리는 그런 것이다. 그러나 정치의 논리는 다르다. 우리 사회는 모순과 갈등의 구조로 짜여 있다. 이 구조를 잘 조정하고 풀어서, 다시 말해 적당한 선에서 합의를 도출해서 다음 단계의 발전을 도모하는 게 정치인데, '386' 정치인들에게는 이런 테크닉이 부족했다.

시작은 선의였겠지만 끝은 평지풍파로 그친 게 허다했다. 이것에 대해서 국민들은 실망한 것이다. 시시콜콜 시시비비만 따지니 생계와 삶의 무게를 감당해야 하는 생활인들은 불안해졌다. 이것이 급기야는 이명박 정권을 탄생시키고 한나라당을 거대여당으로 만들어준 것이다.

세상에서 가장 위대한 혁명이 선거혁명이다. 나는 선거혁명을 바란다. 그러려면 지도자가 있어야 한다. 그게 누구냐. 진보의 지도자인가? 보수의 지도자인가? 아니다. 대한민국의 지도자가 나와야 선거혁명도 이루어질 수 있다. 나는 진보냐, 보수냐, 따지는 것 자체가 잘못됐다고 믿는다. 시대착오적인 발상이고, 구태의연한 '편 가르기'다.

동서의 냉전시대가 무너지면서 이데올로기의 시대도 끝났다. 부국강병(富國强兵)과 약육강식(弱肉强食)의 제국주의 시대가 이데올로기의 시대를 낳았다면, 탈이념의 시대는 국리민복(國利民福)과 평화공존(平和共存)의 시대다. 실사구시(實事求是)의 정신으로 중도통합(中道統合)을 이루고, 이를 통해 복지와 환경을 도모해야 한다.

따라서 진보와 보수의 경계도 희미해졌을 뿐만 아니라 어느 한쪽의 자세와 주장만을 고집해서는 일을 그르치기가 쉽다. 모두를 완벽하게 만족시키는 것은 불가능하다. 그렇다고 어느 한쪽이 완벽한 승리를 거둔다는 것도 이미 가능하지 않게 됐다. 사회 구성원 모두가 단일한 시장에 속하게 됐고, 그곳에서 발생하는 갈등을 푸는 규범은 민주주의로 굳어졌다.

'일방통행'은 역사에 묻힌 지 오래다. 과거에 핍박을 받았던 쪽이 자신을 핍박했던 쪽을 일방적으로 다그친다면, 반드시 그 다음 국면에는 정반대의 양상이 전개될 것이다. 우리가 이런 어리석음을 되풀이할 수는 없지 않은가.

친구들끼리 모였을 때, 너는 생각이 진보적이니, 나는 보수적이니 하는 따위의 말들이 나오는 경우가 종종 있다. 우스갯소리로 끝나면 술자리의 분위기는 더 살아나겠지만, 정색을 하고 시비를 건다면 얼굴을 붉히는 일이 벌어질 수도 있다. 필부(匹夫)들의 일상도 이럴진대, 정치인의 경우에야 더 말할 게 없다. 지도자들이 공감대를 만들기 위해 애쓰지는 않고 금부터 그어놓을 궁리를 한다면, 과연 국민들이 박수를 보낼까. 국민들은 민주화 이후 대립과 대치가 얼마나 비생산적인지 지긋지긋할 정도로 학습했다.

● 진보도 보수도 아닌 대한민국의 지도자가 나와야

그래서 나는 진보나 보수가 아니라 대한민국의 지도자가 나와야 한다고 주장하는 것이다. 개혁을 반대하는 국민이 어디에 있나? 설령 있다고 해도 진짜 반대하는 자들은 한 줌도 안 된다. 만약에 이 한 줌도 안 되는 자들만 따로 스푼으로 떠낼 수 있다면 그렇게 해도 된다. 그러나 그럴 실력과 자신이 우리에게 과연 있을까? 나는 없다고 생각한다.

우리는 어떤 식으로든 서로 연결되어 있다. 진보가 강해진다고 보수가 없어지는 게 아니다. 보수도 그만큼 강화된다. 개혁을 주장하더라도 개혁을 지지하는 사람들만을 위한 정치를 해서는 안 되는 이유가 여기에 있다. 때로는 두 발 뗄 것을 한 발만 떼고, 때로는 멈춰서 뒤도 돌아봐야 하는 것이다.

보수만을 불러서는, 진보만을 불러서는, 우리 사회는 악순환에서 헤어날 수가 없다. 하나의 코드(chord)만으로는 명곡을 쓸 수 없다. 소프라노 하나만 갖고서는 앙상블의 감동을 누릴 수 없다. 우리는 다 함께 대한민국을 불러야 한다.

나는 우리 정치가 좀 순해졌으면 좋겠다. 주고받는 게 정치다. 이렇게 말하면 무슨 뒷거래 같은 것을 연상하는 사람들이 있는데, 그런 게 아니다. 개인끼리의 이해관계를 처리하는 데 정치가 필요할 리가 없다. 그때는 법만 올바르면 된다. 우리가 지금 말하고 있는 것은 계층, 지역, 세대 등 우리 사회를 구성하고 있는 집단들의 이해관계다. 이것을 처리하는 데에는 정치 이외의 길이 없다. 대화를 해야 타협이 되고, 타협을 해야 안정이 될 게 아닌가. 그게 싫다는 것은 대결하고 싸움만 하자는 소리나 다를 바가 없다.

정치 지도자들은 언어 사용에도 굉장히 신경을 쓰고 조심을 해야 한다. 우리는 툭하면 '가진 자'라는 말을 입에 올린다. 이러면 통쾌할까. 우리는 상위계층으로 하여금 자신보다 못한 계층을 배려하도록 유도할 줄 알아야 한다. 다수의 힘으로 밀어붙여 세금을 더 내라는 법을 만드는 게 능사가 아니다. 설득을 하고 이해를 구해야 한다. 나중에는 세금을 더 내더라도 기분 좋게 낼 수 있도록 분위기를 만드는 게 중요하다.

이명박 정부가 등장하자마자 가장 먼저 한 일이 '감세(減稅)'였다. 이를 비난하기에 앞서, 이것이 어떻게 가능했는지를 돌아보는 게 낫지 않을까? 성찰(省察)이 요구되는 상황이다.

지역감정을
극복하려면

진보와 보수의 갈등 못잖게 우리나라의 골칫덩어리 가운데 하나가 지역감정이다. 이 지역감정은 평상시에는 잘 드러나지 않는다. 진보와 보수의 갈등이 때와 장소를 막론하고 '실명(實名)'으로 벌어지는 것에 비교하면, 지역감정은 숨어 있다. 지역감정이란 게 워낙 사회적으로 지탄의 대상이 되고 있기 때문일 것이다. 그러나 선거 때만 되면 다르다. 모든 쟁점을 단숨에 제압해 버린다. 진보와 보수의 갈등이 제 아무리 심각하다고 해도 지역감정 앞에서는 맥을 못 추니, '위력'으로 따지자면 지역감정이 가장 강한 셈이다.

● 선거 때만 되면 '도로아미타불'

많은 사람들이 지역감정의 이유로 경제개발과 인사(人事)에 있어서 지역불균형을 꼽는다. 틀린 말은 아니나, 썩 도움

이 되는 말도 아니다.

경제개발과 관련된 지역불균형의 문제를 보자. 우리나라 산업지도를 펼치면, 정말 안타깝게도, 동서(東西)로 완전히 갈려 있다는 게 한 눈에 들어온다. 중요한 산업기반시설은 전부라고 해도 좋을 만큼 영남에 위치해 있다. 그렇다면 이것이 왜 그쪽으로만 갔느냐. 경제개발을 주도한 박정희 정권이 '경상도 정권'이어서? 일부 동의는 하지만, 그것이 전부는 아니다. 더 중요한 이유가 있다.

우리처럼 자원이 없고 시장이 좁은 나라는 무역으로 먹고 살 수밖에 없는데, 과거에는 수출시장이라고 하면 미국뿐이었다. 게다가 대륙과의 교통로(交通路)가 휴전선으로 막혀 있으니 우리나라는 사실상 섬이나 매한가지인 신세였다. 수출도, 수입도, 몽땅 다 바다를 통하지 않고서는 불가능했던 것이다. 따라서 산업을 일으키려면 항만부터 건설해야 했고, 산업시설은 그것을 쫓아야 했다.

지금은 땅 위에서 배를 만드는 재주를 부리는 '하이테크'의 시대가 되었지만, 그때는 기술도 부족했고, 그것을 만회할 자본도 넉넉지 않았다. 그러다 보니까 환경에 의존할 수밖에 없었다. 우리나라는 태백산맥이 남북을 종단(縱斷)하고 있어서 동쪽과 서쪽의 지형적 특성이 다르다. 동해안은 수심이 깊고 경사가 가파른데, 서해안은 정반대다. 동해안에는 조수간만의 차가 거의 없지만, 서해안은 매우 심하다. 그래서 서해안에는 뻘이 많다. 결국, 천혜(天惠)의 항만 입지를 찾다 보니 산업시설이 동쪽에 몰리게 되었고, 이것이 울산, 포항, 창원 등의 남동임해공업단지가 들어선 이유다.

이것은 불가피한 상황이었다. 아마 국민들도 그렇게 이해했을 것이다. 그러므로 경제개발이 지역감정의 가장 큰 이유라고 보기는 힘들다. 만일, 정부가 경상도에 공장을 지어놓고 전라도 사람들은 취직을 못하게 막았다면 문제는 다르겠지만, 그런 일은 없었다. 지금도 울산이나 창원에는 호남 사람들이 꽤 있다. 물론, 산업시설이 들어섬으로써 그에 따른 혜택도 있었을 것이나, 이것이 망국적인 지역감정을 불러일으킬 정도로 영남과 호남 서민들의 운명을 바꾸어놓았다고 생각하는 것은 무리다.

인사 문제도 그렇다. 과거 요직(要職)은 경상도 출신이 아니면 꿈도 꾸지 못하던 시절이 있었다. 그것 때문에 호남에 많은 불만이 쌓였다. 그렇다고 호남 출신이 요직을 독차지하면 지역감정이 해결되는 것은 아니다. 악순환만 거듭된다. 김대중 대통령께서 청와대에 계실 때, 가장 신경을 많이 쓴 분야가 바로 인사다. 한때 비서실장, 검찰총장, 경찰청장 등, 이른바 권력의 핵심의 자리를 영남 출신들이 맡았던 적이 있다. 당신께서 지역감정의 최대 피해자였기에, 대통령이 되고

나서 최우선적으로 이 문제를 해결하겠다는 의지의 표현이
었던 것이다.

그러나 이렇게 노력해도 선거 때만 되면 '도로아미타불'이
다. 2000년 국회의원선거에서 한나라당은 부산, 경북, 경남
의 49개 선거구를 휩쓸었다(민주당은 호남에서 29개 선거구 가
운데 26곳에서 이겼다). 김대중 대통령이 그렇게 인사정책에
조심을 했음에도, 지방자치제도가 도입돼 지방공무원에 관
한 한 지역불균형의 소지가 원천적으로 사라졌음에도, 소용
이 없었다. 이렇듯 지역감정의 문제를 인사정책으로 접근하
는 것은 한계가 있다.

말을 꺼내기가 조심스럽지만, 지역감정에 있어서 가장 깊
은 상처는 광주의 비극이다. 호남이 민정당의 후신인 한나라
당을 싫어하는 데에는 이런 슬픈 역사가 있다. 하지만 이것
이 한나라당의 영남 '독식'을 설명해주지는 못한다. 광주의
비극이 한나라당의 영남 '독식'의 배경이 된 게 사실이라면,
영남의 유권자들은 민주주의를 거부하거나 독재자들에게 공
범의식을 갖고 있다는 말이 되는데, 이것이야말로 위험한 주
장이 아닐 수 없다.

백번 양보해서, 독재자들에 의해서 가해자와 피해자의 논
리가 이식(移植)되었다 하더라도, 광주의 비극이 지역감정을
악화시켰다는 논리는 수긍하기 어렵다. 왜? 전라도는 경상도

를 싫어한 적이 없다. 독재자와 한줌도 안 되는 정치군인을 싫어하고 비판했을 뿐이다. 거기에 영남 출신들이 주축이 되고 많이 있었을 뿐이었다.

● 지역감정은 정치 문제

이처럼 우리의 지역감정은 합리적으로 설명하기 매우 곤란한 것이어서, 그것의 실체를 꼭 집어내기란 쉽지 않다. 하지만 지역감정은 분명히 존재한다. 최근에 들어와서 이 지역감정이 '힘'을 쓰는 방식도 많이 달라졌다. 예전에는 '갈등'이란 말이 딱 들어맞았다. 정당의 지도부나 후보자나 유권자나 가릴 것 없었다. 누구나 지역감정을 건드리고 그것에 호소했다. 나라가 온통 난리였다. 요즘에는 이런 모습을 볼 수 없다. 조용하다. 누구도 지역감정을 꺼내지 않는다. 그럼에도 선거 결과는 요지부동이다.

21세기에, OECD에 가입한 세계 10위권의 무역대국인 민주주의국가에서, 지역감정에 따라 투표를 한다면 최소한 유권자의 마음 한 구석에는 개인적인 갈등이라도 있을 법한데, 그런 것도 보이지 않는다. 마치 몸에 맞는, 오래된 편한 옷을 입은 듯하다.

차라리 지역감정으로 나라가 시끄럽던 때가 그리울 지경이다. 문제가 수면 위로 올라오는 게 그렇지 않은 것보다 낫다. 그래야 해결책도 찾을 수 있기 때문이다. 전에는 식자(識者)들이 나서서 한마디씩이라도 거들었다. 지금은 다들 으레 그러려니, 외면을 하고 만다.

호남에서 한나라당, 영남에서 민주당은 아예 고려의 대상도 안 되는 게 지금의 현실이다. 지역감정이 갈등을 넘어 일종의 환경이 된 게 아닐까 우려스럽다. 갈등은 해결할 수 있다. 그러나 환경은 객관적으로 주어진 것이니 적응하는 수밖에 없는 것이다. 이럴 때면 수도권에 인구의 절반이 밀집해 있다는 게 천만다행한 일이라고 생각된다. 그렇지 않았다면 우리나라는 벌써 결딴이 났을 것 아닌가.

지역정서는 어느 나라에나 조금씩은 있다. 그것이 선거에서 일정한 표의 '쏠림' 현상을 낳는 것도 비슷하다. 사실, 너무 심하지만 않다면, 지역감정이 아닌 지역정서로 작용한다면 그리 나쁜 것도 아니다. 인지상정(人之常情) 아닌가. 지역감정이 소외나 불평등을 시정하는 계기가 되기도 한다. 갈등이 비전으로 이어진 좋은 사례다.

우리도 그럴 수 있었다. '호남 푸대접'이니 '충청 무대접'이니 하는 말들을 그저 흘려들으면 안 되는 게, 민주화의 과정에는 이런 불협화음도 포함된다. 이런 과정을 거쳐 갈등은 해결되는 것이다. 부(富)와 권력 그리고 사회간접자본이나 교육과 같은 사회적 재화(財貨)의 편중(偏重)은, 적어도 민주화 이후에는 지역보다는 계층의 문제다. 지역 편중도 수도권과 지방 사이가 문제이지, 영남과 호남 사이는 많이 개선된 게 사실이다. 따라서 선거의 '상수(常數)'는 시간이 지날수록 지역감정에서 계층갈등으로 옮아가야 정상이다. 이렇게 해서 민주화는 완성된다.

그런데 우리는, 어이없게도, 지역감정이 정당의 '지역독식구조', '지역배제구조'로 고착되어 버렸다. 선거, 정당 등의 정치적 상부구조가 사회 현실로부터 떠버린 것이다. 이 점에서 볼 때, 지역감정은 정치 문제라 할 수 있다. 다시 말해 지역감정을 끊임없이 재생산하고 있는 곳은 우리의 사회 현실이 아니라 '정치엘리트들'이라는 이야기다.

이를 입증하는 객관적인 데이터가 있다. 역대 선거 투표율이 그것이다. 지역감정이 외관상 가장 격렬했던 1987년 제13대 국회의원선거에서 75.8%를 기록한 투표율은 제14대에는 71.9%, 제15대에는 63.9%, 제16대에는 57.2%로 계속 떨어졌고, '탄핵 사태'가 벌어진 제17대에는 60.6%로 소폭 상승했다가, 이명박 대통령 당선 직후인 제18대에는 46.1%로 무려 15%p 가까이 추락한다.

투표율이 떨어졌다는 것은 유권자들이 투표를 할 이유를 찾지 못하고 있다는 뜻이다. 여기에는 여러 가지 해석이 있을 수 있지만, 핵심적인 것은 두 가지다. 하나는 뚜렷한 쟁점이 없다는 것이고, 또 하나는 유권자들이 정치에 대한 기대를 접었다는 것이다. 후자와 관련해서는, 이 경향이 특정 계층의 유권자들에 국한되는 것이냐, 아니면 모든 계층의 유권자들에 해당하는 것이냐 하는 질문도 있을 것이나, 거기까지 나아가지는 않겠다. 아무튼, 분명한 것은 쟁점이 점점 사라지고 있다는 사실이다.

그런데 이 기간 동안 정당의 지역독식-배제구조는 더 확고해졌다. 앞에서 지적했듯이, 계층과 계층 사이의 갈등, 수도권과 지방 사이의 갈등이 날로 심각해지고 있음에도, 한강 이남 지역의 선거 결과는 흔들리지 않았다. 이리하여 한나라당과 민주당의 양당체제는 완전히 반석 위에 올라섰다. 이것은 무엇을 의미하는가. 정치가 '그들만의 리그'가 되었다는 것이다.

● '정치엘리트들'이 지역감정의 주범

'그들만의 리그'는 변화된 사회 현실에 맞게 새로운 쟁점을 찾고, 그럼으로써 사회적 갈등을 해결하는 것을 자신의 목표로 삼지 않는다. 오히려, '그들만의 리그'는 자신에게 가장 익숙한 '옛것' 뒤에 숨어 '새것'의 등장을 막고 생명을 연장하려 한다. 그 '옛것'이 지역감정이다.

그러니 지역감정과 '정치엘리트들'의 '공생관계(共生關係)'

를 빼놓고서는 지금의 사태를 설명할 길이 없는 것이다. 이 '공생관계'가 정당의 지역독식-배제구조의 본질이다. 현실이 이러하니, 정치권이 내놓는 해결책으로는 지역감정은 해결되지 않는다.

요즘 말이 많은 '동남권 신공항' 문제를 보자. 이야기의 줄거리는 이렇다. 노무현 대통령이 임기 말에 공항 건설을 검토하겠다고 운을 뗐다. 이에 뒤질세라, 한나라당과 이명박 당시 대통령후보가 공항 건설을 약속했다. 집권 후 이 약속은 차일피일 미뤄지다가 3년이 지난 뒤에 경제성이 없다며 파기됐다. 그러자 영남의 이해관계자들이 다 들고 일어났다. 공항 건설 무산에 따른 경제적 기대이익이 사라진 데 대한 불만이 이명박 대통령에 대한 분노와 한데 얽혀 정치권에 대한 불신만 재확인해준 꼴이 됐다.

3년 전에 경제성이 있었던 공항이 이제 와서 경제성이 없어졌다는 것은 사리에 맞지 않는다. 결국 표를 얻기 위해 거짓말을 했다는 것인데, 이것 자체가 이미 지역감정에 기반한 '정치공학(政治工學)'이다. 공항 건설 무산에 항의하는 대구경북의 한나라당 의원들은 이 지역 사람들이 인천공항을 이용하는 데 드는 비용이 연간 6천억 원 가량 된다고 주장한다. 그러니까 공항을 건설해서 이 비용을 줄여줘야 한다는 것이다. 이것이 사실이라고 하더라도, 이 주장에는 몇 가지

짚어볼 대목이 있다.

우선, 이 비용이 꼭 필요한 지출인가 하는 문제가 있다. 다음으로는 이 비용을 지출하는 사람들이 주로 누구인가 하는 문제가 있다. 이것은 공항 건설로 얻어지는 사회적 이익이 주로 누구에게 돌아가는가 하는 문제다. 국제공항과 같은 사회기반시설이 들어오면 지역민에게 혜택이 골고루 돌아간다는 주장도 있으나, 이는 객관적으로 검증된 바가 아니다. 무안공항, 양양공항, 예천공항 다 그랬다. 경제성이 없으면 애물단지로 전락하고, 그것은 곧바로 중앙 및 지방정부의 부담이 된다.

공항을 지어야 할 정도로 물류(物流)가 막힌 것도 아니고, 국제공항이 들어온다고 해서 이 지역의 관광산업이 발전하는 것도 아니다. 공항 건설은 이 지역의 사회적 갈등을 해결하는 데 있어서 '영순위'도 아니며, 경제성장에도 별반 도움이 되지 않는 것이다.

그럼에도 공항 건설을 놓고 목소리를 높인다. 대체 왜 그럴까. 이익을 보는 사람들이 있기 때문이다. 토건업과 부동산투기가 그 한 가운데 있다. 공항을 자주 이용하는 상류층들도 있다. 이들과 지역 출신 정치엘리트들이 네트워크를 형성해, 지역 유권자들에게 막연한 개발심리를 부추기는 것이다.

개발심리는 정치엘리트들의 기득권을 낳고, 정치엘리트들

은 반대급부를 제시해 이 기득권을 지키는 일이 반복되면 유
권자들은 정치에 흥미를 잃게 된다. 이것이 투표율 하락의
원인 가운데 하나다. 투표율이 떨어지는 만큼 기왕에 투표를
해 왔던 이해당사자들과 정치엘리트들의 공생관계는 더 단
단해진다. 정당의 지역독식-배제구조는 이렇게 만들어진 것
이다. 이것은 정치권이 지역개발을 잘못 이해하고 있거나,
그것에 대한 열망을 악용하는 것이라고 볼 수밖에 없다.

산업화 시대에 경제의 중심은 영남이었다. '굴뚝산업'이
영남으로 갔다. 이로 인해 환경 훼손과 공해 문제가 나타났
다. 그렇다면 정보화 시대에, '굴뚝 없는 산업'은 어디로 가
야 할 것인가. 당연히 호남으로 가야 한다. 서쪽이 새로운 성
장엔진 역할을 하는 동안, 동쪽은 '굴뚝산업'의 시대를 마감
할 준비를 해야 한다. 동서로 균형이 무너진 우리의 문제를
해결하려면 이러한 인식이 전제돼야 하는 것이다. 지도자들
이 이 안목을 가져야 한다.

원래 우리나라 의료산업단지의 메카는 원주였다. 이것을
의료복합산업단지라고 해서 충청도와 반으로 갈랐다. 이것
은 국가의 미래를 도모하는 정치의 논리가 아니다. 지역에
기생하는 정당의 당리당략일 뿐이다. 대한민국은 대한민국
의 정치논리 하나만 있으면 된다. 국가정책산업은 국가의 정
치논리로 풀어야 한다. 그렇지 않으면 한정된 예산을 적재적

소에 쓸 수가 없다. 대한민국이 망하면 경상도도 전라도도 없다.

피터 드러커라는 미래학자가, 시골에 사는 사람들은 1차산업사회 시대에 머물고 있고, 도시에 사는 사람들은 2차산업사회 시대에 산다고 말한 적이 있다. 인구의 도시집중은 막기 어렵다는 의미다. 오늘은 1차산업사회(농촌)에 살더라도 내일은 2차산업사회(도시)에 살겠다는데, 이것을 어떻게 누가 막을 수 있겠는가. 하지만 농촌이 황폐화되고 국토불균형이 심화되는 것을 그대로 둘 수는 없다. 그런 점에서 노무현 대통령의 국토균형발전전략이 나왔을 텐데, 이것 또한 아쉽기는 마찬가지다.

인간은 물질적 동물이다. 서울에 인구가 집중되는 것은 다른 게 아니라 돈이 많기 때문이다. 돈과 사람은 동전의 앞뒷면과 같다. 또 하나, 화력은 서울이 제일 좋다. 서울에 가까이 오면 훈김이라도 쐴 수 있지만, 다른 도시는 그 속에 들어가 봤댔자 썰렁하다. 이게 화력의 차이다. 이런 상황인데, 기업도시를 몇 개 만든다고 인구집중이 해결되겠는가. 애당초 경쟁이 안 되는 것이다. 정부부처나 공기업 이전도 권역별로 몰아줘야지 흩어놓으면 힘을 쓰지 못한다.

대전 정부종합청사가 인구분산 효과를 거둔 것은 대전 속으로 들어간 덕분이다. 노무현 정부의 구상대로 신도시를 하

나 털렁 세우는 것만으로는 정책 목표를 달성할 수 없는 것
이다. 노무현 정부의 구상이 지역감정만 건드리고 '용두사
미'로 끝나지 않을까 걱정이 된다.

● 지도자가 결단하면 해결할 수 있어

지역감정의 문제가 '정치엘리트들'의 문제라면, 결국 지도
자의 문제다. 큰 지도자들은 혁명가 정신을 갖고 있다. 지도
자는 자신의 안위나 영달을 의식하면 안 된다. 그런 것을 의
식하면 지도자가 아니다. 소인배다. 지도자들이 결단을 해야
지역감정의 문제는 해결될 수 있다.

다행히 우리의 지역감정은 선거 때만 힘을 쓸 뿐 평상시에
는 적대적이지도 격렬하지도 않다. 정당의 지역독식-배제구
조는 너무나 비생산적이고 비효율적인, 우리 사회의 암적 존
재다. 지도자들은 이를 극복할 의무가 있는 것이다. '정치엘
리트들'과의 공생공존이 더 중요한가, 아니면 나라의 미래가
더 소중한가.

이와 함께, 정책정당이 필요하다. 우리나라 정당사를 보
면, 국민 속에 정책정당으로 뿌리를 내린 정당은 하나도 없
다. 유권자의 입장에서 정당이란 개인적 이해관계에서 출발
해 국가적 비전으로 접근해 가는 것인데, 이 과정이 완전히
생략되어 있는 것이다.

우리나라 사람들은 계층적 소속감은 비교적 강한 편인데, 정치적 소속감으로 들어가면 완전히 뒤죽박죽이다. 지금처럼 영남의 노동자가 한나라당을 지지하고, 호남의 기업가가 민주당을 지지하는 식으로는, 정치가 제 역할을 할 수 없다. 선거 결과에 민의(民意)가 제대로 반영되지 않기 때문이다. 이 점에서 국민들도 책임이 있다.

그러나, 지도자는 국민들의 의식이 과거와는 달라졌다는 사실을 깨달아야 한다. 권위주의 시대에는 내 개인의 이익을 위해, 내 지역을 위해 누가 욕을 하든 말든 맹목적으로 깃발을 흔들고 따르고 했다. 그때는 나라가 발전을 못하더라도 미운 놈 떡 하나 덜 주는 것으로 이쁜 놈 떡 하나 더 줄 수 있었다. 지금은 다르다. 영남 출신 대통령이 실패하면 영남 사람들도 고스란히 피해를 보게 되어 있다.

특히, 인사정책을 바꿔야 한다. 옛날에 우리 선조들이 하신 말씀이 있지 않나. ‘미운 놈 떡 하나 더 줘라’라고 말이다. 이것이 포용이다. 정치는 포용이 없으면 자신의 소임을 다할 수 없다. 앞으로는 김대중 대통령이 노력했던 것보다 훨씬 더 획기적으로 인사의 문을 열어야 한다. 이런 일들이 자꾸 쌓이다 보면 선례(先例)가 관례(慣例)가 된다. 누가 대통령이 되더라도 그것을 거스를 수 없게 만들라는 것이다.

남북통일을 논하기 이전에 남한 사회부터 통합을 이뤄야

한다. 이대로는 남북 간에, 민족 간에 통일은 못한다. 지역감
정 뒤에 숨어 얄은꾀만 부리려는 자세로는, 통일을 이룩할
실력도 키울 수 없고, 전망도 세울 수 없다.

성장과 분배의 어깨동무가
정치의 일

청와대 경호실에 근무하면서 헬리콥터를 많이 탔다. 헬리콥터는 비행기와는 달리 낮게 날기 때문에 땅 위의 모습을 구석구석 자세하게 살펴볼 수 있는 이점이 있다. 헬리콥터를 타고 서울 상공을 날다보면 한숨이 절로 난다.

● 강남과 강북은 스카이라인부터 달라

서울시 외곽은 비닐하우스, 물류창고나 영세공장으로 쓰이는 가건물들로 완전히 포위돼 있다. 보기에도 무질서하고 흉측하기 짝이 없다. 강북과 강남의 차이도 우리가 알고 있는 것 이상이다. 너무나 차이가 난다. 강북에는 소방도로 하나 제대로 없고, 산동네에 집들이 다닥다닥 붙어 있는 게 숨이 막힐 지경이다. 하늘 위에서 바라보는 서울의 모습은 이렇다.

그런데 600년 역사의 서울이 잉태된 곳은 강북이다. 예전

에는 모든 게 부족했기 때문에, 당연히 도시계획이라는 것을 기대할 수 없었다. 나라의 경제규모가 커지면서 정부의 계획에 따라 강남이 개발됐는데, 이것이 지금에 와서는 강남은 '1등 시민'이 사는 곳, 강북은 '2등 시민'이 사는 곳으로 변질돼 버렸다. 강남 개발이 시작된 게 1970년대 초반이고, 내가 헬기를 타고 서울 상공을 둘러봤던 게 김대중 대통령 때의 일이니, 무려 30년 동안 이런 불균형이 지속돼 왔던 것이다.

불균형은 시정돼야 한다. 강북이 서울의 모태라면 그만큼 강북은 서울의 성장에 자신을 희생해 온 셈이다. 그렇다면 보상이라는 것이 반드시 있어야 한다. 4대문 안에는 고궁(古宮)을 제외하면 녹지가 없다. 고도제한을 풀어서 건물을 위로 올리고, 남는 땅을 녹지공간으로 확보해야 한다. 재개발 문제도 업자들에게만 맡길 게 아니라, 서울시가 나서서 랜드마크도 세우고, 사회기반시설도 더 확충을 해야 한다. 가꾸는 게 보상이다. 그래야 강북 사람들도 자신의 '삶의 질'을 높일 게 아닌가.

내가 헬리콥터를 타고 서울의 스카이라인을 바라보며 이런 생각을 한 지 벌써 10년이 지났다. 그 사이에 서울도 많이 바뀌었다. 만족할 만한 수준은 아니지만, 강북과 강남의 격차도 꽤 줄어든 것 같다. 우리는 이러한 변화의 추세를 살려내야 한다. 오세훈 시장이 '디자인서울' 같은 겉치레에 집착하지 말고, 그 예산과 정열로 강북과 강남의 실질적인 격차를 줄여나가는 데 힘을 쓴다면, 서울의 모습은 훨씬 더 나아질 것이다.

내가 이 말을 꺼낸 이유는 두 가지다. 하나는 모든 일에는 시간이 필요하다는 것이다. 강남 개발과 그로 인한 강북과 강남의 격차는 처음에는 어쩔 수 없는 일이었다. 서울은 자꾸 비좁아지는데, 포화 상태에 다다른 강북을 리모델링하는 것보다는 개발하는 게 비용이 적게 들기 때문이다. 경제가 성장하고, 예산 규모가 늘어난 뒤에야 그 격차를 해소할 단초들은 마련된다.

또 하나는 변화의 추세를 거스르면 안 된다는 것이다. 지방자치제 도입 이후 역대 서울시장들은 강북과 강남의 격차를 줄이는 데 상당한 노력을 기울였다. 서울시가 안고 있는 가장 큰 갈등이 강북과 강남의 격차이고, 불균형과 소외를 줄이는 것이야말로 민주화 이후 우리 사회가 풀어야 할 가장 큰 숙제라는 점에서, 이 노력은 시대적 요구를 반영하는 것이었다고 할 수 있다. 이렇듯, 사회 밑바닥의 목소리와 지도자의 노력이 만날 때 변화의 물길은 열리는 것이다.

• '정경유착'은 '일방통행'을 부른다

시간이 필요한 일을 당위(當爲)의 논리만을 갖고 우겨다

짐으로 밀어붙이는 것이 ‘급진’이라면, 변화가 시작됐음에도 이를 인정하지 않고 역사의 물줄기를 되돌리려는 것은 ‘반동’이다. 두 가지 모두 갈등을 푸는 데에는 도움이 되지 않는다. 갈등이란 시간이 지나고 보면 다 해결된다. 그러나 해결될 때까지 그 시간을 어떻게 보낼 것인가. 시간의 선용(善用), 이게 실은 우리에게 소중한 문제다. 이른바 ‘성장이 먼저냐, 분배가 먼저냐’ 하는 논쟁도 이러한 시각에서 바라보아야 한다.

우리나라도 한때 개발지상주의에 빠져 있었던 시대가 있었다. 앞만 보고 달렸다. 바로 옆도 뒤도 돌아보지 않았다. 오죽했으면 노동자가 “근로기준법을 준수하라!”고 외치며 분신을 했겠는가. 그렇다고 우리가 그 시대를 역사에서 지울 수는 없는 노릇이다. 그 시대가 가져다 준 사회적 부가 오늘날 우리의 생활 터전인 것이다.

하지만 우리가 잊어서는 안 될 게 있다. 그 시대에 우리나라 대기업들은 국영기업이나 마찬가지였다. ‘대한민국주식회사’라는 말이 있었듯이, 국가가 보증을 서주고, 국가가 일감을 따줬다. 그 과정에서 ‘정경유착’이 생겨났다. 단언하건대, ‘정경유착’은 경제성장의 필요조건은 아니었다. 경제성장의 찌꺼기일 뿐이다.

그런데 이 찌꺼기가 너무 두껍게 들러붙었다. 성장의 톱니

바퀴가 분배의 톱니바퀴로 동력을 전달해야 할 시점인데, 헛바퀴가 돌게 된 것이다. 갈등 해소를 위해 쓰여야 할 돈이 재벌과 관료들의 호주머니로 들어갔으니, 엑스트라가 주연, 감독에 각본까지 쓰겠다고 나선 셈이다. '정경유착'은 '일방통행'을 부른다.

그 표본이 청계천이다. 냄새 나고 더러우니 그냥 덮어버렸다. 그것도 모자라서 그 위에 고가도로를 올렸다. 그랬던 것을, 이명박 서울시장 때 부수고 들어내고 파헤친 다음에 수돗물을 끌어들인 뒤 '청계천 복원'이라고 이름을 붙였다. 어쨌든 보기에는 깨끗하고 좋아졌다. 그러나 자연에 의한, 자연 스스로의 생태적 환경이 만들어지기까지는 좀 더 시간을 두고 판단할 문제다.

자연의 아름다움은 깊이를 알 수 없고, 생명력은 끝이 없다. 인간이 그 아름다움의 깊이를 알 수 없고, 그 끝을 들여다 볼 수 없으니 자연이 아름다운 것 아닌가. 인공적으로 만드는 것은 겉으로는 아름다울지 몰라도 언젠가는 끝이 난다. 그러니, 몇십 년 후에 '청계천'이라고 불리우는 이 인공연못이 환경에 어떤 영향을 미칠지 누구도 장담할 수 없다.

덮을 때나 부수고 파헤칠 때나 일하는 방식이 똑같다. 충분한 타당성 검토 없이 일감부터 먼저 만들고 본다. '일방통행'이다. 30년 전 토목공사의 주역은 현대건설이고 30년 후

토목공사의 주인공은 현대건설 사장, 회장을 역임한 이명박 서울시장이다. 이를 '결자해지(結者解之)'라고 부르며 웃고 말기에는 우리가 미래에 지불해야 할 대가가 너무 크다. 이 과정에서 낭비된 사회적 비용은 누가 책임질 것인가.

● 대화가 최선의 방책

말이야 바른 말로, 청계천 복개와 고가도로 건설에는 현대의 신화가 있었다. 이 '현대 신화'가 드라마로 만들어져 그 주역 가운데 한 사람인 이명박 씨가 대통령이 됐다. 우리 국민은 '현대 신화'에서 '대한민국 신화'를 기대했을 것이다. 이 기대가 이명박 대통령을 만든 힘이 됐다고 해도 과언이 아니다.

하지만, 신화는 신화일 뿐이다. 청계천 복원 공사를 할 때, 당시 이명박 서울시장은 도의적인 책임 차원에서 서울시민에게 사과부터 하는 게 역사 속에 사는 공인(公人)의 참된 모습이 아니었을까. 그런데 웬걸, 이번에는 전국에 '청계천' 공사를 하겠다니. 지금 그것이 가장 시급한 사회적 과제인가. 이게 다 변화의 추세를 거스르는 일이고, 시간의 선용(善用)을 부정하는 행위다.

이명박 대통령 들어서서 '글로벌 금융위기'가 터졌고, 지금껏 국민들은 허리띠를 졸라매고 고통을 감내하고 있다. 대기업들은 몇십조 원이나 되는 현금을 쌓아두고 있는 반면,

서민들은 '청년실업'으로 부모와 자식 사이도 팍팍해지고 있다. 과연 우리의 지도자들은 이 문제를 똑바로 보고 있는가. 답은 '아니올시다'다.

대통령이 '4대강'을 외치니, 서울시장은 '한강르네상스'로 화답하는 세상이다. 서울을 아름답게 만든다는데, 한강의 조경을 그럴 듯하게 꾸민다는데, 싫어할 서울시민은 없다. 그렇지만 모두가 땀 흘리며 열심히 일해서 낸 세금으로 이런 시설을 갖추어놓았을 때, 그것의 활용도가 얼마나 될지, 그것을 즐길 수 있는 서울시민이 몇 퍼센트나 될 것인지를 생각해야 한다. 서울시의 재정이 그 정도로 여유가 있는가.

서울시의 '청년실업' 문제도 매우 심각하다. 그렇다면 시장은 서울의 젊은 청년들의 일자리를 하나라도 더 만들기 위해 얼마나 노력하고 고민하고 있는지 궁금할 따름이다.

예산과 정책이 이렇게 '일방통행'으로 흘러가니까, 정치권이 무엇을 해도, 무슨 소리를 해도 국민들의 공감을 얻지 못하는 것이다. '양극화'라는 암담한 소리만 남게 되고, 우리 사회는 '닭이 먼저냐 달걀이 먼저냐'는 식으로 해묵은 성장과 분배의 논쟁에 정력을 허비하게 된다.

현대의 과학문명사회는 속도를 추구한다. 그것이 현대사회를 지탱하는 힘이자 숙명이다. 그리고 사회 구성원 모두가 전속력으로 내달릴 수는 없다. 그렇기에, '양극화'는 일시적인 현상은 아닐 것이다. 가속이 붙어 순항(巡航 cruise)이 가능해지려면 때에 따라 '양극화'는 더 커질 수도 있다. 밑불이 생길 때까지는 장작을 계속 더 넣어줘야 하는 것과 같은 이치다.

'양극화'는 해결돼야 한다. 이것이 우리의 믿음이다. 이 믿음을 지키려면 우리는 끊임없이 대화를 해야 한다. 그것이 시간의 선용(善用)이다. 희생과 부담, 양보와 절제가 의미를 얻을 수 있는 것은 바로 이러한 과정을 통해서다. 지도자는 성장과 분배가 어깨동무를 걸 수 있도록 노력해야 한다.

그러나 '일방통행'에는 그런 대화가 없다. 당연히 시간은 '악용(惡用)'된다. 누가 얼마나 더 버틸 수 있는지 한번 보자 하는 식이다. 이렇게 되면 대한민국이라는 배는 순항속도에 오르기 전에 조난신호부터 울려야 할 운명에 빠질지도 모른다.

정치는 아무나 하나

국민들은 성공한 기업가 출신이니 실물경제를 잘 알 것이라 믿고, 이명박 대통령을 선택했다. 그런데 지금 국민, 특히 서민들의 입장에서 봤을 때, 생활이 나아지거나 경기가 풀렸다고 보는 사람은 거의 없다. 믿었던 도끼에 발등을 찍힌 격이다. 게다가 '4대강'에서 나타나듯이, 이명박 대통령은 자신의 경험만 믿고 일방적으로 정책을 밀어붙이고 있다. 이 과정에서 국민들은 국가정책 수립과 집행의 우선순위가 잘못돼도 한참 잘못됐다는 생각들을 가지고 있다.

이번에 우리 국민들이 깨달은 게 있다면, 대통령만큼은 소위 '전문가' 소리를 듣는 사람을 시켜서는 안 되겠다는 것이다. 국가 지도자는 국가 전체를 볼 줄 알아야 한다. 전문적인 능력과 경험은 국가 운영에 필수적인 인적 자원이지만, 지도자는 '전문가'라는 범주를 뛰어넘는 사람이어야 한다. '전문가'를 부릴 줄 아는 사람이 진짜 지도자인 것이다.

● 정치를 하고 싶다면 교수를 그만두고 하라

정치권 주변을 기웃거리는 교수들을 '폴리페서(polifessor)'라고 부른다. 좋은 뜻은 아닌 것으로 알고 있다. 교수들도 국민인 이상 정치에 참여할 권리가 있다. 하지만 교수들이 자신의 지식과 이론만 믿고 정치에 참여한다면, 그것은 생각해 볼 문제다.

정치에 참여하는 교수들의 전공을 보면 주로 정치학, 경제학, 법학, 경영학 등에 집중돼 있다. 이 학문들이 제시하는 이론은 상대적이다. 자연과학과는 다르다. 인간과 사회를 다루기 때문이다. 경제학만 하더라도 무수한 논쟁이 있지 않은가.

학문을 연구하는 교수의 입장에서는 자신의 이론이 진리일지 모르지만, 정치의 측면에서 보면 이론은 고려해야 할 하나의 지식에 불과하다. 어느 하나의 이론만 고집해서는 다양한 계층의 이해관계를 조정하는 데 한계가 있는 것이다. 지식은 애드벌룬과 같다. 높이 띄워 놓으면 사람들이 그것을 보고 현실에 맞게끔 활용을 하는 것이지, 애드벌룬 자체가 현실이 될 수는 없다. 이것이 학문과 정치가 다른 점이다.

정치는 아주 현실적인 것이다. 정치는 진리를 탐구하는 게 아니라고 나는 생각한다. 정치는 내 원칙만을 고수해서도 안 되는 것이다. 그런데, 교수들은 자신이 원칙이고 진리라고 생각하면, 누가 인정하든 말든, 그것을 발표하고 강의를 한다. 여기에서 가치 판단의 기준은 논리의 일관성이다. 교수들은 자신의 이론을 붙들고 놓치지 말아야 한다. 이것이 교수, 즉 학자의 원칙이다. 학문은 협상을 해야 할 이유도 없고, 해서도 안 된다.

그러나, 정치는 대화와 타협이다. 이것이 정치에서 가장 중요한 원칙이고, 그것의 성과로써 양보가 도출되어 비로소 갈등이 조정되고 해소될 여지가 생기는 것이다. 학문의 길과 정치의 길은 이처럼 다르다. 성공한 교수가 성공한 정치인이 되리란 보장은 어디에도 없다.

우리나라 대기업들은 인재를 가장 중요한 자산으로 여긴다고 그들 스스로 말한다. 그런데 왜 최고학부의 경제학이나 경영학 교수를 경영자로 앉혀서 일을 시키는 경우가 없을까. 실물경제의 최전선에 있는 기업들은 교수들의 지식이 필요하다면, 자문위원으로 위촉하거나 용역을 의뢰해서 보고서를 받는 것으로 그친다. 최첨단의 경영이론이 있다고 하더라도, 그것을 현실에 접목시키는 역할은 현장에서 잔뼈가 굵은 경영인들의 몫이다. 그 이유는 그들이 일을 더 잘 알고 있기 때문이다. 경영 역시 협상이다.

교수와 정치인은 자신의 행위에 책임을 지는 방식도 다르다. 교수는 직업인이다. 직업인은 유한책임을 전제로 한다. 반면, 정치인은 유권자의 대표이자 리더이지 직업인이 아니다. 무한책임이다. 교수는 자신의 이론이 틀리거나 강의가 잘못되어도 최악의 경우 사표를 쓰는 것으로 끝난다. 정치인에게는 사표조차 사치다. 정치인의 일거수일투족은 국가와 민족의 흥망성쇠와 연결되어 있다. 중압감의 강도에 있어서 비교할 수가 없는 것이다.

만에 하나, 교수들이 정치 참여를 자신의 이론을 실험하는 기회로 여긴다면, 그것은 위험한 일이다. 실험의 대상으로 삼기에는 우리의 현실은 너무나 복잡하고 절박하다. 수천만 명이 넘는 사람들의 삶과 꿈이 달려 있는 것이다. 그래서 나는 교수가 정치에 뛰어들겠다면, 교수직을 그만두고 난 뒤에 사회 경험을 해보고 나서 하라고 권하고 싶다. 특히, 교수로 있다가 휴직을 하고 정치에 뛰어든 뒤, 다시 교수로 복직하는 패턴이 반복되는 것은 정말 문제다. 무책임한 일이다.

● 전문가는 자기 분야에서 존경받아야

'폴리페서'는 미국에서 만들어진 말이지만, 정치권에 교수들이 밀려드는 현상은 유독 우리나라에서 더한 것 같다. 그런 만큼 사건도 많다. 지난 일이지만 정운찬 교수가 국무총리로 지명돼 인사청문회에 섰을 때 우리 국민은 실망을 많이 했을 것이다. 나 역시 실망을 많이 했고 가슴이 아팠다. 우리나라 최고의 대학의, 최고의 지성의 간판이라는 분이 도덕적으로 이런 저런 문제들에 걸려서 쩔쩔매는 모습이 참으로 안타까웠다. 법적으로는 문제가 되지 않았지만, 우리 사회에서 보이지 않게 지켜지고 존중받고 있는 교수들의 권위가 훼손이 된 것 같아 충격이었다.

교수도 사람이다. 문제가 없을 수 없다. 하지만 유권자들 앞에 자신의 모든 것을 내보여야 하는 정치인들과는 달리, 교수들에게는 '상아탑(象牙塔)'이라는 '보호막'이 있다. 정치인들에게는 일상이 전쟁의 연속이나 다름없지만, 교수들의 일상은 평화롭고 안전하다. 교수가 정치권에 뛰어든다는 것은 훈련도 안 된 병사가 후방에서 전선으로 차출되는 것과 마찬가지다. 이 과정에서 혹시라도 조롱거리라도 된다면, 또는 자신의 이론만을 믿고 고집만 부린다면, 어떻게 되겠는가. 교수들이 현실 권력에 관심을 가지면, 사람도 잘못 되고, 사회에는 냉소주의만 팽배하게 가중될 것이다.

이런 일은 누구에게도 도움이 되지 않는다. 국제적으로도 망신이다. 미국에는 세계 제일의 명문대학과 세계적 석학들이 다 모여 있다 해도 과언이 아니다. 여기에 세계적 기업들, 즉 글로벌 기업들이 얼마나 많은가. 그러나 이 글로벌 기업들은 세계적 석학을 자신의 CEO로 부르지 않는다. 학자들 역시 마찬가지다. 가지도 않을뿐더러 기웃거리지도 않는다. 이런 현실을 우리도 한번쯤 곰곰이 생각해 볼 필요가 있다.

만일, 하바드 대학총장이 미국 국무장관으로 지명을 받았다가 인사청문회에서 우리의 정운찬 총리처럼 도덕적으로 문제가 제기되고 구설수에 오르게 된다면, 미국이 자랑하는 '자유와 정의의 수호자'라는 명성과, 돈으로는 환산할 수 없는 미국의 도덕적 가치가 어떻게 될 것인가. 미국인의 자부심과 긍지는 한순간에 사라지고 말 것이다. 그런 우려 때문은 아니겠지만, 미국에서는 우리와 같은 경우를 볼 수가 없다. 아니, 정치 선진국에서는 볼 수가 없다.

정치인들이 교수의 자문을 구하는 것은 자연스러운 일이나, 교수들이 유력한 대선 후보들의 캠프에 몸을 담고, 시쳇말로 앞을 다투어 줄을 서는 모습은 보기에도 흉하다. 그게 다 권력에 마음이 있기 때문이다.

순수성을 갖고 캠프에 참여했다면. 자신이 도운 후보가 당선이 된 것으로 만족할 줄 알아야 한다. 정부 요직에 발탁이 되고 안 되고는 인사권자의 마음먹기에 달린 것이지만, 권력을 직접 휘두르기보다는 정부의 분야별 자문위원 같은 방식으로 일을 하는 게 훨씬 더 보기에 좋다. 그것이 학자가 국가에 봉사하는 것이며, 국민으로부터 존경과 사랑을 받는 가장 아름답고 좋은 모습이 될 것이다.

정치권이 교수들의 참여를 환영하는 이유는 우리 사회에서 교수가 상징하는 권위와 신뢰 때문인데, 이렇게 '폴리페서'의 행태가 되풀이되면 이 권위와 신뢰 또한 오래지 않아 무너질 게 틀림없다.

정치권이 부른다고 하더라도 마지못해 끌려가는 것과 기다렸다는 듯이 나서는 것은 하늘과 땅 차이다. 요즘 교수들이 정치권에 발을 담그는 행태는 '억지춘향'보다는 아무래도 '불감청고소원(不敢請固所願)'에 가깝다. 선거 때가 되면 언론에 각 캠프별로 참여한 교수들 명단이 공개된다. 그러면서 교수사회에서도 선망과 질시, 찬성과 비판이 교차한다고 들었다. 정치권의 대립이 '상아탑'으로 확산된 것이다.

옛날 선비들은 고관대작(高官大爵)들과 길가에서 부딪히기라도 하면, 때가 묻었다며 소매를 털었다고 한다. 스승의 그림자도 밟지 않는다는 말도 있다. 권력을 탐하지 않고, 인격 도야와 후진 양성에 애를 쓰는 초야의 지식인들이 가장 존경을 받았다. 교수들이 학교에서 강의를 하고 연구를 하면서 마음은 정부나 청와대, 국회에 가 있다면, 학생들의 존경을 받을 수 있겠는가. 이런 풍토에서 과연 올바른 교육이 이루어질 수 있겠으며, 건강하고 심오한 학문적 성과가 나올 수 있겠는가.

전문가는 자기 분야의 전문가로서 존경을 받아야 한다. 그것이 전문가를 길러낼 수 있는 길이다. 그래야 지식이 보전되고, 자신도 보호받을 수 있다. 자신의 분야에서 '최고'라는 평가를 받는 것 이상으로 명예가 어디에 있는가.

● 정치는 전문가가 하는 게 아니다

미국에 해리티지재단이 있다. 이 해리티지재단은 여야 어느 한쪽에 속해서 '싱크탱크' 역할을 하지 않는다. 미국을 위해서 연구를 한다. 그런데 우리의 연구소들은 국가는커녕, 정당도 아니고, 정치인을 위해서 움직인다. 이래서는 결코 비전과 전망이 나올 수 없다. 나는 이 글에서 정치 지도자는 대한민국이라는 큰 테두리에서 살아가는 다양한 계층 사이에 얽히고설킨 갈등을 풀어내는 것을 자신의 역할로 삼아야 한다고 주장하고 있다. 하나의 입장, 하나의 시각만으로는 한계가 있다는 뜻이다.

김대중 대통령은 '진보'에 가까운 분이었지만, 보수쪽의 교수들을 만나는 것에도 열심이었다. 야당 시절에 국회 원내 교섭단체 대표연설을 준비할 때면, 보수쪽의 유명한 교수들도 다 불러서 이야기를 듣고 원고를 만들었다. 나를 지지하고 지지하지 않고는 국민의 권리이기에 불만을 가지면 안 되고, 나를 지지하지 않았던 계층의 목소리도 국정에 반영을 시켜야 한다는 게 김대중 대통령의 지론이었다. 그것의 성과가 균형이다.

정치하는 사람들이 우스갯소리로 이런 말을 한다. "정치는 모르는 사람이 하는 게 제일 낫다." 전문가는 남의 이야기를 들으려 하기보다는 자신의 주장을 관철시키려는 경향이 있다. 이러다 보면 '일방통행'으로 흐르기 십상이다. 소통의 단절은 지식의 편식을 부르고, 결과적으로 사회가 축적한 지혜의 폭넓은 구사를 위축시킨다. 전문가라고 해서 모든 상황에 다 준비가 되어 있는 것도 아니므로, 전문가의 독단은 위기 상황 앞에서는 속수무책일 경우가 많다. 전문가의 함정이다.

교수 다음으로 정치에 많이 뛰어드는 전문가로는 법률가들이 있다. 이들이 '법대로'만 고집한다면 어떻게 될까. 법으로 모든 문제가 풀리는 것은 아니다. 법치국가라고 불법이 자행되지 않는 것은 아니지 않은가. 우리가 살아가는 데 있어서 법보다 무서운 게 있다. 그것은 주변의 시선이다.

대다수의 국민들은 법적 분쟁까지 가지 않고 문제를 해결하려 한다. 건강한 사회의식이 있고, 주변의 시선과 이목을 두려워하기 때문이다. 이보다 더 훌륭한 민주시민이 어디에 있겠는가. 여기에 대화, 타협, 양보, 절제 등 모든 덕목들이 다 들어 있다. 이것이 상식이다. 법은 그 다음 단계다.

정치는 '전문가'가 하는 게 아니라 '대표자'가 하는 것이다.

'전문가'가 정치를 한다면, 그는 '전문가'의 자격이 아니라 '대표자'의 자격으로서 정치를 해야 한다. 정치인은 전문가가 되려고 해서도 안 되고, 전문가들에 의해 휘둘려서도 안 된다.

지금 우리에게 필요한 리더십은 무엇인가. 그것은 제도로서 사회의 다양한 분야들을 보호해주고, 그럼으로써 그 분야의 사람들로 하여금 신명나게 일할 수 있도록 만들어주는 것이다. 그것이 오늘날의 리더십이다.

현대를 전문가의 시대라고들 한다. 그러나 이 말이 전문가가 정치적 리더십을 행사해야 한다는 것을 의미하지는 않을 것이다. 전문가는 자신의 분야에서만큼은 확실한 목소리를 내야 한다. 그것이 전문가다. 그렇다고 전문가가 자신에게 익숙하지 않은 분야에까지 자신의 잣대를 들이댄다면, 그것은 곤란하다. 한 분야의 전문가란 다른 분야에서는 '문외한(門外漢)'이기 때문이다. 그것은 전문가들끼리 충돌만 낳는다. 이 충돌을 예방하고 조정하는 게 정치의 일이다.

우리 사회의 갈등은 점점 더 굳어지는 추세다. 정치권의 '전문가 우대' 분위기가 이런 현실을 반영하는 것이라면 큰일이 아닐 수 없다. 유권자들이 정치인을 '아무 전문성도 없다'며 비난하는 것은 과거 우리 정치의 폐단에 기인한다. 공부는 뒷전이고 현장도 소홀히 하면서 골프장이다, 요정이다,

흥청망청했던 기억이 국민들에게 남아 있는 것이다. 특히, 군사문화가 정치를 지배하던 시절에, 획일주의가 아닌 다양성의 정치를 우리 국민이 원할 때 약방의 감초처럼 교수와 전문가가 정치에 필요했다.

일종의 '끼워맞추기'인 셈인데, 아무튼 이러한 기억들이 유권자들에게 '전문가'에 대한 호감을 입력시켰다. 그렇지만 그것의 결과는 어땠나. 이명박 대통령의 사례에서 보는 바와 같이 믿는 도끼에 발등 찍히는 어리석음으로 이어졌다. 정치는 전문가가 하는 게 아니다.

관료와 권위주의,
그리고 정당정치

장상 총리서리가 청문회를 통과하지 못하고 낙마한 사건은 김대중 대통령에게는 매우 당혹스러운 일이었다. 여권(女權) 신장에 남다른 애정과 공적이 있으셨던 분이니만큼 최초의 여성 총리 탄생에 거는 기대가 상당했고, 자질 및 도덕성 문제에 대해서는 이미 '검증'이 끝났다고 믿었기 때문이다. 그러나 그게 아니었다.

● 어디에나 '예스맨'들은 있는 법

대통령을 곁에서 모시다 보면, 납득이 가지 않는 상황을 만날 때도 있다. 보좌하는 참모들이 대통령을 권위주의자로 만들려고 한다는 것이다. 물론, 권위란 나쁜 게 아니다. 집안에서도 아버지는 아버지대로 어머니는 어머니대로 권위가 있어야 하는데, 한 나라의 최고 지도자인 대통령의 경우는 말할 필요도 없다. 하지만, 권위란 무조건적인 충성으로, '아부'로 만들어지는 게 아니다. 그것은 권위가 아니고 권위주의다.

일찍이 박정희 독재정권에 맞서 민주화를 위해 한평생 헌신했던 김대중 대통령은, 누구보다도 권위주의의 폐해를 잘 알고 계셨다. 그래서 청와대에 들어간 뒤에도 우리더러 각하라는 말을 절대로 쓰지 못하게 했다. 오죽했으면 그랬겠는가. 그런 김대중 대통령 곁에도 '아부'하는 이들이 있었다.

대통령의 참모들은 대통령의 뜻을 앞질러 읽고 이를 관철시키는 것을 자신의 역할이라고 여기는 경향이 있다. 그런데 대통령이라고 모든 일을 다 알 수는 없다. 대통령의 판단이 틀릴 수도 있고, 사람을 잘못 볼 수도 있다.

만일 참모들이 자신의 역할범위를 넘어서거나 근무수칙을 어기면서까지, 마치 입 안의 혀처럼, 대통령의 의중을 받드는 데에만 열중을 하게 되면 어떻게 될까. 나라를 위해 열심히 일하는 것과 대통령의 가려운 곳을 긁어주는 것을 혼동하게 되는 것이다. 이것은 보좌의 임무를 벗어난 짓이다.

김대중 대통령은 이른바 '시대정신(時代精神)'이라는 것을 정확히 이해하고 있던 분이었다. 그런 분께서 국민의 정부 국무총리가 갖추어야 할 도덕성에 대해 둔감했을 리 없다. 한편, 참모들은 대통령이 확고한 뜻을 갖고 지명한 인사이

므로 반드시 되는 방향으로 일을 만들어야 한다고 생각했다. 그들은 그것이 올바른 보좌라고 믿었을 것이다.

대통령이 나라를 이끌어가는 데 있어서 핵심적인 요소가 세 가지 있다. 하나는 예산편성과 집행권, 또 하나는 인사권, 마지막으로 정보다. 이 가운데 어느 것 하나 중요하지 않은 게 없지만, 국정을 이끌어 가는데 있어서 가장 중요한 게 정보다.

김대중 대통령은 야당 지도자 시절부터 정보의 중요성을 터득하고 계셨다. 앞으로는 정보가 세상을 이끌어 간다고 말씀하시고, 정보를 다루는 원칙도 명확했다. 앞에서 쓴 바와 같이, 김대중 대통령은 있는 그대로의 정보를 원했다. 전달하는 사람이 가감첨삭을 하거나 윤색(潤色)을 하는 것을 무척이나 싫어했다. 누락은 있을 수 없었다. 이것이 대통령의 주문이었다.

참모들은 이러한 대통령의 주문을 충실히 따랐지만, 집권한 뒤에는 약간의 변화가 생겼다. 참모들은 대통령의 뜻이라면 안 되는 것도 되게 만드는 것이 충성이고, 자신의 능력을 펼치는 기회라고 여겼다. '예스맨'들이 특히 그랬다. 동서고금, 언제 어디서나, '예스맨'들의 명분은 똑같다. 그들은 '윗전의 심기를 불편하게 해드려서는 안 된다'는 것을 내세운다. 다음 수순은 '우리가 해결하자'다. 여기에서 '사고'가 나는 것이다.

참모들은 대통령이 두려워하는 '시대정신'보다 대통령의 의중에 더 높은 의미를 부여하고, 이것이 결국 야당의 반발과 여론의 저항을 가져온다.

검증 과정에서 '누수'가 발생하면 그 파장은 국회에도 미친다. 국회는 정책감사를 하는 곳이다. 직무감사는 따로 감사원이 있다. 청문회는 후보자의 정책 비전과 정책수행능력을 검증하기 위해 마련된 제도다. 이것이 정권에 대한 폭로나 비방, 더 악의적으로는 '흠집내기'로 변질된 것이다. 그렇지 않아도 국민들은 국회에 대해 식상한 느낌을 갖고 있는데, 검증 과정에서 '누수'가 없었다면, 야당도 섣불리 나설 수 없다.

최선은 대통령이 지명을 하기 전에 법적, 도덕적 검증을 완전히 끝내는 것이다. 지명이 되고 나서 문제가 터진다면 청문회 자리에 앉지 못하게 해야 한다. 이것이 차선이다. 참모들이 해야 할 일은 이 절차들을 빈틈없이 매끄럽게 준비하는 것이다. 이럴 때에만 대통령의 정치적 부담은 줄어들고, 생산적인 정치도 기약할 수 있다. 이미 몇 차례 단계에 따라 걸러진 다음에 후보자가 청문회 증언대에 선다면, 국회도 당리당략만 쫓아 시끄럽게 굴 수는 없기 때문이다. 물론, 야당의 잘못은 그것대로 고쳐져야 하겠지만, 적어도 여당의 책임

이란 이렇게 무한한 것이다.

이 대목에서, 국회의 인사청문회제도에 대해 제안을 하고자 한다. 지금의 제도로는 국민의 관심과 지지를 받지 못할 뿐 아니라, 인사청문회의 근본적 취지도 소화하지 못하기 때문이다.

내 제안의 핵심은 인사청문회를 이원적으로 운영하자는 것이다. 먼저, 국회에 비상설 특별위원회를 만들어, 이곳에서 결격사유에 해당하는 위법 사항이나 사회적으로 지탄받을 수 있는 도덕적, 윤리적 결함이 있는지 철저히 검증한다. 이 위원회는 투명성과 객관성이 담보돼야 하므로 각계각층의 전문가로 구성돼야 함은 물론이다. 대통령은 자신이 지명한 공직 후보가 이 위원회의 검증을 통과하지 못한다면, 즉각 지명을 철회해야 한다. 결격사유가 있는 인사는 아예 인사청문회에 설 수 없게 만들자는 말이다. 이렇게 하면, 국회 인사청문회는 정책수행능력과 자질 그리고 전문성 검증에 집중할 수 있다.

청와대 참모들과 여당 지도부는 야당의 반발이 야속했을지도 모른다. 그러나 김대중 대통령은 의회민주주의자다. 사실, 장상 총리서리 청문회 당시의 잣대를 지금 이명박 정부의 국무위원들에게 그대로 적용한다면 그 자리에 앉을 수 있는 사람은 한 명도 없을 것이다. 야당의 반발에 불합리한 측

면이 없다고 할 수는 없으나, 김대중 대통령은 국회의 의견
을 존중했다. 통치권에 누수가 생기는 것보다 권위주의의 부
활을 더 염려했던 것이다.

• 정치의 원칙은 '페어플레이'

선의로 해석하면 대통령을 좀 더 잘 모시겠다는 취지에서
벌어진 일이라고 이해할 수도 있는 일이지만, 충성이란 원래
이런 것이다. 입으로는 민주주의를 부르짖으면서도 실은 민
주주의를 이해하지 못하는 사람들일수록 충성이라는 단어에
유달리 매력을 느낀다. 이 과정에서 권위주의의 싹이 트고
자라는 것이다.

솔직히 말하면 정치권에서는 충성이라는 말이 꽤 익숙하
다. '충성서약'이라는 말도 있다. 그런데 충성은 군사용어다.
충성은 국가와 국민을 위해 내 목숨을 바치겠다는 뜻이다.
따라서 대통령이나 보스에게 충성을 맹세한다면, 그것은 대
통령과 국가 또는 국민을 동일시한다는 뜻이나 다름없다. 한
마디로 큰일 낼 사람들이라 하지 않을 수 없다.

정치는 전쟁이 아니다. 전쟁은 이기면 살고 지면 죽는 것
이지만, 정치는 함께 사는 길을 모색하는 것이다. 나라의 운
명을 건 일들이니만큼 각오야 다를 수 없겠지만, 목적과 방
식이 하늘과 땅 차이니 자세는 달라야 한다. 전쟁은 적을 상

대하는 것이어서, 그것의 기술은 허위, 기만, 모략, 유인, 기습 따위의 궤계(詭計)를 반드시 포함한다. 이는 〈손자병법(孫子兵法)〉에도 나와 있다.

정치는 적을 상대하는 것이 아니다. 정치에도 승패는 있지만, 그것은 과정이지 목적이 아니다. 군사쿠데타를 하겠다면 또 모르겠으나, 우리가 알고 있는 정치는 공명정대(公明正大)해야 한다. 그래야 더 나은 미래에 더 많은 사람들이 참여할 수 있다. 그러므로 정치는 언제나 '페어플레이(fair play)'를 원칙으로 한다.

전쟁처럼 피아(彼我)를 구분하고, 사생결단으로 맞서게 되면, '패거리' 의식이 생기지 않을 수가 없다. 이 패거리 의식에서 왜곡된 충성 문화가 나온다. 처음에는 보스를 위하는 일이 패거리를 위하는 일이라고 생각했겠지만, 권력에 맛을 들일수록 순서가 뒤바뀌는 것이다. 이리하여 패거리를 위하는 일이라면 무슨 짓이든 서슴지 않게 된다. 대통령 앞에서만 충성을 하고, 그 충성의 대가로 얻은 권력을 자신을 위해 쓰는 것이다.

우리 사회에서, 특히 언론이 '실세'니, '최측근'이니 이런 단어들을 남발하는 버릇이 있는데, 이것은 매우 좋지 않은 습관이다. 실세, 측근 치고 교도소 안 간 사람이 없지 않은가. 대체 실세가 어디에 있고, 측근이 어디에 있나. 수석비서관이면 수석비서관이고, 장관이면 장관이지, 이런 출처불명의 뒷골목 문화가 언론에 버젓이 실린대서야 말이 되지를 않는다. 언론이 패거리 문화를 조장하는 것이라고 볼 수밖에 없는 것이다. 설령 국민들이 그런 말을 입에 담더라도 언론이 나서서 이를 교정해야 할 의무가 있는데, 우리나라는 거꾸로 됐어도 한참 거꾸로 됐다.

모든 조직에는 자신의 업무가 정해져 있다. 그것을 넘으면 월권이라고 한다. 청와대를 예로 들면, 수석비서관은 일종의 '브릿지(bridge)' 역할을 하는 자리다. 정부 각 부처에 대통령의 정책 방침이 잘 스며들도록 소통을 돕는 게 임무인 것이다. 수석비서관도 비서의 한 명일 뿐이다. 비서는 소리 없이 그림자처럼 보이지 않게 일을 해야 한다.

국정 운영의 책임은 장관들이 진다. 나도 청와대에서 근무를 했지만, 정부 결재 라인에 청와대 수석비서관이 들어 있다는 소리는 들어보지 못했다. 그런데 노무현 대통령 때 보면, 청와대 사람들이 온갖 발표를 도맡아 했다. 이렇게 되니, 내각이 대통령과 겉돌게 된 것이다.

● 공직사회를 건드리지 마라

나는 청와대에서 일하기 전에는 우리나라가 한 개의 국가, 한 개의 사회로 이루어져 있다고 생각했는데, 들어가서 보니까 그게 아니었다. 국가는 하나인데, 사회는 두 개였다. 그것이 일반시민사회와 공직사회다. 이 가운데 나라를 실질적으로 움직이는 것은 공직사회다.

이 공직사회는 국가가 존재하는 한 영원한 조직이다. 공무원 개개인은 임기나 정년이 있지만, 공직사회 자체는 임기도 정년도 없는 영원한 조직인 것이다. 이 공직사회가 안정이 되고, 시스템이 정상적으로 구축이 되어, 국민과 교감을 함으로써 비로소 나라가 굴러간다. 그런데 우리 공직사회의 체질이 건강하지 못한 게 문제다.

권위주의시대에는 공직사회가 정권의 '하수인' 신세였다. 군사독재가 30년 가까이 장기집권을 하다 보니까, 공직사회를 완전히 틀어쥘 수 있었던 것이다. 그러던 것이 민주화가 되면서 변화가 생기기 시작했다. 하지만 체질이란 금방 바뀌지는 않는다. 민주화가 되었다지만, 정권도 권력의 속성을 쉽게 포기하지 못한다. 5년짜리 단임 정권이 인사권을 휘둘러 공직사회를 자신의 구미에 맞게 좌지우지하려 했고, 이것이 모처럼만에 자리를 잡아가는 공직사회의 안정을 해치게 됐다.

정치군인, 정치검찰, 정치교수만 있는 게 아니다. '정치공무원'도 있다. 능력도 별로 없는 사람이 줄을 잘 잡아서 선거운동하고, 선거가 끝난 뒤에는 승진운동을 한다. 이런 사람이 요직을 차지하고 부처에서 '실세' 소리를 듣는 것이다. 이 모습에, 공무원으로서 자신의 도리를 잘하고 있던 사람도 덩달아 줄을 서려고 안달을 하게 된다. 대통령 임기 초반에는 바짝 엎드려 '복지부동(伏地不動)'으로 처신하다가, 임기 말에 레임덕이 생기면 입을 여는 풍토까지 나타난다.

이렇게, 우리나라는 공직사회에서부터 '레임덕(lame duck)'이 발생한다. 공직사회가 권력의 향배를 따라 시계추처럼 흔들리게 되는 것이다. 공직사회가 이렇게 흔들리면, 예산 남용이나 정책 누수 등의 폐해는 말할 것도 없고, 사회 기강까지 문란해진다. 너도 나도 '줄서기 문화'를 부끄럽게 생각하지 않게 되기 때문이다.

건강한 공직사회를 만들기 위해서는 대통령이 자신에게 주어진 인사권만 행사하고, 나머지는 정부 각 부처의 규정에 따라 자율적으로 인사가 이루어지도록 만들어야 한다. 투명성과 객관성 그리고 전문성의 3대 원칙에 입각해서 인사제도가 시스템으로 구축돼야 하는 것이다. 이래야 공직사회가 정치 바람에 휩쓸려 들뜨지 않고, 중립과 안정을 확보할 수 있다. 줄서는 사람들을 조직에서 걸러내는 문화가 만들어져야 하는 것이다. 정권은 임기가 있지만 공직사회는 영원하다. 정치가 공직사회를 건드려서는 안 되는 이유다.

공무원들은 딱 하나만 생각하면 된다. 내가 열심히 노력해서 국민에게 봉사하고, 국가에 충성한다는 자세 하나만 있으면 된다. 이 생각을 변하게 해서는 안 된다. 나보다 실력이 있고 성실한 사람이 승진을 했고, 어느 자리에 전문성이 있는 사람이 뽑혀 가는데, 불만이 있을 수 없는 것이다. 대통령이 누가 되든 아무런 상관도 없다. 정권의 하수인이 아니라 대한민국 공무원으로서 진정한 국민의 공복(公僕)이 될 수 있다.

공무원들의 능력과 자질, 전문성은 인사기록카드에 다 나온다. 능력이 없는 사람이 부서의 책임자로 낙하산을 타고 자꾸 내려오니까 문제가 생기는 것이다. 물론, 인사기록카드도 잘못 될 수 있다. 좋은 자리를 몇몇이 계속 독점한다면 인사기록카드의 공정성도 신뢰가 떨어질 수밖에 없다. 이런 경우에는 참고만 하고, 보완할 방법을 찾아야 한다.

IT기술의 발전으로 행정의 효율성이 높아졌고, 공무원의 업무처리능력도 계량(計量)이 가능해졌으니, 방법은 찾으면 있다. 민원인들에게 데이터를 제공해 그들로 하여금 평가를 하게 만드는 방법도 생각할 수 있다. 요컨대 공무원의 직무를 물샐 틈 없이 꽉 조이고, 거울처럼 비추어 볼 수 있도록 만들어야 공직사회 내부에서도 불만이 사라진다.

이런 식으로 공직사회가 수준이 높아지면 가장 큰 수혜자는 국민이다. 말로만 '원스톱서비스'라고 떠들어봐야 소용이 없다. 공직사회는 공복이면서도 동시에 권력집단이라는 이중성을 갖고 있다. 국민이 어떻게 쓰느냐에 달려 있는 게 공직사회인데, 이제까지는 정치가 공직사회를 이용해 왔다. 따라서, 공직사회의 올바른 사용방법을 제도화하는 게 정치의 역할이라고 할 수 있다.

● 책임정치가 민주주의의 기본

권위주의를 경계하는 것은 좋으나, 이 문제를 정확히 보지 않으면 또 다른 오류가 생길 여지도 있다. 지금 우리 정치가 잘못하고 있는 것 가운데 하나가 이른바 '당정분리', '당권-대권 분리' 등의 논의다. 나는 이런 발상이 매우 실망스럽다. 이것은 책임정치를 가로막기 때문이다.

우리는 의회민주주의를 채택하고 있는데, 이 의회민주주의에서 가장 바람직한 것은 여야 양당정치다. 그런데 우리는 정당정치가 궤도에 오르지 못했다. 미국에서는 대통령이 당대표를 하지 않고, 원내대표가 사실상의 당대표 역할을 하는데, 미국과 우리는 정당정치의 역사가 다르다. 국민들도 정당에 대한 인식이 부족한 게 사실이다.

정당정치는 곧 책임정치다. 선거 때 정책을 심판받는 것이다. 아직 임기가 끝나기 전이지만, 이명박 대통령이 실패를 한다면, 그 심판은 선거 때 한나라당이 받아야 한다. 그것이 바로 국민이 이명박 대통령을 평가하고 심판하는 길이다. 그런데 '당정분리'니 '당권-대권분리'니 하게 되면, 이 심판의 의미가 퇴색되고, 심지어는 교란될 수 있다.

과거에는 대통령이 공천에 개입한다고 말들이 많았고, 그것이 '당정분리'의 계기가 됐다. 하지만 그것은 전체적으로 보면 집권당 내부의 문제다. 대통령이 공천권을 독차지한들, 대통령과 여당이 사이좋게 공천을 한들, 여당 혼자 자신의 마음대로 후보자를 결정한들, 결국은 선거에서 국민의 심판을 받게 되어 있다.

선거는 당이 치르는 것이다. 공이 있으면 함께 나누고, 과가 있다면 똑같이 짊어져야 하는 게 정당정치요 책임정치인 것이다. 이것이 분리가 되면, 국민으로서는 어리둥절할 수밖에 없다. '당정분리'를 '권위주의 타파'라고 선전하지만, 이것은 정당정치의 정신을 훼손시키는 발상이다.

대통령과 여당은 거리를 두면 안 된다. 그리고 이 관계에서 당의 목소리가 커야 한다. 대통령은 임기가 끝나면 그만이지만, 정당은 그렇지 않다. 집권당은 대통령과 국정을 함께 이끌어 가야 나중에 공과를 함께 나누고 책임정당으로서 당이 발전할 수 있다. 국민이 정부에 자신의 의사를 전달할 수 있는 가장 확실한 통로는 정당이다. 대통령이 여당을 무시하는데, 국민과 소통이 될 리가 있겠는가. 정당정치는 책임정치이고, 책임정치는 의회민주주의의 기본이라는 이야기다.

권위주의는 '당정분리'로 해결되는 것은 아니다. 어떤 이들은 '영수회담'에 대해서도 권위주의시대의 산물이라고 비판을 하는데, 나는 그렇게 생각하지 않는다. 여야영수회담은 조건 없이 자주 열리는 것이 좋다. 왜냐? 회담 자체가 성과이기 때문이다.

정치라는 것은 어떤 행위를 했다고 효과가 바로 날 수도 있고, 나지 않을 수도 있다. 국민을 받들고 국민을 믿는 정치를 해야 한다. 모든 판단과 평가는 현명한 국민이 한다. 정치인들이 모든 판단을 다해버린다면 선거가 왜 필요하겠는가. 여야의 대치가 불가피한 것이라면, 여야의 타협도 불가피하다. 당리당략과 자존심만 내세우는 것이 오히려 더 권위주의적인 것이다.

우리의 정치를 보면 여당은 여당을 위한 정치, 야당은 야당을 위한 정치만 한다는 느낌을 지울 수 없다. 국민은 어디에 있고, 그 정치는 진정 누구를 위한 정치인지 묻지 않을 수 없다. 당과 정치는 법을 집행하라고 있는 게 아니라, 갈등을 조정하고 문제를 풀어가는 곳인데, '나는 아쉬울 것 없다'는 투로 평행선을 달리기만 한다면, 국민의 정치적 불신만 높아질 것이다.

요즘 민주당이 '무상복지' 이슈를 제기하면서 당내에서도 찬반이 있다고 한다. 이것은 지도부가 일방적으로 서두르기보다는 시간을 충분히 두고 공감과 이해의 폭을 넓히는 절차가 선행돼야 한다. 그래야 당론이 공론(公論)이 된다. 절차와 방법에 동의를 하고 참여를 했다면, 어떤 결과가 나오든 지키는 것이 다수결의 원칙이고, 민주주의의 도리다. 비판세력에게 '나는 반대했지만 승복한다'는 명분을 주어야 한다는 것이다. 그게 정치의 기술이다.

그런데 우리는 무엇이 그리 급한지 서두르기만 한다. 이래서는 당론은 각론(各論) 앞에 무너지고 만다. 차제에, 나는 '무상급식'과 같은 장기적이고 전략적인 국가의 이슈는 일찌감치 논의를 시작하라고 권하고 싶다. 평소에는 무슨 논의를 하는지 보이지도 않다가, 코앞에 선거가 닥쳐서야 '바람몰이' 하듯이 쟁점을 부각시키는 방식은 너무나 소모적이고 무책임하다. '선견지명(先見之明)'까지는 바라지 않는다고 하더라도, '소 잃고 외양간 고치는' 모습은 이제 그만 보고 싶다.

리더에게
포기란 없다

이제까지 나는 '준비된 지도자'가 필요하다고 썼다. 그렇다면, 여기에서 의문이 하나 생긴다. 우리 국민은 참된 지도자를 고를 준비가 되어 있는가? 아니, 더 직설적으로 묻는다면, 우리 국민은 '준비된 국민'인가? 이 질문을 나에게 던진다면 나는 과연 어떤 대답을 할 수 있을까.

정치란 무엇인가? 산소와 공기다. 옛날 초가집으로 보면 정치는 상량(上樑, 마룻대)이고, 각각의 전문분야는 서까래다. 서까래가 아무리 튼튼해도 상량이 무너지면 소용이 없다. 미우나 고우나 정치가 제 역할을 하지 못하면, 나라의 꼴이 바로 서지 않는 것이다.

그런데 정치가 잘 되려면 무엇이 가장 필요한가. 그것이 국민의 참여다. 우리의 헌법은 세계적으로 전혀 부족하지 않는, 민주주의의 경전이라고 할 수 있다. 헌법이 잘못됐기 때

문에 민주주의가 안 된 게 아니었다. 헌법 조항만으로 본다면 우리의 민주주의는 법적으로는 거의 완벽하다. 하지만, 통치자들이 이를 무시했다.

그래서 오랜 세월 동안 수많은 사람들이 감옥에 끌려가고 고문을 당하고 행방불명되면서까지 민주화를 위해 싸웠다. 국민들 또한 이들을 성원하고 격려했다. 이러한 투쟁과 참여가 없었다면, 이 땅의 민주주의는 결코 햇빛을 볼 수 없었을 것이고, 김대중이라는 걸출한 지도자도 나오지 못했을 것이다.

민주화에 관한 한, 우리 국민은 '준비된 국민'이었다. 문제는 그 다음부터다. 우리 국민은 민주화 그 다음 단계를 맞을 준비가 되어 있는가. 안타깝게도 그렇지 않다. 참여보다는 불신과 냉소 그리고 방관이 더 많은 게 현실이다. 설령, 정치가 그것의 이유를 제공했다 하더라도 이런 현실이 너무 오래 지속되면, 그 책임은 국민들에게도 돌아간다. 정치를 살리는 것은 지도자 혼자서 하는 게 아니기 때문이다.

물론, 지도자가 제일 잘해야 한다. 하지만 지도자가 잘하게 만들려면 국민이 더 많이 관심을 가져야 한다. 정치가 잘되고 있다면 왜 관심을 가지라고 하겠는가. 정치가 잘못하고 있으니까, 바로잡아야 하니까 관심을 가지라는 것 아니겠는가. 그래야만 변화가 이루어진다.

잘못된 정치는 주권(主權)을 가진 국민으로서 책임감을 느

끼고 더 적극적인 관심과 참여가 있을 때 정치가 바로 설 수 있다. 책임은 다하지 않고 바라기만 한다면, 그것은 아주 잘못된 자세며 정치발전은 요원할 것이다.

성질 급하기로 둘째가라면 서러워할 우리 국민들인데, 대체 왜 이런 일이 벌어졌을까. 하나의 이유는 우리가 '속도전'을 너무 좋아한다는 사실이다. 정치는 완전한 것이 아니기에, 끊임없이 고치고 또 고쳐야 하는 것인데, 우리는 환희도 너무 빠르고, 실망도 너무 빠르다. 이래서는 정치발전은 기대하기 힘들다.

경제만 해도 그렇다. 국가 경제가 어떻게 하루아침에 좋아지고 나빠질 수가 있는가. 우리 경제는 나름대로 경쟁력을 갖고 있다. 이 위에 더 새로운 분야를 개척하고, 관심과 투자와 배려를 꾸준히 전개해야 하는 것이다. 그런데 다들 숫자에만 관심이 있다. 우리처럼 성장률에 목을 매는 사람들이 또 없을 것이다. 이렇게 근시안적인 사고로는 장기적인 안목의 계획이 나오지 않는 것이다.

그러나, 지도자에게는 국민 탓을 할 권리가 없다. 그것이 지도자의 숙명이다. 나는 우리 정치인들이 지독할 정도로 끈기를 가져야 한다고 생각한다. 정치인들은 '참을 인(忍)'자를 최소한 세 개 이상 가슴에 품고 있어야 한다. 사실을 말하자면, 그동안 참아왔던 사람은 국민이었다는 점에서, 정치인들은 앞으로 당분간은 참는 배역만 맡아야 할지도 모르겠다.

민주화 이후 국민들의 정치에 대한 관심과 참여는 날이 갈수록 떨어지고 있다. 이 추세는 중산층과 젊은 세대에서 특히 더 두드러지게 나타난다. 따지고 보면, 중산층과 젊은 세대는 민주화의 가장 큰 수혜자들이다. 정치에 관심이 없다는 것은 세상일에 관심이 없다는 이야기이고, 세상일에 관심이 없다는 이야기는 결국 배가 불렀다는 뜻이다. 우리나라는 아직 배가 고픈 데 말이다. 불행한 일이다.

중산층과 젊은 세대야말로 민주주의의 보루라고 할 수 있다. 민주주의의 후퇴는 이들의 이탈의 직접적인 결과이기도 하다. 지도자는 이들을 치열한 정치의 현장으로 다시 불러들여야 한다. 만일 지도자가 이들을 설득하지 못한다면 민주주의의 후퇴는 영영 돌이킬 수 없는 것이 되고 만다. 그래서 '참을 인(忍)'자가 필요한 것이다.

나는 이 글의 앞머리에서 관심은 애정과 통한다고 썼다. 사랑은 포기하지 않는 법이다. 우리 사회가 정치에 대한 관심을 버리지 않는 한 우리 사회의 미래는 어둡지 않다. 단테의 〈신곡〉 '지옥편'에는 이런 글귀가 있다. "지옥에서 가장 가혹한 장소는 무관심한 자들을 위해 준비된 곳이다." 포기라는 유혹의 문을 열면 지옥으로 내려가는 계단이 기다릴 뿐이다. 리더에게 포기란 없다.

후 기

　서울시 무상급식 주민투표는 우리 정치, 나아가 우리 사회의 후진성을 적나라하게 드러낸 사건이다.

　대의제 민주주의에는 여러 가지 '안전장치'가 있다. 우리 헌법은 대통령중심제를 채택하고 있으나, 대통령을 견제하라고 국회에 법률을 만들고 예산을 다룰 권한을 주었다. 국무총리 임명도 국회의 동의를 받아야 하고, 조약체결이나 전쟁도 국회의 비준을 받아야 한다. 국회는 대통령 및 국무위원 탄핵권도 갖고 있다. 대통령 또한 국회가 의결한 각종 법안에 대해 거부권을 행사할 수 있다. 사법부가 독립되어 있으며, 헌법재판소가 '위헌' 여부를 판단한다. 지방자치제도가 실시되어 지방자치단체장과 지방의회를 주민의 손으로 뽑는다. 지방자치단체장에 대한 견제는 지방의회가 맡는다.

　이와 같은 시스템으로도 주권자인 국민의 뜻이 반영이 되지 않거나 무시되는 상황이 벌어질 수 있다. 사안에 따라 국민에게 직접 묻지 않을 수 없는 경우도 있다. 헌법 개정은 반드시 국민투표를 거쳐야 한다. 대의제 민주주의의 마지막 '안전장치'로서 국민투표나 주민투표제도가 도입된 것은 이런 맥락에서다.

서울시의 무상급식은 서울시의회가 지방자치법과 학교급식법에 의거해 '서울특별시 친환경 무상급식 등 지원에 관한 조례'를 공포함으로써 제도적 근거를 확보했다. 학교급식법 제3조는 "국가와 지방자치단체는 급식을 행정·재정적으로 지원하고 교육감은 급식에 관한 계획을 수립·시행"하도록 규정하고 있다. 그런데 오세훈 서울시장은 이를 따르기를 거부하고, 주민투표를 실시해 서울시민에게 찬반을 물었다.

오세훈 시장의 선택은 법적으로는 아무런 문제가 없다. 그러나 민주주의는 법보다 더 적극적인 개념이다. 내가 이 책에서 누누이 강조했듯이, 지도자는 갈등을 해결하는 사람이다. 법이 규정한 권력은 소극적으로 행사되어야 하고, 민주주의가 맡긴 책임은 적극적으로 수행되어야 한다. 그래야 대화와 타협이 갈등을 푸는 수단이 되고, 이것이 정치인이 필요한 이유다. 갈등을 법으로 해결하려 든다면, 판사, 검사가 대통령, 국회의원 하면 된다. 법에 저촉되지 않는다는 것만 믿고 함부로 자신의 권한을 휘두르면 안 되는 것이다.

그렇다면, 무상급식은 과연 주민투표를 해야 할 사안인가. 나는 결코 아니라고 생각한다. 기술적으로 보더라도, 무상급식에 소요되는 예산은 주민투표를 거쳐야 할 정도로 막대한 금액이 아니다. 오세훈 시장이 취임하고 나서 서울시는 '한강르네상스', '디자인서울', '경인아라뱃길', '동대문디자인파크플라자', '광화문광장' 등에 수조 원을 썼다. 지방자치단체 가운데 최고 부자라는 서울시의 부채증가율은 지금 전국 최고다. 이 사업들은 서울시민이 절실하게 요구한 것도 아니었고, 그 과실(果實)이 서울시민들에게 골고루 돌아가는 것은 더더구나 아니었다. 하지만 서울시의회도, 야당도, 서울시민도 주민투표를 요구한 적이 없다. 오세훈 시장의 정책을 지지해서가 아니라, 시민이 뽑은 시장을 존중했기 때문이다.

무상급식은 예산의 과다를 논할 이슈가 아니다. 우리 헌법은 '행복권'을 보장한다. 헌법 제34조 4항은 "국가는 노인과 청소년의 복지향상을 위한 정책을 실시할 의무를 진다"고 명시하고 있다. 내가 학교에 다닐 때에는 무상급식은커녕 급식이라는 단어조차 없었다. 우리는 그 험한 곳에서 출발해 여기까지 왔다. 그 옛날 우리가 허리띠를 졸라매고 고생한 것은 더 많은 사람들과 더 나은 삶의 조건을 나누기 위해서였다. 그것이 갈등을 다스린 사회적 합의의 내용이다.

급식이라는 것도 한 번에 이루어진 일이 아니었다. 급식 대상은 초등학교에서 중학교로, 중학교에서 고등학교로 확대됐다. 아이들에게 먹일 먹거리도 처음에는 값싼 수입 쇠

고기나 인스턴트 가공식품 일색이었다가 차츰 친환경 국내산 식재료로 질이 높아졌다. 무상급식 역시 초등학교 저학년에서 초등학교 전체로, 초등학교에서 중학교로 확산됐다. 이 과정에서 선구적인 지방자치단체와 지방의회들의 공로를 잊을 수 없다. 무상급식은 이미 시대의 추세이고, 국가의 일이 됐다.

그럼에도 굳이 기를 쓰고 무상급식을 주민투표에 부쳤다. 그것도 무상급식을 할 것인지 말 것인지를 물은 게 아니라, 무상급식을 단계적으로 할 것인지, 전면적으로 할 것인지를 물었다. 초등학교 저학년부터 무상급식을 하는 게 맞느냐, 중학교까지 무상급식을 하는 게 맞느냐. 대체 이것이 주민투표의 사안이 될 수가 있나? 비열하기 짝이 없는 것은, 못 사는 집 아이는 무상급식, 잘 사는 집 아이는 유상급식이라는 식으로 없는 자와 가진 자를 싸움 붙였다는 사실이다. 이런 식이라면 건강보험도 못 사는 환자는 건강보험, 잘 사는 환자는 민간보험으로 가야 한다.

급식은 교육이다. 교육이라는 게 교과서를 펴놓고 하는 수업도 있지만, 교과서에 나오지 않는 게 더 많다. 선생님이 제자들에게 서로 친절하고 사이좋게 협동하고 양보하면서 잘 지내라고 말로 백 마디 천 마디 하는 교육보다 더 효과적인 교육적 가치가 아이들 급식 속에 담겨 있다면 이것은 무상이

아니라 투자로 보아야 할 것이다. 먹을 때는 싸우지 않는다
는 옛말도 있다. 아이들도 모자라면 덜어 먹고, 맛있으면 나
눠 먹는다. 이런 게 바로 살아 있는 교육이다. 그런데 이 교
육을 돈의 문제로, 세금의 문제로 바꿔치기 해서 정책 대결
의 장으로 삼았다.

이것은 우리 사회가 소중히 지키고 가꿔야 할 가치들을 송
두리째 뒤집어버린 것이나 다름없다. 오세훈 시장은 '파퓰리
즘'을 막겠다고 말했다. 언어도단이다. 무상급식이 '파퓰리
즘'이라면, 무상급식은 유권자에 대한 '회유책'이 된다. 아이
밥 먹이는 것으로 어른을 꾄다고 의심하는 게 지도자가 뱉
을 말인가. 무상급식이 복지의 '도미노'를 부를지 모른다고
우려할 수도 있겠지만, 이것 역시 주제넘은 생각이다. 복지
가 확대되어야 한다는 것은 헌법의 정신이자 민주주의의 이
상이다. 무상급식은 복지 그 자체가 아니다. 복지의 초보단
계에 불과하다. 시작부터 막겠다는 것은 하지 않겠다는 것과
마찬가지다.

주민투표제도는 권력을 견제하기 위해 있는 것이지, 권력
이 유권자를 협박하고 분열시키는 데 쓰라고 있는 게 아니
다. 민주주의의 기본 원칙을 생각한다면, 무상급식 주민투표
는 있을 수 없는 일이다. 그럼에도 이런 일에 정당까지 나섰
다. 똑같은 한나라당 소속 광역자치단체장인데, 다른 사람

은 잡음 없이 무상급식을 하고 있는 데 말이다. 이것만 보더라도, 서울시의 무상급식 주민투표가 정략적이라는 점을 알 수 있다. 나는, 여당의 복지가 따로 있고, 야당의 복지가 따로 있다고 믿지 않는다. 복지는 대한민국의, 대한민국 국민의 복지 하나만 있을 뿐이다.

김대중 대통령이 살아계셨다면 어떻게 말씀하셨을까 곰곰이 생각해봤다. 아마도 그분께서는 무상급식을 미래에 대한 투자의 관점에서 바라보아야 한다고 설득하셨으리라. 없는 쪽이 혜택을 좀 보자고 나오면, 있는 쪽은 돈을 내지 않으려 하는 게 사람의 심리다. 양쪽을 설득하려면 미래를 제시해야 한다. 실제로, 교육은 투자다. 투자 가운데에서도 으뜸으로 중요한 투자다. 이렇게 접근했다면, 자식 가진 부모 치고 무상급식에 대놓고 반대할 사람은 나오지 않았을 것이다. 하지만 오세훈 시장과 한나라당은 교육을 소비로 전락시켰다. 이렇게 해서, 유권자들을 이간질시킨 것이다.

불행 중 다행으로, 주민투표함은 열리지 않았다. 그러나 상처가 너무 컸다. 정치가 갈등을 해결할 방법을 만들어내야 하는데, 갈등을 키울 방법을 찾는 데에만 골몰하고 있기 때문이다. 여기에 우리나라가 안고 있는 문제의 핵심이 있다. 국민은 대화의 정치, 타협의 정치 그리고 양보의 정치를 바라고 있다. 정치인은 자신의 지지세력을 결집시켜야 할 권리와 의무가 있지만, 이것이 극단으로 흘러서는 안 된다. 분열은 최악이다.

사회 갈등이 극단으로 치닫는 것을 막는 게 정치의 역할이다. 정치는 완충과 흡수의 기능을 해야 한다. 나는 정치의 기능을 '스펀지'에 비유하기도 한다. 정치는 유권자의 희망이지만, 다른 한편에서는 '봉'이다. 유권자가 정치에 화풀이를 함으로써 사회에 대한 불만과 불평을 해소할 수 있어야 하는 것이다. 만일 정치가 유권자에게 화풀이를 한다면 어떻게 되겠는가. 그때는 끝장이다. 그래서 정치가 정말 중요하다.

흔히들 정치를 예술이라고 하는데 참으로 적절한 표현이다. 정치는 과학이 아니다. 수학의 정의(定義, definition)나 과학의 증명(證明, proof)은 모든 조건을 충족시키고 언제나 참이지만, 정책은 그렇지 않다. 모두를 만족시키는 정책이란 '뜨거운 아이스크림'처럼 현실에서는 존재하지 않는다. 그러므로 중간 지점이 필요하다. 내 정책만 옳고 네 정책은 그르다는 태도는 정치를 하겠다는 자세가 아니다. 정책에 대한 평가는 정치인 스스로 하는 게 아니라 국민이, 그 정책으로 수혜를 받거나 손해를 입은 유권자들이 하는 것이다.

'한국병(韓國病)'이라고 하면 자조하는 듯이 들릴지도 모르겠으나, 나는 대립, 갈등, 분열이 우리가 안고 있는 '한국병'이라고 여기고 있다. 이 '한국병'을 고칠 수 있는 것은 정치

외에는 없다. 언론에 기대를 할 수도 있겠는데, 지금 우리 언론은 균형감각을 잃고 있다. 오히려 이 대립과 분열이 언론사 이익과 직결되기에 그것을 조장하면서 즐기고 있는 게 아닌가 하는 의혹마저 들 지경이다. 기성세대에게 기대한다는 것도 쉽지 않다. 그들은 너무 지쳤다. 한국의 기성세대는 근대화 이후 죽도록 일만 했다. 그 대가로 얻은 것이라고는 고작 집 한 채가 전부다. 그나마 앞으로는 어떻게 될지 안심할 수가 없는 상황이다.

모 연구소의 발표에 의하면, 우리나라가 갈등에 지불하는 기회비용이 한 해 60조 원이라고 한다. '한국병'을 고쳐야 한다. 그런데 그것을 고쳐야 할 정치가 정치력이 없다. 정치는 여전히 구태만 답습하고 있다. 이래서는 선진국 진입이나 통일은 한낱 구호에 지나지 않게 될 것이다. 정치가 불신을 받는 이유는 이 때문이다.

이른바 '안철수 신드롬'은 여기에 기인한다. 이 대목에서 내가 하고 싶은 말은, '안철수 신드롬'은 말 그대로 현상이지 대안은 아니라는 것이다. 안철수 교수는 개인적으로는 훌륭한 분이고, 나도 안 교수가 추구해 온 가치가 곧 대한민국의 가치라고 동의한다. 안 교수는 우리 정치 발전에도 기여했다. 경각심을 불러일으켰다는 측면에서 그렇다. 하지만 더 이상은 무리다. 안 교수의 정치 참여는 개인에게도 위험하고 정치발전에도 도움이 되지 않는다.

안 교수는 똑똑하고 참신하다는 데서 기대를 모으고 있지만, 그 이전에 안 교수는 의사이고, 교수다. 안 교수의 성공은 '단독플레이'로 얻어진 것이지 '팀플레이'로 얻어진 게 아니다. 안 교수는 기업가다. CEO의 목적은 이윤 창출이다. 안 교수야 그럴 리 없겠지만 기업은 이윤 창출을 위해서라면 수단과 방법을 가리지 않는다. 기업은 이윤 창출에 적합한지 아닌지로 사람을 고르고 상대한다. 경제의 논리는 전쟁보다 더 무섭다. 정치의 원점은 공익이지만, 기업의 원점은 이윤이다. 정치의 효율과 기업의 효율은 전혀 다르다. 이런 게 트레이닝이 되어야 정치에서 성공할 수 있다. 이명박 대통령이 저러고 있는 것도 따지고 보면 '성공한 CEO 출신'이기 때문 아닌가.

나는 김대중 대통령을 모신 이래 무수히 많은 정치인들을 가까이서 보아 왔지만, 똑똑하고 참신한 것만으로는 정치에서 성공할 수 없다는 것을 보았다. 동서고금 역사책을 다 뒤져도 그런 케이스는 없을 것이다. 안 교수가 정치를 하겠다면 정당에 들어와서 하든지, 정당을 만들어서 해야 한다. 그래야 검증이 되고 훈련이 된다. 확실히, 안 교수의 여러 지적들은 일리가 있다. 그러나 우리에게 필요한 것은 지적을 해줄 사람이 아니라 '한국병'을 치유할 지도자다. 정치를 학문의 연장이라고 생각하면 곤란하다. 정치는 학문의 장도 아니요 진리를 탐구하는 영역도 아니기 때문이다.

박원순 변호사가 서울시장 후보로 출마했다. 박원순 변호사는 우리나라 시민단체의 산 증인이다. 그런 분이 자신의 길을 버리고 정치에 뛰어들었다. 박원순 후보의 강점은 안 교수의 그것과 비슷하다. 참신하고, 똑똑하고, 시민단체의 수장이었다는 타이틀까지. 그것은 일종의 명예다. 이 명예는 국민이 준 것이다. 박 변호사가 정치권에 있었다면 국민은 그런 명예를 주지 않았을 것이다.

시민단체라는 '제3의 섹터'에서 순수성을 갖고 국가와 사회 발전을 위해 활동하다가 그것에 한계를 느껴 출마했다면, 예전에 입었던 옷을 벗고 과감히 정치권에 몸을 던지는 게 도리다. 정당에 들어와서 정치인들과 함께 지킬 것은 지키면서, 고치고 바꿔야 한다. 정보통신기술이 발달하면서 요즘 '트위터정치'라는 말이 유행한다는데, 이것으로는 세상을 바꿀 수 없다. 무엇보다 '트위터리안'들에게는 책임이 없다. 우리의 민주주의는 대의제의 형식을 취하고 있다. 직접민주주의는 불가능하다. 우리가 실천하고 있는 정치는 대의정치고, 정당정치다. 시민단체의 기능은 비판과 감시에 있다. 정치의 책임은 시민단체가 지는 게 아니다. 이 점에서, 박원순 후보의 무소속 출마선언은 아쉽기만 하다.

솔직히 말하면, 이번 서울시장 보궐선거를 보면서 서글펐다. 서울시장이 누구에게 가느냐에 따라 대한민국의 운명과 정당의 운명이 달려있는 것처럼 진행되고 있다. 이 정도로 우리 정치가 나약한가 싶어 서글픈 생각마저 든다.

재벌의 폐해도 더 이상 방치할 수 없는 문제 가운데 하나다. 이 문제는 '양극화' 해소의 초점이라고 할 수 있다. 우리 나라에서 영국과 같은 사태가 벌어지지 않는다고 장담할 수 있겠는가. 하지만 재벌을 욕하고 벌주는 것으로 문제를 해결할 수는 없는 노릇이다. 그들은 그들대로 항변할 것이다. 우리는 대통령의 정책대로 기업을 경영했을 뿐이라고 말이다. 이렇게 나오면 무엇이라고 답변할 것인가.

이명박 대통령이 당선되고 나서 대기업이 손을 안 대는 곳이 없다. 대기업이 숫제 '진공청소기'다. 이명박 전 현대건설 회장을 대통령으로 만들어준 주역은 국민들이다. 정치인들이 제대로 정치를 했다면 기업가, 변호사, 교수가 정치를 한다고 나서겠는가. 이렇듯, 지도자가 국민의 마음을 얻지 못하면 국민 개개인은 물론이요, 국가적으로도 이렇게 큰 손실이 온다.

정치에서 프로라는 것은 희생과 봉사를 의미한다. 정치가 '생업'이 되면 절대 안 된다. 그것이 부패보다 더 무섭다. 김대중 대통령께서는 어디를 가시나 누구를 만나시나 항상 민주주의를 걱정하시고 민주주의 발전을 말씀하셨다. "왜 하신 말씀을 또 하시고 또 하실까?" 이런 생각을 한 적이 있으며, 그때 왜 민주주의의 가치에 대해서 고민하지 못했을까? 생각하게 만든 사건이 있었는데 그것은 이명박 대통령이 과천 고위공직자 연수과정에서 공직사회가 부패했다는 대통령의 말이 언론에 보도된 일이었다. 이 때 나는 대통령이 참으로 무책임한 발언을 했구나 생각하고 충격을 받고 깊이 생각하게 되었다. 공직사회가 부패했다면, 일반 시민사회는 더 부패가 되어 있다는 것으로 이것은 참으로 무서운 병인데 왜 우리 사회에 이런 무서운 병이 들고 있을까?

나의 답은 우리나라 민주주의가 후퇴하고 있다는 것이다. 이 무서운 병을 치료할 수 있는 약은 민주주의를 발전시키는 길밖에 없다는 사실을 알았다. 민주주의는 발전하면 할수록 강한 빛을 만들어 내고 권위주의는 권위화될수록 더욱 진한 어둠을 만들어 내기 때문이다.

우리 사회 구석구석의 어두운 것을 찾아 그곳에 빛을 보내야 한다. 이 빛을 환하게 밝히고 비추는 것이 바로 정치의 일이다. 지도자는 그런 마음가짐을 잊지 말아야 하는 것이다.